The Publishing History of Shanxi-Hebei-Shandong-Henan Border Region

晋冀鲁豫边区出版史

（山西部分）

姚文锦 余大中 张彦昭 张 斌 赵志红 介子平 编著

山西出版集团 山西人民出版社

图书在版编目（CIP）数据

晋冀鲁豫边区出版史（山西部分）/ 姚文锦等编著．—太原：山西人民出版社，2009.6
ISBN 978-7-203-06429-9

Ⅰ．晋… Ⅱ．姚… Ⅲ．①晋冀鲁豫抗日根据地-出版工作-文化史②出版工作-文化史-山西省-1937～1949
Ⅳ．G 239.29

中国版本图书馆 CIP 数据核字（2009）第 053326 号

晋冀鲁豫边区出版史（山西部分）

编　　著：姚文锦　等
责任编辑：杜厚勤　梁小红
装帧设计：清晨阳光（谢成）工作室
内文设计：杜厚勤

出 版 者：山西出版集团·山西人民出版社
地　　址：太原市建设南路 21 号
邮　　编：030012
发行营销：0351-4922220　4955996　4956039
0351-4922127（传真）　4956038（邮购）
E-mail：sxskcb@163.com　发行部
sxskcb@126.com　总编室
网　　址：www.sxskcb.com

经 销 者：山西出版集团·山西人民出版社
承 印 者：山西出版集团·山西新华印业有限公司

开　　本：787mm×1092mm　1/16
印　　张：19.5
字　　数：400 千字
印　　数：1-1 500 册
版　　次：2009 年 6 月第 1 版
印　　次：2009 年 6 月第 1 次印刷
书　　号：ISBN 978-7-203-06429-9
定　　价：50.00 元

1940年3月，晋西北新华书店在兴县成立，1942年10月，该店改称晋绥新华书店。图为该店旧址。

1942年2月成立的太岳新华书店（原名太岳书店）于1946年1月迁至阳城县城。图为该店阳城旧址。

1940年12月10日，华北新华日报社在辽县（今左权）麻田镇开设了新华书店门市部。图为该门市部旧址。

1942年1月1日，华北新华书店在辽县岭南村成立。该店于1942年至1944年间一直在这个位于岭南村的小院内办公。

华北书店于1941年1月1日在辽县（今左权）桐峪镇开设了第一门市部。

1942年5月，在反“扫荡”中牺牲的华北新华日报经理部秘书、华北新华书店审计室主任黄君珏烈士。

左为1944年华北新华书店出版的小说《小二黑结婚》。右为该书作者赵树理。

太岳日报社社长兼总编辑魏奉璋之墓碑。

太行新闻烈士纪念碑。

1946年4月1日，太岳《新华日报》改版二周年时报社全体人员之合影。

1946年，太行《新华日报》部分采编人员之合影。

抗日战争时期华北新华书店的工作人员。

1949年4月27日，新华书店太原分店第一门市部在红市街58号开业。

华北新华书店使用过的铅印机。

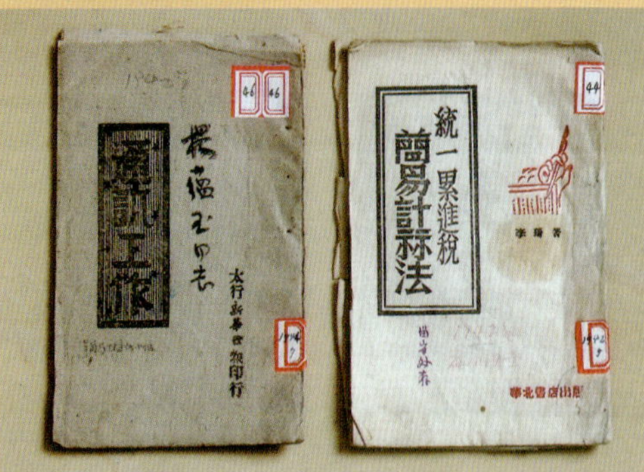

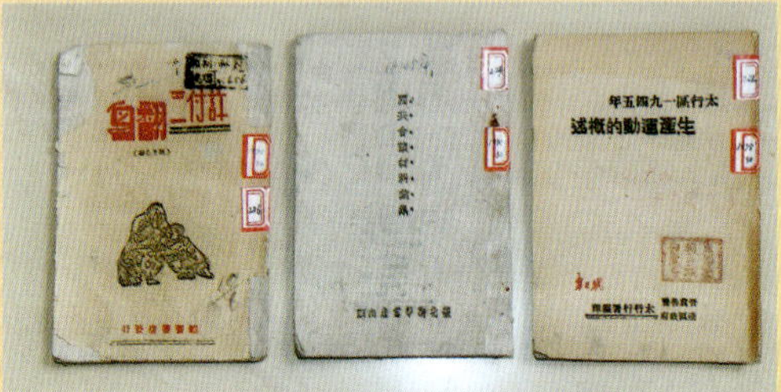

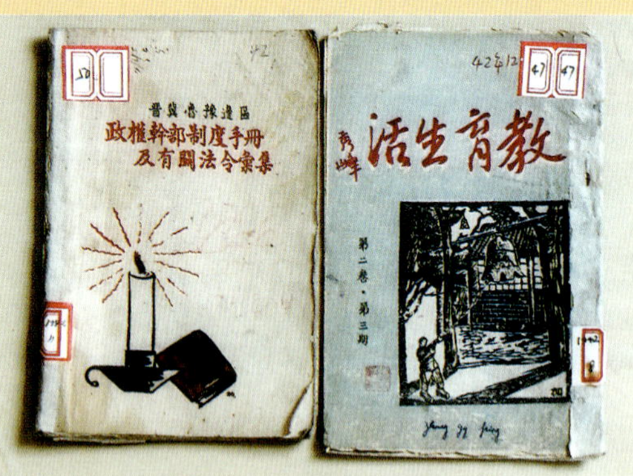

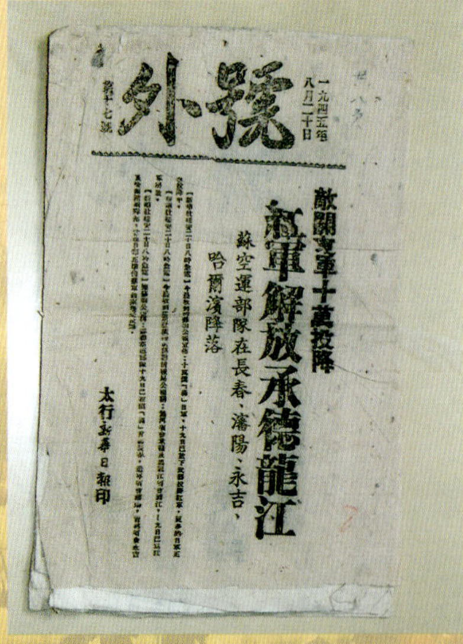
號外
一九四五年八月二十日
敵關東軍十萬投降
紅軍解放承德龍江
蘇空運部隊在長春、瀋陽、永吉、哈爾濱降落
太行新華日報印

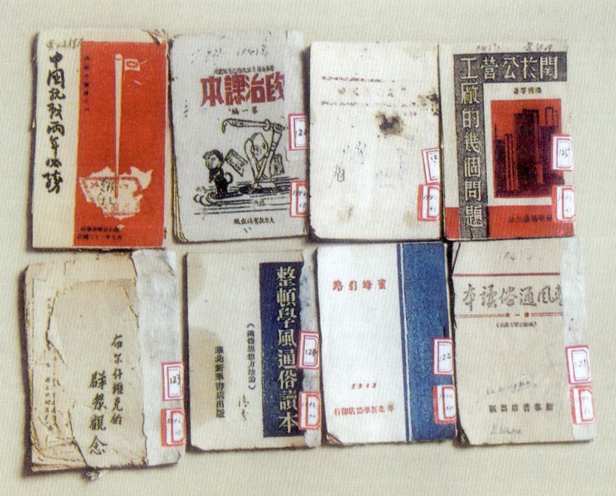

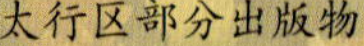
太行区部分出版物

太行区部分出版物

日本法西斯还能活多久?
吴满有
中國共產党中央委員會為抗戰六週年紀念宣言

華北文化
第五期
華北文化社編

華北文化

增訂版
三民主義概論
陳伯達著
1943
新華書店出版
體操教練

通訊工作
新年特大號

新大众

變工好
華北書店發行
把眼光放遠點
獨幕話劇
華北書店發行

如何讀報紙
減租減息疑問解答

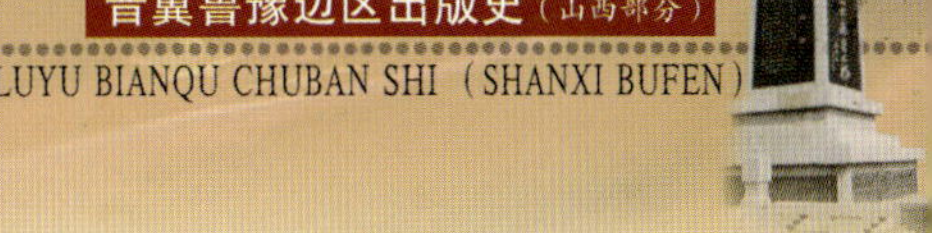

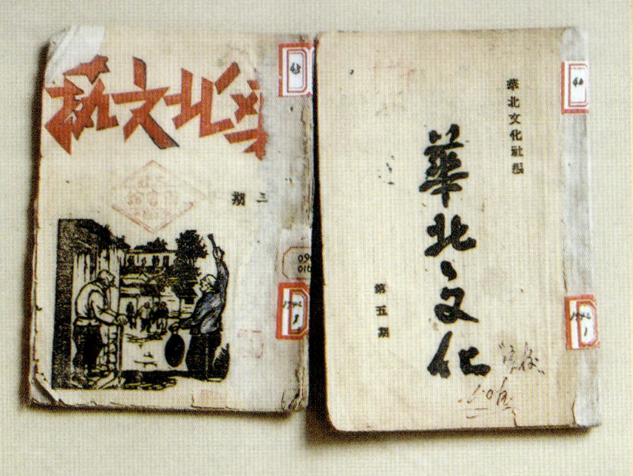

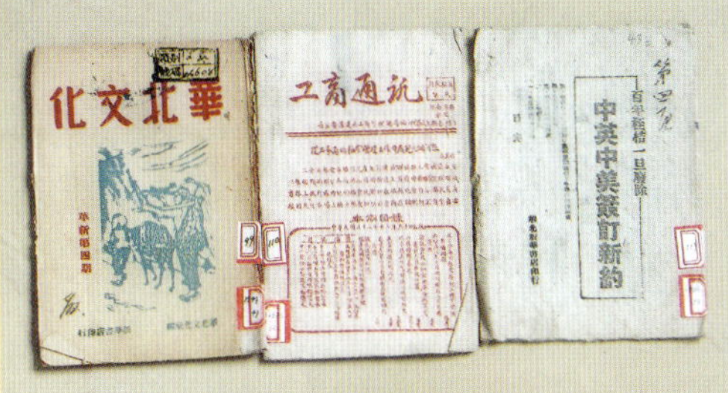

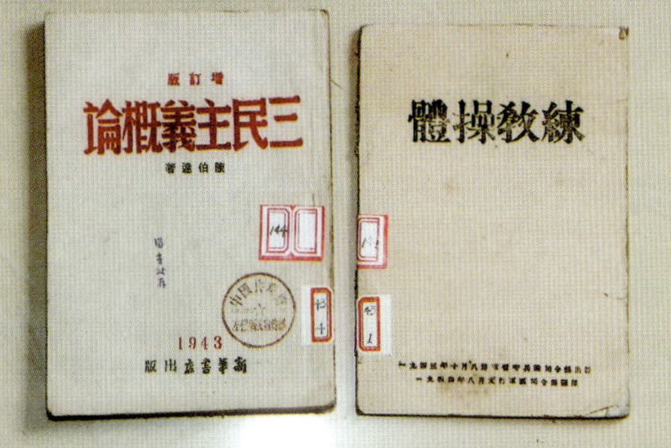

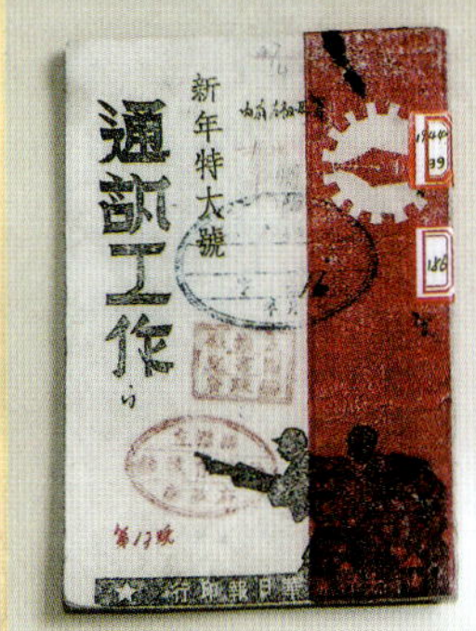

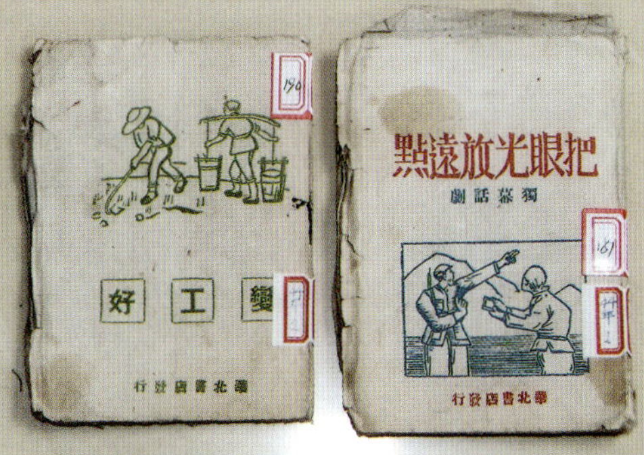

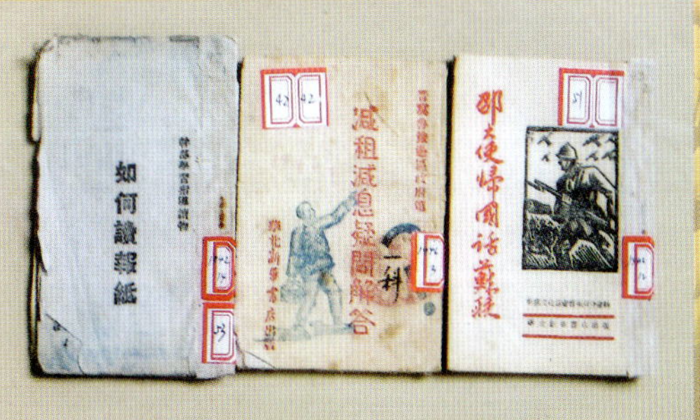

太行区部分出版物

新華日報
勝利報
黃河日報

遼縣地理

中共抗戰一般情況的介紹

遼府通訊

邊區政報

工商業政策與職工政策

土地改革中的幾個問題

論查田運動

中國共產黨黨章
太行人民打蝗記

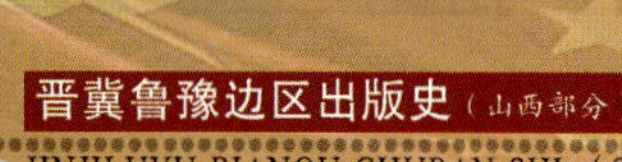

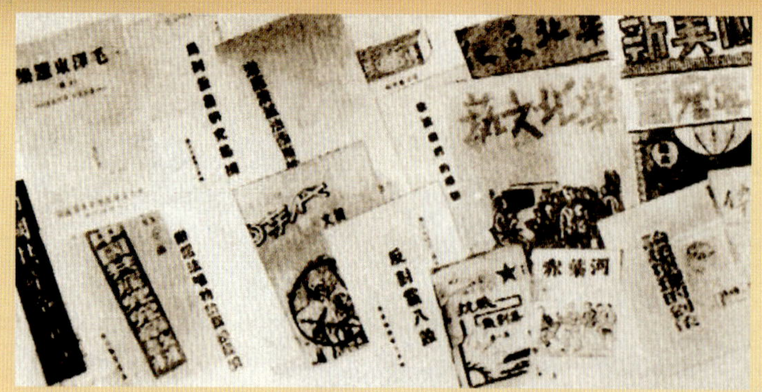

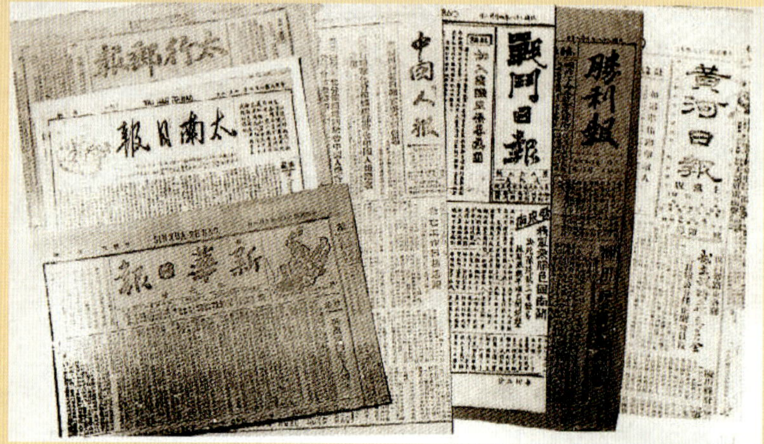

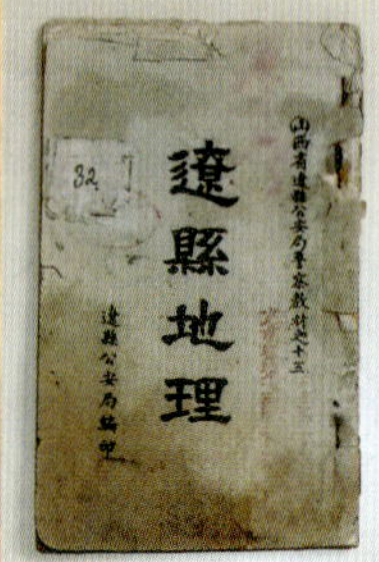

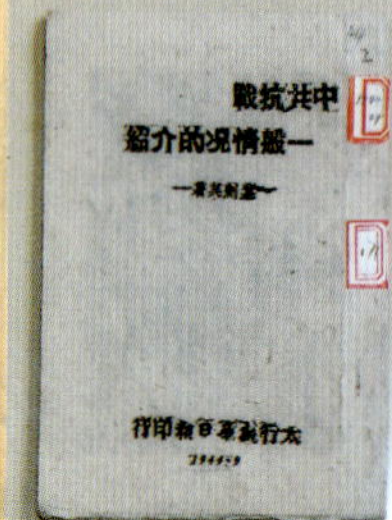

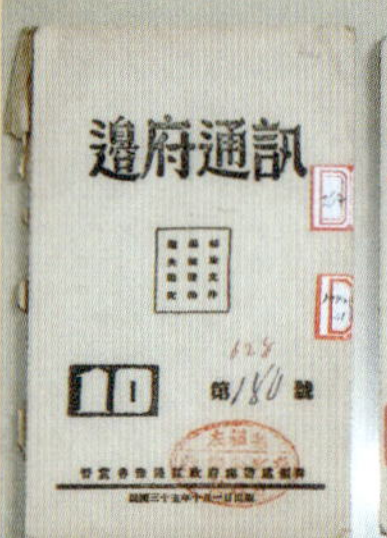

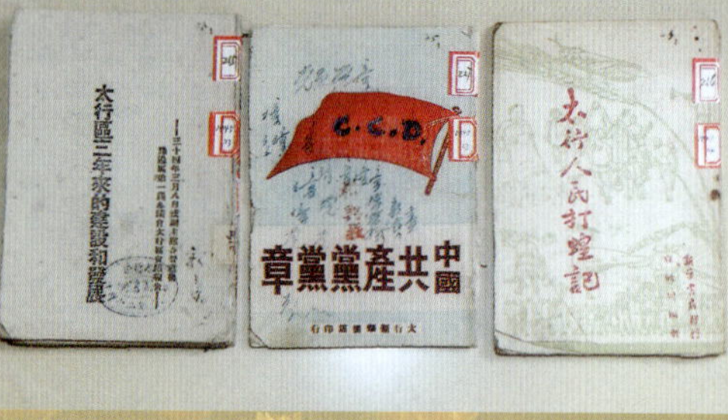

目录

太　岳　篇

附　录

文件·文章

前　言

在中国历史上最伟大的抗日民族解放战争中，中国共产党和它所领导的八路军、新四军以及其他抗日部队，依靠广大人民群众的支持，在日本侵略军占领的后方，建立了抗日民主根据地。晋冀鲁豫抗日根据地是在敌后建立的主要根据地之一。晋冀鲁豫抗日根据地，是以八路军一二九师为主，从 1937 年 10 月至 1941 年秋逐步建立的。首先，以太行山脉为依托，建立了包括太行区和太岳区在内的晋冀豫区，尔后，扩展到河北南部，建立了冀南区，并开辟了包括冀南、冀鲁豫边界在内的冀鲁豫区。晋冀豫和冀鲁豫这两个战略区，合称为晋冀鲁豫边区。

在抗日战争中，由于战争形势不断变化，太行根据地的辖区和名称曾多次变更。根据地开辟时期，由于地处山西、河北、河南三省交界地区，称为晋冀豫抗日根据地。1939 年 7 月，日军以重兵打通白晋路（从祁县白圭至晋城），在沿线建立据点，把晋冀豫分割为两个区域。1940 年 1 月，经中共中央批准，白晋路以东为太行区，以西为太岳区，并在南西建立了晋豫区。

抗日战争时期，太行、太岳根据地是华北敌后幅员最大、人口最多的晋冀鲁豫边区中具有重要战略地位的根据地。中共中央北方局、八路军总部、一二九师和晋冀鲁豫边区政府等党政军机关都驻节太行区。党政军许多杰出的领导人曾在这里战斗、生活，留下许多可歌可泣的感人事迹。

太行区和太岳区是华北敌后抗战和解放全中国的坚强堡垒。太行区于 1937 年 11 月创建，太岳区于 1937 年 10 月创建，两区到 1949 年，经历了抗日战争和解放战争两个历史时期，为中国抗日战争和世界反法西斯战争的胜利做出了不可磨灭的贡献。在解放战争时期，太行区和太岳区成为向全国进军的基地之一，为解放战争提供了大批的人力物力，为解放全中国发挥了巨大作用。

太行、太岳区党委在中共中央北方局的直接领导下，坚持实事求是的原则，把马克思列宁主义、毛泽东思想和党的路线、方针、政策与本地实际结合起来，在建党、建政、建军和经济、文教以及群众工作等方面，创造了极为丰富和宝贵的经验。这些卓有成效的经验无论在当时还是对日后的建设事业，都产生了重要影响。

抗日战争和解放战争时期，根据地的斗争是以军事斗争为中心的全面斗争。而根据地的建设又包括了军事、政治、经济、文化等各个方面。太行、太岳区的出版事业，是在中共中央北方局、晋冀鲁豫边区政府以及太行、太岳区党委的领导下，从无到有、由小到大逐步发展起来的。两个区的出版事业为宣传马列主义、毛泽东思想，宣传中国共产党的纲领、路线、方针、政策，为推动根据地各方面的建设，为满足根据地军民战时精神文化的需要，做出了巨大贡献。太行、太岳根据地的出版事业是各项斗争中的重要组成部分。本书力图以辩证唯物论和历史唯物论的观点为指导，概括反映两区出版事业发生、发展、成长、壮大的历史。这样能使人们更清楚地看到在中国共产党领导下的根据地出版工作者所做出的艰苦卓绝的努力，以及为夺取战争胜利发挥的重要作用；同时，在艰苦的环境中培养锻炼了一批党的新闻出版事业的骨干力量。解放战争胜利后，这批骨干力量多数都进入北京和原晋冀鲁豫边区所辖省市，他们在新中国的社会主义建设中继续奋斗，又做出新的贡献。

由于受战争和环境的影响，物力、财力的限制，根据地书、报、刊的出版不可分割地连在一起，新闻和出版在组织机构方面也没有明确的分工。太行、太岳两地的出版事业都是从办报起步的。报社在开始出版报纸的同时，也以翻印为主出版少量的图书，不久报社成立丛书编辑部，专事编辑出版图书，同时以新华书店名义成立销售图书的门市部。报社对外挂两个牌子，内部为一套班子，既是报社，也是出版社，随着形势发展，新华书店从报社分离出来，成为独立的单位，并设立丛书编辑部，专事图书出版发行。由于历史条件形成的客观事实，所以出版史不能脱离新闻而单独叙写，因此，凡属新闻、出版、印刷、发行工作，本书都归属为出版事业。

由于我们水平有限，在思想认识、史料处理、体例安排、语言表述等方面定有不当之处，尤其是因史料残缺而造成的遗漏在所难免，敬请专家、读者予以批评教正。

太行篇

太南日報

新華日報

中國人報

戰鬥日報

勝利報

黃河日報

第一章
太行根据地的战略地位和出版事业概况

第一节　太行根据地的战略地位

太行根据地是华北敌后幅员最大、人口最多的晋冀鲁豫边区中具有重要战略地位的一个根据地，曾是中共中央北方局、八路军总部、晋冀鲁豫边区政府所在地。它位于正太路以南，平汉路以西，白晋路以东，黄河以北。太行山纵贯南北，古称“天下之脊”，山高险峻，峭壁如林，易守难攻，自古为兵家必争之地，是华中、山东根据地同延安联络的重要通道。

1937年七七事变后，日本侵略者发动了全面侵华战争。日军在华北地区扩大进攻，向西直犯平绥线。向南由平汉线突进，形成夹击山西之势，把攻占山西作为夺取华北，进而侵占全中国的首要目标。面对日军的疯狂进攻，面对国民党中央军和晋绥军的大溃退，1937年9月和10月，中共中央军委根据国共谈判的协议和洛川政治局扩大会议的决定，命令八路军一一五师挺进晋东北，一二〇师挺进晋西北，一二九师挺进晋东南，开辟以太行山为依托的晋冀豫抗日根据地，并提出“坚持华北抗战、八路军与华北人民共存亡”的口号。进入太行后，中共中央北方局对华北各地党的领导机构进行了调整。1938年初，中共冀豫晋省委成立后，迅速恢复和建立了各地共产党组织，建立起抗日民主政权，组织了人民抗日武装。1938年2月中旬，日军先后占领道清线，打通邯（郸）长（治）公路、同蒲铁路南段和汾（阳）离（石）公路，侵占了豫北各县县城和临汾、运城、风陵渡、晋城、东阳关、长治等县城和要地，并向晋西黄河各渡口猛犯，直接威胁着潼关、西安和陕甘宁地区。一二九师根据八路军总部的命令，在地方游击队和广大群众的配合下，取得了开辟晋冀豫根据地的关键之战——长生口、神头岭、响堂铺三战三捷的重大胜利。太行山上抗日游击战争的迅猛发展，使华北日军深感不安。于是，1938 年 4 月初，敌以第一〇八师团为主力，纠集三万多人，分九路向晋东南根据地围攻，妄图把八路军主力消灭在辽县、榆社、武乡地区。晋冀豫军民为粉碎日军九路围攻，进行了充分的准备和周密的作战部署。经过充分有组织的反围攻准备，八路军在 4 月 16 日取得了长乐急袭战的胜利，日军对晋东南的九路围攻被彻底粉碎，晋冀豫抗日根据地基本奠定。

以太行山为中心的各抗日根据地，是整个华北敌后抗日根据地的依托，是中共北方局和八路军总部领导指挥华北抗战的“神经中枢”，是保卫党中央的屏障。因此，1938 年 10 月日军侵占武汉后，回师华北，把进攻重点转向华北，重兵倾压太行区。日军在华北的兵力由十一个师团增至二十个半师团，六十万人。对各抗日根据地实行所谓“讨伐肃正”计划，在 1939 年度进行三期“肃正作战”。敌人在正太路层层设防，修公路、挖封锁沟，防守极严。沿线大小城镇、车站、桥梁乃至重要物资储存仓库、建筑物都设了据点和筑有碉堡，严密防守并辅以昼夜不停的巡逻，将平汉路以西的的广大地区搞成“无人区”，割断了太行区与冀南区的联系。敌人设置了许多伪政权和特务组织，开展“治安强化”运动，订立“反共誓约”，并以杀光、烧光、抢光的“三光”政策，野蛮地破坏根据地的经济，实行“囚笼”政策。对人民实行残酷镇压，妄图摧毁抗日军民的生存条件。

为扭转太行区对敌斗争的困难局面，打退敌人的“蚕食”和封锁，太行区党委团结一切抗日爱国力量，抓紧有利时机，分兵发动群众，建立抗日民主政权，扩大游击自卫队，在“敌后之敌后”开展各种形式的斗争，派出武装工作队深入敌占区活动，建立隐蔽的根据地，打击袭扰敌军。太行区军民又以伟大的创造精神，开展了“游击战”、“地雷战”、“麻雀战”。在 1939 年 7 月，第二次粉碎了日军的九路围攻，取得了反“扫荡”的胜利。为了彻底砸碎敌人的“囚笼”，坚定敌后根据地和全国军民的胜利信心，八路军总部在华北发动了“百团大战”，八路军主力军、地方军参战部队总计达到 105 个团。其战场规模之大，投入战斗力之多，是抗战以来空前的。三个半月的“百团大战”，共进行大小战斗 1824 次，消灭敌据点 293 个，毙伤日军 20645 人，伪军 5153 人，骡马 1922 匹；俘虏日军 281 人，伪军 1407 人，缴获大量枪支弹药，破坏敌军铁路、公路、桥梁数百处。在“百团大战”中，太行军民表现出极大的热情，积极参加战斗和支前工作，广大群众积极准备干粮、熟食、破路工具等，肩挑、人扛、牲口驮，支援过往部队或送往前方。有的县为转运支前物资、战利品和伤病员，建立转运站，开设运输线，保证前线物资供应和伤病员、战利品的及时转运。

在解放战争中，太行军民在区党委领导下，积极投入了“打败蒋介石、解放全中国”的伟大斗争，配合各兄弟部队，不断扩大解放区，巩固根据地，为解放的胜利作出了巨大的贡献。太行革命根据地自创建以来，经历了八年抗日战争和三年解放战争。在近十二年的岁月里，全区军民在党的领导下，为国家的独立和民族的解放，进行了伟大斗争，作出了巨大的贡献。

第二节　太行根据地的出版事业概况

七七“卢沟桥事变”开始了中国人民的全民抗日战争，中国共产党领导的八路军在 1937 年 9~10 月间，东渡黄河，开辟了华北抗日根据地。随着太行抗日革命根据地的创建，党的各项事业也蓬勃地发展起来。为了进一步加强党的领导，提高群众的思想政治觉悟，坚定革命必胜的信念，自 1937 年冬到 1949 年 8 月，近十二年的时间里，太行区创办的新闻、出版、广播事业，进行了卓有成效的宣传工作，在中国新闻出版史上写下了灿烂的一页。

1937 年 11 月，八路军一二九师进驻太行，部队所到之处都散发张贴了该师政治部编印的《先锋报》，这是太行山上最早出现的报纸。《先锋报》拥有众多的读者。它的中心任务是为实现建党、建政、建军服务。版面的具体内容，可分为部队动态、短评、研究和问答、军事游戏、革命歌曲、卫生常识、谜语以及怎样写美术字等文娱资料。报纸还经常报道模范人物、战斗英雄，宣扬有关连队建设的新鲜经验，批评若干不健全言行的短论。此外还报道少量的国际要闻，同时揭露了日军的暴行，很受群众的欢迎。不久，一二九师师部创办《战场报》，四开两版，先是油印，后改铅印。师政治部各个部门对《战场报》都十分关心，力图通过报纸加强部队政治工作，所以大家积极供稿，提出建议，组织专题稿件，如党支部建设、青年工作、对敌政治攻势、生产救灾等等，真正做到了群策群力，各展其长。

1938年4月，敌军“九路围攻”被粉碎后，晋冀豫地区的形势有了明显的好转。5月1日，中共冀豫晋省委机关报《中国人报》在屯留县寺底村创刊，初为油印，后改铅印。由李竹如任社长，杜润生、杨蕉圃、王显周为主要成员。《中国人报》共刊95期，后于1938年底合并于《新华日报》（华北版）。同年5月1日，中共晋冀特委机关报《胜利报》在和顺园街村创刊。报纸石印（有时油印），四开两版，三日刊。到1939年9月20日，该报改为中共晋冀豫区党委机关报。根据晋冀豫区党委决定，1941年7月，更名为《晋冀豫日报》，同年12月底因和华北《新华日报》合并而终刊，历时三年七个月，共出版390多期。先后由安岗、张玉麟、傅小潭、王雪玲、高戈、张鱼等同志负责。1938年7月，山西省牺牲救国同盟会长治中心区主办的机关报《战斗日报》创刊。这是太南地区创办最早的报纸之一，以宣传党的抗日主张和抗日民族统一战线政策为己任，对太南地区的对敌斗争和根据地的各项建设做了全面的报道。尤其在民运工作方面报道量更大，充分发挥了报纸宣传群众、组织群众的作用。1939年5月1日，该报改为《黄河日报》上党版，历时11个月，共出270多期。同年秋，分出“路东版”（太行）和“路西版”（太岳）。

为了加强宣传力度，更好地为华北各根据地服务，1939年1月1日，中共中央北方局机关报《新华日报》（华北版）在沁县后沟村创刊。报纸用麻纸铅印。四开四版，间日刊。报社职工阵营很强，由何云、杜毓沄、陈克寒等同志负责。每期发行3万余份。报纸大量报道与记载华北抗战中可歌可泣之伟大史绩，创造华北抗战中民族英雄之典型。该报一经出版，由于它发行范围广，特别是它具有较大的政治影响，从而在国内外引起了广泛关注。随后，该报文艺副刊“战地”、“戏剧”、“新华文艺”、“敌后方木刻”，以及“华北青年”、“抗日军人”、“敌后方”等相继问世，呈现出一派蓬勃发展之势。在敌人的第二次“九路围攻”后，太行被分割成太北、太南两个区。为了适应反“扫荡”形势的需要，华北《新华日报》在壶关县回车村创办《新华日报（太南版）》，同年11月，改为《太南日报》。为了集中报道太行抗日根据地的一切动态，服务于太行区一切建设事业，1943年10月1日，《新华日报（华北版）》改为《新华日报（太行版）》。随着华北全境的解放及行政区划的重新调整，1949年

8月19日，《新华日报（太行版）》终刊。

1938年8月1日，太行文化教育出版社成立。出版社成立后，克服了种种困难，先后出版过大批优秀图书，其中有毛泽东的《论持久战》、《论新阶段》，彭真的《晋察冀边区汉奸托派卖国罪》，李公朴的《华北敌后晋察冀》，以及编辑们亲手编写的抗日小学和武装部队通用的教材《战时读本》等35种图书。创办了反映根据地军民斗争生活的综合性刊物《抗战生活》、《太行文化》等。广泛宣传了党的路线、方针、政策，丰富了根据地人民的文化生活。1940年春，同《新华日报（华北版）》合并，成为报社的丛书编辑部，但仍沿用太行文化教育出版社的名称出版图书。1940年12月，出版了《毛泽东论文集》，这是华北敌后最早出版的一部毛泽东著作，为推动抗战事业做出了很大贡献。

1942年元旦，为了加强晋冀鲁豫边区的出版发行工作，华北新华书店成立。成立伊始以翻印图书为主，配合整风运动出版了大量的整风文献和通俗读物，包括赵树理的小说《小二黑结婚》等。在《新华日报（华北版）》改为《新华日报（太行版）》后，1945年报社宣布成立太行群众书店，后于1948年改为太行新华书店，下设发行网点，内部机构日益充实和完善起来。

第二章
《新华日报》华北版

第一节　华北敌后战旗

一、到敌后去办报

《新华日报》是中国共产党在国民党统治区公开出版的全国性大报，1938年1月11日在汉口创办，同年10月25日迁重庆，由中共中央南方局直接领导，南方局的书记是周恩来同志。《新华日报》在全国范围内，对宣传坚持抗战，坚持持久战，坚持抗日民族统一战线的方针，起了巨大的作用。党的方针、政策，通过它传达给全党，传播到全国、全世界。

7月间，保卫武汉的会战已拉开序幕，根据南方局的指示，《新华日报》作疏散的准备，并且决定分水陆两路进行疏散，水路经宜昌沿江而上到重庆，陆路经郑州到西安。如果武汉一旦失守，《新华日报》被迫停刊，马上就能出版《新华日报》重庆版或西北版。但是，由于国民党当局的刁难和阻挠，《新华日报》西北版未能出版。这时，朱德总司令和彭德怀副总司令提议到华北敌后去办报，到太行山根据地去办报。经周恩来同志同意，报请中共中央批准，新华日报总馆便派何云、陈克寒、江横等同志到太行区负责筹备成立新华日报华北分馆，出版《新华日报》华北版。

《新华日报》华北版，对外讲是新华日报的地方版，但实际上与重庆《新华日报》在组织上不是领导与被领导的上下级关系。华北版受中共中央北方局领导，是北方局的机关报，是华北敌后抗战的旗帜与号角。

在战火纷飞的险恶环境里，在物质条件极其困难的情况下，经过几个月的紧张的筹备工作，1938 年 12 月 19 日，在沁县后沟村，召开了报社全体人员大会，宣告新华日报华北分馆正式成立。管理委员会主任兼总编辑何云同志，向大会宣布了《新华日报》华北版为隔日刊，每期四开四个版一大张。第一版，登载社论，刊发以晋冀豫为主的华北各地新闻；第二版为国内版，刊登华北战况和全国各战场战况、国内要闻、陕甘宁边区要闻；第三版为国际版，刊登国际新闻、国际评论、外国报刊译文；第四版是理论与副刊版。每版约 3000 字，用新五号字排印。

12 月 24 日，《新华日报》华北版创刊号印出试样。30 日，董事会审定创刊号版样后付印。同日，报社在沁县召开座谈会，邀集晋冀豫区各界代表举行座谈。何云同志报告了办报方针，把创刊号送给各位代表。代表们极为兴奋，表示全力支持报纸工作。有的代表说："中国没有一个报纸能够像《新华日报》那么有远大的眼光，伟大的魄力，深入敌人后方去反映抗战，组织抗战，指导抗战。"

1939 年 1 月 1 日，《新华日报》华北版正式出版，四开四版，用麻纸铅印，隔日刊。报纸出版后受到太行区广大军民的喜爱与支持。报纸的发行量一开始就不是以千计算，而是以万计算的，以后每期发行 3 万余份。

建社初期，北方局为加强对报纸的领导，按照新华日报重庆总馆的体制组建了董事会，即党报委员会。成员先后有杨尚昆、彭德怀、左权、傅钟、罗瑞卿、陆定一、李大章、邓小平、刘伯承等领导同志和报社社长兼总编辑何云、副社长兼副总编辑陈克寒。副社长杜毓沄有时列席。陆定一任党报委员会主任。党报委员会每月讨论报纸工作，包括宣传报道计划和重要评论选题。报社的陈克寒、韩进先后常驻北方局，负责联系工作，撰写重要评论。

报社的领导机构是管理委员会，何云同志任主任（当时不称社长），下设编辑部和经理部。何云同志任总编辑，陈克寒同志任副总编辑，韩进同志调来后任副总编辑。

1939 年 4 月、5 月间，党报委员会决定报社改为总编辑制，总编辑为北方局在报社的党代表。以总编辑为首的编辑委员会（即党委）实行对报社的集体领导。同时增设社长职务，以减轻总编辑的行政事务工作。为体现一元化领导，社长由总编辑何云同志兼任。改变体制后的第一届编辑委员会，委员有何云、陈克寒、韩进、左漠野四位同志。编委会下设编辑部和管理委员会。编辑部没有部级机构，由总编辑直接领导各版编辑。管理委员会主任由副总编辑韩进兼任，副主任为王显周。

二、艰苦创业，游击办报

在敌人包围、物资匮乏的太行山区创办一份正规的报纸，的确不是一件容易的事，困难是多方面的。

首先是队伍问题，就是说需要一支干练的记者、编辑队伍。值得庆幸的是，北方局领导为报社选配了一个以总编辑何云同志为首的编委会，这是一个坚强的领导核心。何云同志曾留学日本，1932年入党后，协助宋庆龄、何香凝等人共同领导“民族解放大同盟”，并担任宣传部长，编辑《中国论坛》。后调武汉，任新华日报国际版编辑。他赤胆忠心，好学实干，作风严谨，有丰富的新闻工作经验。副总编辑陈克寒同志精明干练，1938年曾奉新华日报之派遣，深入敌后晋察冀边区采访，第一个向全世界报告了在中国的大地上，共产党、八路军创造的第一个模范抗日根据地，蜚声一时。韩进同志曾任中央苏区《红色中华》报的编辑，熟谙党的方针政策，文章写得好、写得快、写得多，人称“韩万言”。

遵照北方局的决定，晋冀豫区党委机关报《中国人报》与华北新华日报合并。1938年年底，《中国人报》的全体职工正式合并到新华日报社里，该社社长李竹如担任了新华日报社的副社长。新华日报还接办了原中国人报记者训练班，100多名学员，多数是高小毕业生，少数是师范生，文化基础差，学新闻比较吃力，但他们学习热情高，有政治觉悟。从6月到12月，经过半年的培训学习，对新闻工作有了一个基本的了解。年底结业后，有一部分人加入到《新华日报》的编辑记者队伍中来。

这以后，从延安“抗大”、“陕公”、“鲁艺”等处来了一部分年轻同志。他们满腔热忱，对抗战有信心，不怕艰苦、不怕劳累，但缺少办报的能力与经验。社领导对他们既严格要求，又热情帮助，耐心细致地进行教育培养，使他们在短期内就熟悉了工作，挑起了重担。

1940年年初，太行文化教育出版社与新华日报合并，出版社80多人全部并入报社，充实了报社的编辑队伍。

报社领导十分重视培养发展通讯员，建立通讯员队伍。一年之内就发展了500多名通讯员，并且注意挑选优秀通讯员到报社来工作。

报社领导高瞻远瞩，广纳人才，短期内就形成了一个拥有500名员工的阵容。

其次是设备问题。办报初期，设备既简陋又陈旧。开始时只有一台三管收报机，报社多方置办收发报机，培养电务人员。那时重庆中央社和新华社发报台功率都不大，讯号微弱，报务员即使全神贯注，也经常有抄漏的或错了字码的情况。这就需要耐心查找，细心核对，昼夜如此，仍难免发生错误。有一次抄收毛主席的《改造我们的学习》一文，竟把"哗众取宠"错译成"雾中取宝"。编辑部据此还写了一篇《雾中焉能取宝》的短评，真让人哭笑不得。

那时的印刷设备只有两台四开平版机和一台对开机。没有动力，全靠人力摇把，印一万份报就得摇一万多次。四开机每个钟头印500份左右，一期报纸要用20个小时才能印完。摇把工人需要付出非常艰苦的劳动。

1939年元旦《新华日报》华北版创刊时是隔一天出一期，1942年元旦改为日刊，1943年元旦又改出间日刊，直至1943年9月29日终刊，共出版848期报纸，历时4年零9个月。这4年9个月的岁月是战斗的岁月，是游击办报的岁月。其间，遭遇日寇九次"扫荡"，报社频繁转移，七次搬迁，驻过四个县的八个地方，即先从沁县后沟迁至沁县祭祷岩，又迁至武乡县大坪、辽县后庄、武乡县安乐庄，后又到了辽县的小庄和熟峪，最后于1942年10月6日转移到河北省涉县的桃城，直至1943年9月29日报纸终刊为止。

由于反"扫荡"，报社忙于转移，报纸不能正常出版，中断数次，因此，在4年零9个月的时间里，共有196天无报。这期间，报社同志们克服重重困难，采取补救办法，在战斗间隙，或铅印，或油印，还出版了战时号外12期，捷报16期，战时电讯24期，战时版30期。

三、"一张新华日报，顶一颗炮弹"

《新华日报》华北版在《发刊词》中说，报纸的宗旨是：反映华北抗战之曲折经过，发扬与探讨华北抗战中之宝贵经验，尤其是关于建立抗日新政权，建立抗日根据地的经验教训，报道与记载华北抗战中一切可歌可泣之伟大史迹，创造华北抗战中民族英雄之典型。

在四年多的时间里，华北版在坚持抗战、克服危机、巩固与发展抗日根据地的斗争中，发挥了重大推动和指导作用，在敌、我、友斗争十分尖锐复杂的形势下，华北版的宣传报道紧紧围绕抗战形势和根据地面临的任务，密切联系实际，密切联系群众，深入宣传党的方针政策，动员和教育广大群众，为坚持抗战、团结、进步和反对投降、分裂、倒退而斗争，表现出高度的无产阶级党性。报纸始终坚持的编辑方针是：宣传马列主义与国际共产主义运动；宣传党的路线、方针、政策、任务；宣传广大军民的抗日斗争；宣传抗日民主根据地建党、建军、建政的成就；揭露日寇的暴行；报道国内外大事。

《新华日报》华北版创刊一周年时，彭德怀副总司令在纪念文章中说，华北版不同于一般的报纸，“它是在敌人铁蹄蹂躏的废墟上诞生的，并且在游击战争的流动中出版；它享有广大群众的热烈爱戴，并能同广大群众的战斗情绪融合起来”。又说：“虽仅仅是一周年的历史，可它担负了伟大的使命与创造了光荣的成绩!”

在报纸创刊一周年纪念会上，朱德总司令对报纸给予很高的评价，他说：“一张新华日报，顶一颗炮弹，而且新华日报天天在作战，向敌人发射出千万颗炮弹。”

华北局宣传部长李大章在纪念文章中说：你是华北人民的聪耳。华北人民凭仗着你，听到了全世界的，听到了敌国内部的，听到了我国全国的，特别听到了华北各地的一切。你是华北人民的慧眼。华北人民凭仗着你，看到了世界的光明与黑暗，看穿了敌寇内部，看到了我国抗战的全面，更看明白了华北的每个角落。你是华北人民的喉舌。华北人民凭仗着你，向世界，向敌国人民，向全国与全华北，说出大家内心想说而又无法说的真话。

正因为这样，日寇汉奸对报纸的巨大影响非常不安，把华北版当作仅次于八路军首脑机关的目标而企图摧毁它。1940 年，东京、北平、太原的敌伪报纸，大肆吹嘘，在“扫荡”中已经把华北《新华日报》“毁灭”了，是这次“扫荡”的“第二个大战果”。然而，华北《新华日报》并未被消灭，它在敌人的炮火中始终坚持工作，当“扫荡”还未完结、炮火依然轰响的时候，报纸就恢复出版了。

华北《新华日报》没有辜负党和人民的重托，始终以顽强的战斗精神，坚持敌后新闻阵地，成为对敌斗争的强大思想武器，对坚持华北敌后抗战，发挥了宣传、组织、指导和激励的巨大作用，为我国的新闻出版事业写下了光辉的一页。

第二节　华北敌后新闻出版的总机关

《新华日报》华北版创刊后，北方局随即指示："应该努力使报纸真正成为全华北性的机关报，帮助各地报纸，与全华北加强联系，使报纸成为华北新闻文化事业的中心。"

华北《新华日报》从它诞生之日起，就不是单纯出报纸，正如报纸发刊词所说："本报愿作文化粮食之供给者，愿作华北文化抗日统一战线之创导者与组织者，将全华北文化战士，紧紧团结在本报周围，为开展敌后之文化运动而与敌寇们苦斗到底。"为了团结文化人，繁荣文艺创作，报纸先后办了多种文艺副刊："新地"、"新华文艺"、"新华增刊"、"戏剧"、"敌后方木刻"、"华北青年"、"抗日军人"。出版了《通讯与读者》和《抗战生活》。前者是业务性刊物，后者是一个综合性期刊。《抗战生活》初为半月刊，后改为月刊，它以民族化、大众化、科学化为编辑方针，内容包括时事展望、评论、专论、学术讲座与讨论、今与古、人物介绍、生活修养、工作经验、通俗文艺、创作讲解、书报介绍等。该刊与《华北文艺》合并为《华北文化》后，由文联主办。

华北《新华日报》为开展敌后抗日文化运动，针对当前任务，经常发表社论，阐述敌后文化运动的方针与任务，要求文化工作者深入实际，深入群众，为开展敌后抗日文化运动而献身。报社积极推动和参与发展扩大文化界的抗日民族统一战线，报上及时报道各个文化团体的活动，派业务干部参加这些组织的领导工作。报社经常接待从大后方来的各个文化代表团和从敌后来的高级知识分子、名记者、名作家，广泛进行文化界的统一战线工作。

1939 年 10 月 19 日，新华社华北总分社在沁县后沟村成立，但并无独立机构，同华北新华日报社合署办公，总分社社长由报社的何云同志兼任，陈克寒、林火分别担任正副总编辑。收发报仍由报社电务科统一安排，每天向延安新华总社发稿。报社为党培养了一大批优秀的电务人员，以他们为骨干组建了邯郸广播电台。1947 年 3 月 14 日，党中央主动撤出延安后，邯郸新华广播电台奉命接替陕北新华广播电台的广播任务，向全国和全世界传播党中央的声音。

1940 年 8 月 1 日，华北新华日报社出版了面向敌占区发行的宣传刊物——《中国人》周刊，16 开 4 个版。刊物的方针是：向敌占区人民宣传共产党的政策和主张，揭露敌寇汉奸的一切欺骗宣传，介绍敌后抗日根据地，动员敌占区人民参加抗日战争，发动群众展开对敌斗争。林火是报社通联部长，负责审定稿件，编辑有王春、赵树理、金沙等。刊物内容丰富多彩，形式活泼多样，通俗易懂，深受敌占区同胞欢迎，成为开展敌占区宣传工作的有力武器。

《新华日报》华北版创刊后，便以报社名义出版图书。1939 年一年内，就出版了毛泽东的《论新阶段》、《论持久战》，王稼祥的《中国共产党与革命战争》，左权、陆定一的《晋察冀边区怎样粉碎了敌人的进攻》等 20 多种书，还逐期翻印发行了延安出版的《解放》杂志。

为了把华北新华日报社建成一座敌后的文化堡垒，组成政治、思想、文化战线上的一支劲旅，1940 年，北方局采取进一步措施，充实报社的队伍。先后把太行文化教育出版社、《黄河日报》、中国青年记者学会北方办事处和《晋冀豫日报》并入报社。从此，华北新华日报社成了华北各个抗日根据地中，新闻出版文化工作者最多的一个单位，成为根据地内新闻出版的总机关。

太行文化教育出版社是太行根据地内建立的第一个图书出版机构，1938 年 10 月在长治成立，1940 年年初与华北新华日报社合并。合并后，出版社的杜毓沄担任报社副社长。报社机构进行了调整，除原有的负责编报的编辑部和负责出版发行采购后勤的经理部外，新成立了由张盘石任部长的丛书编辑部，专门负责编辑出版图书。

丛书编辑部成立后，翻印了一批列宁、斯大林、毛泽东的著作，编辑出版了一批供干部学习的政治理论书籍和介绍根据地的书籍，翻印了一批苏联出版的书籍。1940 年 12 月，出版了《毛泽东论文集》，收入毛泽东的《论反对日本帝国主义进攻的方针办法和前途》等 23 篇文章。这是华北抗日根据地第一次出版毛泽东的论文集，是最早的毛泽东论文集。1941 年还出版了《斯大林选集》（1~5 卷）。《毛泽东论文集》和《斯大林选集》都是在印刷条件十分困难的情况下印制出来的。全书是用红色、绿色、黄色和白色等各种有光纸单面印刷，再折成双页装订起来，充分体现了根据地军民坚忍不拔、克服困难的革命精神。它是我国现代出版史上有收藏价值的绝版图书。

1940年12月，华北新华日报经理部在辽县麻田村开设了第一个新华书店门市部，既是书店，也是华北新华日报的一个对外办事机构，因那时为避免日寇的破坏，华北新华日报社的驻地是不公开的。1941年5月，北方局宣传部发出《关于开办书店的决定》后，报社附属的新华书店扩大为新华书店华北总店(华北新华书店的前身)。1942年元旦在华北《新华日报》上刊登启事，正式宣告成立华北新华书店，总经理是杜毓沄，副总经理是王显周。但在内部，华北新华书店的机构仍然是新华日报社的经理部，一套人马，两块牌子。此后，便以新华书店的名义大量出版发行各类图书。

在艰苦的战争环境里，这种集新闻、出版、发行合一的工作机构，便于集中使用人力、物力、财力，不仅有利于办好报纸，有利于图书出版工作的发展，也推动与促进了华北敌后整个文化事业的发展与繁荣。1940年一年内，华北新华日报社就出版了自编和翻印的各类图书，总印数达45万多册。

第三节　敌后新闻事业的开拓者——何云

文章浩荡卫神州，血溅太行志亦酬。
党报事艰来日永，同侪心痛老成休！
云山遥祭挥无泪，笔阵横开雪大仇！
后死吾曹犹健在，不教胡语乱啾啾！

这是晋察冀日报社社长兼总编辑邓拓为悼念何云烈士所写的挽诗。何云同志是华北新华日报社社长兼总编辑，1942年5月在日寇“扫荡”时壮烈牺牲，年仅38岁。何云同志受党的委派，于1938年到太行根据地一手创办了华北《新华日报》，从而揭开了共产党在敌人后方办党报的历史，何云同志是敌后新闻事业的开拓者。

何云（1904—1942），原名朱士翘，浙江上虞县朱巷乡人。1904年出生在一个贫苦农民家庭。幼年时勤奋好学，杭州师范毕业后，曾入复旦大学学习半年。1929年留学日本早稻田大学，专攻经济学，因家贫不能供给，所以曾任日本华侨小学校长半年。1931年九一八事变后，他对日本侵略者万分仇恨，毅然回国参加抗日救亡工作。1932年在上海加入中国共产党。积极从事上海党的地下活动，并编辑《中国论坛》杂志，协助宋庆龄、何香凝等人共同领导“民族解放大同盟”，并任宣传部长。1933年6月在上海被捕入狱，7月被判无期徒刑，移送南京监狱。在狱中，他意志坚强，毫不动摇，积极参加斗争，还学习德语和世界语。抗战开始后，经保释出狱，在南京编辑《金陵日报》。

1938年初，《新华日报》在汉口筹备出版，何云同志积极参加筹备工作，担任该报国际版编辑，并参加报社的支部委员会。他细心认真的工作作风，曾为全报社同志所敬佩。1938年秋季，党中央决定在太行山根据地创办《新华日报》华北版，在华北战场上开辟一块紧密配合军事斗争的新闻阵地，何云同志负责筹建工作。在何云同志的领导下，白手起家，克服了难以想象的困难，经过三个月的筹备，终于在1939年元旦，《新华日报》华北版正式创刊。华北版在坚持抗战、克服危机、巩固与发展抗日根据地的斗争中，发挥了积极的推动和指导作用。报纸创刊一周年时，刘伯承将军专门题词夸赞报纸是“华北抗战的向导”。

与何云同志一起创办华北《新华日报》的董谦同志，在一篇文章中把何云同志办报的指导思想归纳为五点：一是力求把华北版办成为北方局和华北军民抗战的喉舌与号角。为了依靠北方局和八路军总部的领导，密切配合党的中心工作，正确宣传党的路线、方针、政策，报纸创刊等，他提议由北方局和总部的一些领导同志组成党报委员会，直接对报纸进行日常领导，每月开会研讨宣传报道方针，重要社论都要经党报委员会审阅。并派一名副总编常驻北方局，上级领导对报纸的指示，或交办的事情，何云同志都是坚决执行。二是力求把报纸办成为全华北地区的党的机关报和华北新闻文化事业的中心。何云同志主持制订了特约通讯员条例，积极发展通讯员，组成华北通讯网，把华北各文化团体的写作积极分子，组成为报纸写稿的基本队伍。派人参加或帮助筹组新闻文化团体，把记协、文联、书店都团结在报纸的周围。还派记者、编辑和印刷工人到新开辟的根据地，筹办当地的报纸和通讯社。经过几年的努力，通讯员发展到七八百人的规模，报道的范围由最初的晋东南扩大到太行、太岳、冀南、冀鲁豫、晋绥、晋察冀等华北各根据地。三是使报纸在坚持抗战、坚持统一战线、坚持持久战中发挥积极作用。报纸对顽固派搞摩擦破坏团结抗战的倒行逆施，连续进行揭露和声讨，以期通过斗争求团结。另一方面，对坚持抗战的国民党人士及其部队，则不惜篇幅地进行宣传报道，并派记者对他们进行专访。四是注意对敌伪军和沦陷区民众的宣传工作。华北版创刊后，在报纸上开辟了“战地报人”和“敌后方”副刊。又出版了《中国人》周刊，是一份专门针对敌占区发行的报纸，并派记者深入敌占区进行实地采访。五是重视对国际时事的宣传报道。四开四版的报纸，国际新闻就占一个版，经常发表国际问题的评论，观点鲜明，分析透彻，有强烈的感染力和指导性。

何云同志是一位品德高尚、作风严谨、有真才实学的无产阶级新闻事业家。他把党交给的任务看成是自己的终身事业，尽心竭力去完成。华北《新华日报》在创办的时候，只有一架破旧的机器和一副五号铅字，没有铜模，也没有铸字炉。他发动全体员工克服困难，自己动手制造，经过三年多的艰苦努力，报社已成为华北敌后唯一规模宏大的新闻机构，报纸发行到3万多份。报纸不仅得到根据地广大军民的爱护和支持，而且得到世界的关注，美国纽约的《今日中国》杂志和莫斯科外交人民委员会都长期订阅它。

1941年，他被选为晋冀鲁豫边区参议员。他从来没有因为胜利而骄傲，也不因为失败而气馁。在敌后办报，完全是百分之百的战斗。他以笔代枪，日夜拼搏，经常带领员工与敌人转山头。即使因敌人围攻而不能正常出报，也要设法出版油印报纸。不能在村里印报，就到野外去编印出版。

1942年5月，日军向太行区发动了“铁壁合围”的大“扫荡”。八路军总部副参谋长左权将军就是在这次反“扫荡”中牺牲的。敌人围困数日，何云同志与报馆的同志们接连三次突围都未能成功。他对身边同志说：“不要把子弹打光了，留下最后的两颗，一颗打我，一颗打你自己，我们不能当俘虏!”5月28日凌晨，他在辽县（今左权县）大羊角附近突围时，被敌人发现，不幸中弹，壮烈牺牲。在这次反“扫荡”中，华北新华日报社竟有46位同志牺牲。这是我国新闻事业史上最为悲壮的一页。

中国共产党的优秀党员，华北敌后新闻出版事业的开拓者何云同志，为中华民族的解放事业流尽了最后一滴血，献出了自己年轻的生命! 他的丰功伟绩将永垂青史，他的高尚的革命品德和顽强的战斗精神，将永远激励人们开拓进取，奋勇向前!

第三章
太行文化教育出版社

第一节　出版社从成立到合并

太行文化教育出版社的成立，是为适应抗战形势的发展和根据地建设的需要而提出来的。1938年4月，八路军粉碎了日寇对晋东南的九路围攻，把敌人全部赶出了晋东南。但是，国民党、阎锡山从忻口、太原败退下来的一部分军队还驻守在晋东南，有一些县还存在着旧的地方政权，局势相当复杂。学校教育已陷于瘫痪状态，旧的学校教材已不适应抗日救亡的需要。为了更好地团结各阶层的进步力量，与日本侵略者作斗争，进一步扩大党的影响，提高干部的政治理论水平，提高人民群众的抗日觉悟，巩固太行山革命根据地，急需在根据地内开展文化教育建设，为此，中共北方局决定成立太行文化教育出版社。

1938年7月，中共北方局组织部长朱瑞同志在屯留县东固村召集有关人员开会，研究成立太行文化教育出版社事宜，并确定了出版社的主要任务是：宣传共产党的抗日民族统一战线政策；联络和团结文化教育界人士；训练小学教师，开展抗日的教育工作；编辑出版小学教材及各类图书。

1938年8月1日，《中国人报》刊登了出版社成立启事。10月，太行文化教育出版社在长治正式成立，开始办公，社址在长治城内府坡街路西22号。北方局指定王振华任社长，张柏园任副社长。后因王振华在沁县办学未到任，改由张柏园任社长，杜毓沄任副社长。出版社下设三个部，即编辑部、文化教育部和出版后勤部。编辑部负责编辑图书、教材及各种宣传品。陈沂、陈岱、李竹如、张盘石先后任部长。文化教育部负责联络文化教育界人士，开展统一战线工作，培训师资。杜毓沄兼任部长。出版后勤部负责行政、总务、财务和出版发行任务，杨叙九为部长。出版社开始时人数很少，逐步发展到八九十人，编辑有陈岱、赵文敏、郭绍汤、古维进、谢丰、罗定枫、高文明、马印秋、黄君珏（女）等，党政和发行人员有李克坚、刘晓晞、段启潜、王志荫、杨志洲、刘毅民、王友唐、张向一、欧阳洛（女）、张开基等。

太行文化教育出版社始终由北方局直接领导，具体由组织部长朱瑞同志负责。朱瑞同志调山东后，由宣传部长李大章领导。出版社出版的图书和刊物，开始由陆定一同志审查，后来由李大章和陈沂同志审查。出版社虽然由北方局领导，但在行政上隶属于戎子和、杨献珍同志领导的山西省第五行政专署，并得到十八集团军总司令部和一二九师首长的关怀和支持。朱德总司令和彭德怀副总司令都很关心出版社的工作，并亲自到出版社了解情况，指导工作。出版社的经济来源和粮食供应主要依靠八路军总部和第五专署。1938 年冬，八路军总后勤部拨给出版社 2000 元经费，是对出版社最大的支持。1939 年冬，天已寒冷，出版社的同志们还没有棉衣，后来还是八路军总后勤部给解决的。在战争环境下，生活标准很低，每个同志一天只发一斤四两小米，三钱油，四钱盐。每人每月只发两元的生活零用费，也叫津贴。

太行文化教育出版社一成立便建立了党支部。第一任支部书记是北方局宣传干事陈沂，之后是由李竹如、李克坚担任。那时党组织还没有公开，过党的生活会还是秘密进行。党要求党员在群众中一定要起模范带头作用，吃苦在前，享受在后。

太行抗日根据地处在敌人的包围之中，很难分清哪儿是前方，哪儿是后方，在战事频繁的情况下，要一面工作，一面备战。出版社的工作就是在战争的间隙中进行的，既要很快编写好，又要很快印出来发出去，随时准备对付敌人的扫荡与袭击。出版社存在仅一年多的时间，就搬家五次，从长治城撤出后搬到长治南门外原家庄，后又搬到壶关县的晋庄，由晋庄搬到回车，由回车再搬到双井，再由双井搬到辽县（今左权县）的土棚。

1939 年底，北方局决定太行文化教育出版社与华北新华日报社合并。于是，太行文化教育出版社便由太南转移到华北新华日报社的驻地——太北武乡县大坪村。

出版社与华北新华日报社合并后，报社成立了两个编委会即编辑部，一个是报纸编委会，主要由报社原有编辑组成；一个是图书编委会，主要由出版社编辑部的同志组成。合并之后，有一个时期仍沿用“太行文化教育出版社”的名称，出版了大量图书。1940 年，图书出版的印数达 45 万册。1941 年出版发行的中级读物为 54400 多册、群众读物为 21756 册、国民教材为 56679 册，还有 2151 册宣传品。

第二节　时间短暂　成绩斐然

太行文化教育出版社从成立到与华北新华日报社合并，虽然只有一年多的时间，但宣传党的抗日民族统一战线政策，宣传毛泽东同志的论持久战战略思想，团结文化教育界人士，推动抗日的文化教育工作，培养输送了一批文教干部，为党的文教出版事业做出了一定的贡献。

编辑出版各类图书是出版社的中心任务。根据晋冀豫抗日根据地的实际需要，北方局要求出版社首先编写出版一套战时小学读本，供小学生和部队战士使用。在陆定一同志亲自指导下，出版社的几个主要负责同志都参加了《战时读本》的编写工作。小学学制四年，编印课本四册，要求能认识常用字 2000—3000 个，大体上能写简单信件，会记账，会写路条，看宣传品和报纸。

经过三个月紧张的工作，四册《战时读本》于 1939 年 1 月脱稿，经陆定一同志审查修改和北方局批准后，用木刻版印刷，向整个抗日根据地发行。赵文敏同志还编写了《怎么办民族革命小学》一书，随《战时读本》发行。北方局还奖给出版社 100 元现金，以资鼓励。

在完成课本编写出版任务后，不足一年的时间里，出版社编辑出版了数十种各类图书（究竟出版过多少种图书，如今已无法准确统计，本书附录的只是部分书目）。政治读物，如毛泽东的《论持久战》、《论新阶段》，彭真的《晋察冀边区汉奸托派的卖国罪》，李公朴的《华北敌后晋察冀》等；哲学读物，如胡绳的《辩证法唯物论》等；政治经济学读物，如《政治经济学初级读本》等；历史读物，如《近代史讲话》；形势地图，如《欧洲新形势图》、《国际政治分析地图》；文艺读物，如《抗战戏剧集》等；通俗读物，如《新千字文》等。

1939 年 4 月 1 日，出版社创办了《抗日生活》。李竹如、张磐石先后担任主编。这是一本反映中共领导下军民斗争生活的综合性刊物，只出版了六期，因遭敌人扫荡而停刊。

同年7月，出版社撤出长治后，大部分人员随中共太南地委在平顺、壶关一带活动。这期间编辑出版了华北《新华日报》太南版，主编是陈沂，编辑有张磐石、杨波、杜宏、马楠、刘祖春等。以后改为《太南日报》，成为太南地委机关报。

出版社成立初期，自己没有印刷厂，是利用社会上私人印刷厂承印的。当时长治有两家石印厂，一家叫成文印刷局，一家叫新生印刷厂。1938年两家合并联营，包揽了黄镇同志领导的八路军民运部的承印任务。出版社成立后，主要为出版社承印各种出版物。1939年年初，印刷厂归出版社管理，已有石印机七八台，石印和木刻工人有20多人。

图书发行工作，开始时主要依靠各抗日救亡团体和各县县政府、牺盟会代销图书，以后才逐渐成立了一些分社和办事处、发行站。如沁县、陵川、武安、邢台分社，以及辽县办事处和太南发行站。在长治城时，曾设有一个发行门市部，由张向凌和郭高岚负责，直到敌人占领长治后才撤到壶关的晋庄。后来又在树掌镇设立门市部，到1940年春，出版社与华北新华日报社合并时，门市部才撤销。

团结文化教育界人士，开展文化活动，培训文教干部，是出版社的又一重要任务。

出版社与太行山剧团、黄河日报社、民族革命通讯社等团体经常联系，共同开展文化活动，利用各种形式进行抗日宣传教育。还在《中国人报》上发出倡议，在城乡广泛建立和组织抗日文化宣传机构，动员广大民众参加抗日。在出版社的倡导下，各地纷纷成立文化教育实施委员会和民族革命文化俱乐部。在一些村镇还办起了图书室、阅报室和民众学校，出版壁报、刊物，举办座谈会，成立研究会。1939年5月4日，陵川分社还出版了半月刊杂志《太行文化》。

1938年12月，出版社还办了一期太行文化教育训练班，目的是培训抗日救亡的文教干部。学生是从五专署各县招考的，约四五十人。讲授的课程主要有“论持久战”、“抗日民族统一战线”、“社会发展简史”、“写作基本知识”等。授课教师主要是出版社的领导和有关负责同志。学习时间为7周，结业后大部分学生分配到五专署文化教育部门和抗日救亡团体工作，出版社留下10人，有高文明、程庆丰、张荣安等。

第四章
太行根据地的印刷事业

印刷业是出版事业的重要组成部分，革命根据地的印刷业伴随着出版事业的发展，经历了从无到有、从小到大，从油印到石印，再到铅印的发展过程。在抗日战争时期的敌后建立印刷业困难重重，印刷业为夺取抗日战争和解放战争的胜利做出了重要贡献。

第一节　华北《新华日报》印刷厂

八路军驻西安办事处领导的永新印刷厂于1938年8月撤销后，何云等几位同志筹备建立《新华日报》西北版，后因国民党百般阻挠，党中央决定，去华北敌后办报。同年10月，何云找到原永新印刷厂工人王尚祥，让他带领一批工人将西安的印刷机和铅字架搬到晋东南。不几日，王尚祥带领排字工人王俭萍、陈燕、刘鄂、陈云祥、张俊杰，机器工人阎培涛、彭立成、李长生，铸字工人刘德顺一起出发了。他们押运的印刷器材有：对开机一台、四开机一台、二号圆盘机一台、铸字机一台、老五号仿宋铜模一副，老五号铅字和头号、二号、三号、四号标题字半副到一副。由西安到大后方的太行山，一路经历了许多风险和重重困难，设法避开国民党与阎锡山部队的控制地区，爬山涉水，脚上打起了泡，但大家想到，虽然艰苦，但这是为了到敌人后方去，参加抗日救国，精神为之振奋。经过十多天的长途跋涉，到达华北《新华日报》驻地——沁县后沟村，开始了印制报纸的准备工作。

为了坚持出版报纸，从报纸出版的那一天起，就开始了克服困难的斗争。报纸的正文应是用新五号铅字排版，当时印刷厂只有老五号字模，没有新五号字模，又没有打版、浇版设备，只好用麻纸印活字版，在机器的重压下，用到两三个月，有些常用字就模糊不清了，读者不断提意见，报社的人更着急。在王显周、周永生、张建功和工人们的协作下，制作了打纸型设备和浇版设备。试用云田粉和毛边纸等铸出铅版。铸字工人刘德顺协同宋亮珍等，用老五号字模经过改革制成“半铅模”，浇制出所需要的新五号字。技术上的问题解决后，报社编委会来函鼓励说：“4 月份是你们最不精彩的一个月，但 5 月 13 日却是你们新生的日子。”朱总司令奖励 200 块钱，并鼓励印刷厂职工：“继续提高创建热情，不断克服可能出现的任何困难，使敌后抗战的文化工作，日益向前。”

1939 年 7 月以后，日军打通了白晋路，进而实施“蚕食政策”，占据了大部分县城，报社一步步地退向深山。自 1939 年 4 月到 1942 年 11 月的三年多时间内，报社先后搬迁过七八次，印刷厂也随报社搬迁。每搬迁到一个新地方，都要做埋藏机器物资的准备工作，打好各色各样的窑洞。为了使报纸出版不受影响，一般是敌人不到跟前是不停工作的。为坚持战时出报，把铅字的字盘改小，制作了八开的简易印刷设备。在战争紧张时期还印过一些油印报。

报社印刷厂除保证报纸的印制出版，还担负着印制书刊的任务。印刷厂分为铅印厂、石印厂。印刷厂在多次搬迁的过程中，铅印厂驻辽县后庄时，一分为二，成立了印报厂和印书厂。印报厂又迁往辽县安乐庄，厂长为周永生。印书厂，厂长刘威，有铅印四开机两台，脚踏圆盘机一台以及排字、铸字、打版等全套设备。以后印书厂又分出一个二厂，也称二队，驻辽县荒庄，这里地处辽县、邢台、武安三县的交界处，是一个小山庄，有利战时设厂，有四开机一台，脚踏圆盘机一台，还有排字、打版等设备，这个厂是战时印报的后备力量，一旦印报处于困难境地时，荒庄厂即可印报，平时印制书刊。

石印厂驻武乡大坪村，有石印机两台，职工十来人，负责人张越。石印厂开始只能印一些账簿表册之类的东西。1940 年 5 月以后承印由中共中央北方局青委主办的《青年与儿童》刊物，每月一期，32 开本。还印过八路军总部绘制的军事地图、军号谱、电报密码、武器设计图。1942 年敌后根据地进入更困难时期，太行根据地已开始贯彻执行中央精兵简政的政策，报社紧缩，工厂由三个厂变为两个厂，一个在桃城，一个在郝家村。那时没有电，动员职工去摇把，保证了报纸的出版。华北《新华日报》印刷厂有干部工人 60 余人，

1943年10月，改名为《新华日报》太行版后，不少干部调往延安和太行区党委等四个单位。报社驻河北涉县桃城。

第二节　华北新华书店印刷厂

1943年10月，华北新华书店从华北新华日报社分离出来，成为独立的单位，报社印刷厂的部分人员和设备调拨给书店。

书店印刷厂建立初期，地址在辽县大林咬。设备有四开铅印机一台、石印机两台、脚踏圆盘机一台、铸字机一台以及排字打版等全套设备，能独立完成印刷任务。这时全厂有干部工人50余人，厂长刘威，副厂长高文明，工务长张建功，机器领班张仲民，排字领班王德顺，打版李文久，刻字裴三保，炉匠韩晋升，负责后勤工作的有王一清、赵国良、王怀祥等。

印刷厂建立不久开始整风，书店大批干部参加整风，印刷的书籍不多，但印过几本影响很大的书，有《小二黑结婚》、《李有才板话》、《甲申三百年祭》。

印刷厂在大林咬时，因那里吃水很困难，1944年3月，大部分人员和设备搬迁到黎城上清泉村。留守在大林咬的组成一个生产队，从事农业生产。上清泉村比较大，条件较好，对生产有利。生产组织以排为单位，共分为七个排，在经营管理上还实行过一段合同制管理，每人都有定额任务，完成定额任务，只有拿固定工资，如超额完成任务，可以按件计值。当时厂方和工会还订有合同，工人生产积极性很高。

1945年春，随着整风结束，书店编辑部确定了“面向工农兵，出版大众化、通俗化”的出版工作方针，印刷任务明显增长。1945年4月至6月，印了大批党的“七大”文件。

1945年8月，抗日战争胜利后，书店派张诚接管了邢台新民书局，设备有一台脚踏机、一台石印机，尔后，从书店调来人员，增设排字，成立协作印刷厂，张诚任厂长。

1946年4月，印刷厂随同书店搬迁到河北邯郸。由于形势发展，晋冀鲁豫边区扩大，为此，同年5月，将华北新华书店印刷厂与一二九师政治部印刷厂合并，成立永兴印刷局。王显周任经理，潘岂哲任副经理。华北新华书店的出版物一部分归永兴印刷局印制，一部分归协成印刷厂印制。

1947 年七八月间，永兴印刷局又作了新的调整，印报厂归人民日报社，印书厂归华北新华书店。书店印刷厂当时有铅印机四台、石印机四台，以及排字、铸字、浇版等全套设备。

1948 年，晋冀鲁豫边区教育厅的裕民印刷厂并入华北新华书店印刷厂，厂长为尚良辅。同年 6 月，华北新华书店和晋察冀新华书店合并，两店印刷厂遂合并。

第三节　自力更生生产纸张油墨

在抗日战争时期，太行根据地的造纸工业十分落后，只有少数几家生产民用纸张的手工业作坊，根本不能生产文化用纸。印刷报纸和书籍的纸张只能通过商人从敌占区购进，不仅价格昂贵，而且运输十分困难，为了改变这种局面，华北新华日报社社长何云、副社长杜毓沄和经理部长王显周共同研究决定，立足根据地，自力更生，生产文化用纸，由王显周负责抓这项工作。

自力更生，生产文化用纸，他们面对现实，一是改造生产民用纸的作坊转向生产文化用纸，二是建立一个生产文化用纸的小型纸厂。1940 年春，将武乡县的苏裕、栗家沟和襄垣县的西营三个生产民用纸的作坊组建成联营纸厂，试生产文化用纸，技术上由报社指导，改建费用由报社负责，生产出的文化用纸由报社收购。

与此同时，报社在辽县后庄建立了一个小型造纸厂。这个厂是用水作动力碾纸浆，技术问题都是在王显周亲自主持下进行的，厂长是经历过长征的老红军吴盛明。又从武乡、襄垣请来技术工人。当时全厂共有职工 20 多人。

后庄造纸厂投产几个月后，1940 年的 10 月，就被日军“扫荡”破坏。敌人撤走一个月后又恢复了生产，四名抄纸工人，每天每人约抄四摞纸（每摞 200 张，重量 5 市斤）。纸张的大小相当于新闻纸的四开，厚度也达到要求，可用铅字双面印刷。自力更生生产文化用纸，困难很多，原料常常难以为继，抄纸用的竹帘子破了，自己修补，有的工人病了，不得不部分停产，造纸厂就在这种困难重重的环境中努力前进。

1941 年，因辽县后庄水力资源不足，原料来源困难，报社决定到河北邢台县西北部明水村新建一个以水作动力的纸厂，由吴藻舟任厂长。这个厂生产的纸张，经反复试验证明符合铅印的要求。1942 年 5 月，由于日军的“扫荡”，明水纸厂也遭到破坏，无法生产。后庄纸厂采购员孔宪臣在反“扫荡”中牺牲。

1943 年 10 月，《新华日报》华北版改为《新华日报》太行版后，报社与太行新华书店同晋冀鲁豫工商总局商定，建设生产文化用纸专业纸厂和大力发展群众性的民用纸张的生产，以使根据地的用纸逐步走向自给自足。为此，成立了太行造纸股份有限公司，由工商总局、报社、书店投资 90 万元，干部由三个单位选派。公司设董事会，董事长贾冲之，董事王显周、周永生、郭惠亭、刘砥中、王友唐。董事会决定将原工商总局所属的石壁底纸厂、杜阁老纸厂、将军墓纸厂、源泉纸厂划归造纸总公司，造纸生产力有了较大的发展，纸张质量提高了，多用途的纸的品种也增加了。

由报社和书店在太行根据地建立的造纸工业，在抗日战争和解放战争中为生产印报、印书刊以及群众民用纸作出了重要贡献。

油墨是印刷厂的主要原料，在敌人严密封锁的情况下，从敌占区购进油墨非常困难。报社决定自力更生生产油墨，以保证报纸、书刊的出版。报社创办伊始，由负责油印工作的王嗣英亲自操作，开始自制油墨。他们就地取材，用农村生产的蓖麻子油或豆油熬制，配以松烟制成油墨，后又增加氧化剂，革新生产工艺，使油墨产量质量有了进一步的提高，日产油墨 10~20 斤。在 1940 年到 1943 年，印刷物资特别困难的几个年头，自制油墨承担了印报印书所需油墨的百分之七八十，基本上做到了自力更生。

第五章 太行根据地的发行工作

太行抗日根据地在开辟和创建时期，十分重视党的报刊图书的宣传发行工作。从1938年以来，太行根据地创办了几十种报纸、期刊，出版图书品种很多。发行书报刊，对宣传马列主义和党的路线方针政策，宣传抗日救国、揭露敌人烧杀罪行、开展英勇杀敌斗争，宣传党和军队建设，宣传根据地生产建设，都起到了非常重要的作用。这里重点介绍几个单位的发行工作。

第一节　华北《新华日报》的发行工作

华北《新华日报》社的组织机构，曾有经理部，统管报纸的出版发行工作。经理部部长先为华民，后为王显周。经理部下设发行科和交通科，发行科长刘杰，交通科长史育才，还有10余名干部。之后成立发行部，部长史育才，副部长申修。

华北《新华日报》创刊初期发行10000多份，发行范围为华北敌后根据地。但由于敌人军事封锁，交通阻隔，实际上主要在太行和太岳地区一带发行，而晋察冀、冀南、冀鲁豫等地的发行数量则很少。

为理顺报纸发行，建立了报纸发行网，初期在长治、沁源、和顺、邢台、武安、黎城等六地设立办事处，其他各县设分销处。报纸出版后由报社分送到六个办事处，再由办事处分发到所属的分销处。各县党、政、军机关单位和学校、村公所的报纸均由分销处直接分发。中共北方局、八路军总部和一二九师的报纸，由报社直接分送。送往办事处的报纸，由交通员肩挑，路程远的在中途设站，站与站之间一般为60华里左右，每站驻1~2人，昼夜不停地接力运送。交通员不管刮风下雨、严寒酷暑，每天肩挑几十斤重的报纸，往返在羊肠小道上，有时还要冒着生命危险转送报纸。交通员陈玉生（昔阳人）在冀西送报时，由于路过敌军驻地，遭到敌人无理寻衅，报纸被扣留，后被敌人操纵的红枪会残害。1939 年 7 月，敌人占据白晋路后，发往太岳区的《新华日报》也遭遇困难，报社曾派马腾在襄垣东沟找了一位叫王聚宝的铁匠当秘密交通员，夜渡清漳河转送报纸。之后又派去交通员葛有库住在东沟，坚持转送报纸一年多，直到《新华日报》太岳版出版后才撤销了这个秘密交通站。

随着太行革命根据地的创建、发展和巩固，党的建设、军队建设、政权建等各项工作逐步展开，中共晋冀豫区党委（即太行区党委）根据中共中央北方局 1940 年 4 月黎城会议精神，于 1940 年 6 月在涉县西辽城成立了《新华日报》与《胜利报》联合发行办事处，统一了两报的发行工作。办事处的主要任务是：全面负责发行《新华日报》华北版和《胜利报》以及两报出版的书籍、期刊，同时也负责发行其他报刊。办事处主任韩永赞（原为区党委交通科长），副主任申修（原为《新华日报》发行部副主任），发行科长田殿昌（原为《胜利报》发行部长），由上述三单位派去的工作人员所组成的联合办事处共有 50 余人。

办事处成立后即对各地、县的发行机构相应作了调整，归当地党委宣传部领导。根据战时形势与领导机关的驻地分布情况，分别建立了发行交通干线、支线，各县建立分销处，组建群众性的发行网，把报纸很快传送到读者手中。

1940 年 8 月，随着冀南、太行、太岳行政联合办事处（即边区政府前身）成立，两报发行联合办事处改为冀南、太行、太岳交通联合总局，各分区建立交通分局，各县分销处改为交通局，统归各级政府领导。从此，报纸发行任务便由交通局全部承担。

1941 年 8 月 15 日，晋冀鲁豫边区政府成立，太行为直辖区。原冀南、太行、太岳交通联合总局改为晋冀鲁豫边区交通总局。太行区不设局，由总局直接领导各分局和县局。总局正副局长仍为韩永赞和申修。总局下设发行课，分局设发行科，主管报刊发行工作。总局发行课第一任课长为田殿昌，第二任课长为高代之，第三任课长为鲁兮。1946 年年初，总局迁往邯郸，太行区成立邮政管理局，负责报刊发行工作。

第二节 华北新华书店的出版发行工作

1940年9月1日，华北《新华日报》在黎城南委泉村开设新华书店门市部，同年10月因日军“扫荡”而撤销，12月又在辽县麻田镇挂出了新华书店的招牌。第一任经理张兴树，第二任经理赵国良，另有3名工作人员，他们除在店堂营业外，还深入部队、机关、学校、农村流动供应图书，兼营少量文具。这一时期，报社编辑部的图书多以新华书店名义出版。1941年1月，报社在辽县寺凹村以新华书店名义设立编辑部，由孙九青负责，1942年12月撤销。

1941年5月5日，中共中央北方局发出《关于开办新华书店的决定》，指出：“在《新华日报》华北版所在地开设书店，领导和推动全区的书店工作。”报社附属的书店扩大为新华书店华北总店，在报社发行部的领导下，先后在漳北、晋中、冀南、太南、晋东南等地设立分店，至此，华北《新华日报》形成了一个完整的图书发行系统，为华北新华书店的建立奠定了基础。

1942年1月1日，华北新华书店在辽县岭南村正式成立，经理杜毓沄，副经理王显周，代号为“芳岱一号”。原报社下属的经理部、审计室、发行部、印刷厂等机构成为华北新华书店的下属机构，那时报社和书店还是一套机构，两块牌子。华北《新华日报》还在当日刊登了华北新华书店正式成立的启事。

新华书店启事

本店兹定于民国三十一年一月一日正式开幕，出版发行《新华日报》，出版发行及经售各种书籍杂志，今后希各界多加指导，借以改进工作是荷!

总经理　杜毓沄

副总经理　王显周

华北新华书店属中共中央北方局宣传部领导，它是晋冀鲁豫边区统一的出版发行机关，负责对太行、太岳、冀南、冀鲁豫各新华书店进行业务指导，华北新华书店成立后，仍与华北新华日报社合署办公，业务上相互配合，体制上还没有与报社完全分离，是一个战斗的整体。

1943年10月1日，《新华日报》（华北版）奉命改为《新华日报》（太行版）后，华北新华书店才与报社在体制上完全分离，成为独立的机构。组织上仍属中共中央北方局宣传部领导，地址由涉县桃城迁至辽县后柴城村，经理王显周。这时书店设立编辑部，总编辑先后为林火、王继春，编辑有王春、赵树理、章容、冯诗云、浦一之、彭庆昭等。为了加强图书出版工作，中共中央北方局宣传部部长李大章在同林火的谈话中，明确指出：华北新华书店的图书出版任务，一是认真翻印延安发来的图书；二是紧密联系现实编创有地方特色的通俗文学图书，给广大工农兵群众提供精神食粮。

从1943年至1948年，据不完全统计，华北新华书店出版图书237种。1943年9月，赵树理著《小二黑结婚》出版后，彭德怀副总司令介绍这本书时说："像这样从群众中调查研究而写出的作品，还不多见……书中的故事写得又生动又有趣。"《小二黑结婚》出版一个月后，武乡光明剧团立即将其改编成歌剧搬上舞台，接着太行、太岳区的襄垣、武安、涉县、平顺、壶关、阳城、沁源等地剧团纷纷改编上演，一时间轰动了整个太行山区，主人公小芹、小二黑成了一代青年的偶像。

1943年8月，冯诗云根据张际春同志的指示，将上海的《时代》周刊编写成《时代文摘》等10余种书刊，出版后深受读者欢迎。

1945年春，整风运动结束，书店的编辑工作逐步走上正轨。编辑部确立了"面向工农兵、以出版通俗读物为主"的出版方针，当年就出版了《孟祥英翻身》、《拥政爱民》、《一捆柴》、《女状元郭凡子》，还出版了向敌占区伪装发行的图书。如将《新民主主义论》伪装成《虞初新志》，把《论新阶段》伪装成《文史通义》，封面上的出版单位是上海广益书局。这些书伪装得惟妙惟肖，达到了以假乱真的地步，使其躲过了敌人严密的文化封锁，宣传了抗日和革命思想。

1945年春，书店迁往黎城清泉村，为配合抗日战争形势发展的需要，成立了随军书店，由赵振华负责。同年6月1日，由冯诗云主编的群众性读物《新大众》创刊。32开，月刊，出版12期后改为半月刊。

1947年年底，书店接受晋冀鲁豫中央局印制《毛泽东选集》的任务，书店管委会向全店职工进行动员，从编辑、印刷、发行等各个环节做好充分准备。经过6个月的努力，提前完成任务。晋冀鲁豫中央局特来函表扬，函称：

王春、史育才、冯诗云同志并转新华书店诸同志：

你们在编辑、设计、排版、校对、制版、装订以及收购材料，为《毛泽东选集》的出版工作，都尽了最大的努力，并取得满意的成绩，这种精神与成果，应该得到党的鼓励。除发给奖金十万元之外，特再函告，希望继续努力。致布尔什维克敬礼！

中央局 宣传部 办公厅

四月三日

1948年华北局宣传部发出《关于书刊出版审查制度的通知》，其中明确了华北新华书店的出版任务是：

(一) 中央的政策汇编及中央负责同志文集；

(二) 各种理论著述及翻译；

(三) 中级干部理论政策教材；

(四) 中小学教科书；

(五) 工具书 (字典、词典、地图等)；

(六) 大型文艺作品。

其统一由华北新华书店出版的图书，各区党委所属的新华书店均可照样翻印。某些重要的书籍，由华北新华书店统一供应纸版，但须付纸版费，因而加重了华北新华书店作为全区统一出版机关所负的政治责任。

1948年年底，华北局宣传部决定将《新大众》杂志改为《新大众报》，华北新华书店的编辑部从书店分离出来，专事办报。至此，华北新华书店完成了出版工作的使命。

华北新华书店的书报刊发行工作在开始的两年里，主要依靠报纸的发行系统。1940年8月，冀南、太行、太岳行政联合办事处成立，下设交通总局。从1941年起，书报刊的发行工作交由交通局发行，后因图书品种多、读者对象各异，需要有陈列场地，因此，不到一年的时间，交通局又将图书发行工作交回报社。当时，图书发行的主要对象是各级干部和中小学校师生。图书发行的重点主要在50多公里的清漳河两岸和各个专署所在地，各县销售量大的是小学课本。以后逐步在清漳河畔的辽县麻田、索堡及和顺横岭、武乡洪水、赞黄北坪、平顺寺头等地设立新华书店门市部。1943年，武乡县文化合作社应运而生。文化合作社是在地方党政文教部门的领导帮助下，由教员、学生集资创办的。群众办文化合作社在太行区各县普遍推广。1946年3月，太行行署还发出通令要求各县组织文化合作社，这样就形成了新华书店为骨干与群众办文化合作社相结合的发行网络。据不完全统计，从1940年到1943年，由华北新华日报和华北新华书店发行的图书、杂志达160余万册。其时，除门市部和流动供应售书外，还开展了批发业务，并和太岳、冀南、冀鲁豫、晋绥、晋察冀等根据地的书店建立了业务往来关系。

1946年秋，根据上级给前线作战部队赠送图书的要求，书店由《新大众》杂志向读者发出“图书劳军”的倡议，为此，《人民日报》进行了新闻报道，各地读者纷纷响应。自1946年10月起到1947年1月底止，三个半月收到读者捐款35000余元。书店编辑部翻译出版了以苏联卫国战争为题材的《兵士与统帅》、《恐惧与无畏》、《宁死不屈》、《日日夜夜》等书籍，这些书籍受到部队领导和战士的欢迎，晋冀鲁豫军区政治部两次给书店来信表扬和表示感谢。

在艰苦的战争环境，书店虽是后方机关，比部队稍稳定些，但也是要经常搬迁，为了保存自己，须保持轻装简行。当时发行员的家当是一个背包、一个文件包、一条米袋、一支步枪和几枚手榴弹。发行员经常是扛着几十公斤重的书报，跋山涉水，越过敌人的封锁线，把书报送到目的地。书店门市部地下挖有地洞，一有敌情，很快将书报转入地下，书架则抬到田野隐藏起来，有时是趁黑夜将书报送到深山，藏在山洞里。为克服困难，书店职工开荒种粮、种菜、纺花、运输、磨面、养鸡、拆洗缝补衣服，开展增产节约运动。在战争年代的艰苦环境里，培养锻炼了一批党的图书发行骨干。

1946年4月，书店由山西黎城清泉村迁往河北邯郸，时任经理为王显周，副经理史育才。同年6月，蒋介石撕毁《双十协定》对平汉线发动进攻，7月初书店迁至武安县城，9月又迁往武安赵庄，10月书店经理部迁至获鹿县西关。

1948年6月，晋冀鲁豫和晋察冀两个大区合并，华北新华书店遂迁往河北平山县，与晋察冀新华书店合并。合并后的店名为“华北新华书店总店”，由中共中央华北局领导，经理史育才，副经理李长彬、王剑、郝汀，总编辑王春，副总编辑冯诗云。1948年年底，华北局宣传部决定，编辑部脱离书店，专门办《新大众报》（《新大众》杂志改为报纸），由华北局宣传部领导。

1949年3月，华北新华书店进入北京，同年7月书店召开华北各省、市新华书店经理会议，决定华北区新华书店实行统一领导管理体制。10月，全国新华书店出版工作会议后，新华书店总管理处成立，华北新华书店改称“新华书店华北总分店”。华北新华书店经理史育才调新华书店总管理处。至此，华北新华书店完成了它的历史使命。

第三节　华北书店的出版发行工作

华北书店是“大后方”进步书业界生活书店（负责人邹韬奋），读书出版社（负责人李公朴）和新知书店集资，于1941年1月1日在山西辽县桐峪镇创办的。

抗日战争时期，蒋介石消极抗战，积极反共，对内实行残暴的统治政策，对进步出版事业大肆摧残，实行所谓“图书原稿审查”，阻挠、限制进步图书的出版。“生活”、“读书”、“新知”三家进步书店处境十分困难。周恩来曾对邹韬奋说：“生活、读书、新知可以联合起来以民间企业的形式去延安和敌后开展出版发行工作，把精神送到前线去，敌后军民是非常欢迎的。”于是，生活书店派李济安（即李文），读书生活出版社派赵子诚（即刘大明），新知书店派陈在德（即王华）到晋东南根据地开办书店。他们临行之前，邹韬奋曾对李济安、赵子诚、陈在德说：“去延安和敌后抗日根据地开展出版事业，早有此打算，从抗战形势发展的前途看也是很有必要的。敌后是很艰苦的，要有克服一切困难的勇气和决心。要依靠广大群众的帮助，为人民大众服务，在人民大众中生根，把共同的事业办好。”

1940年8月，李济安、赵子诚、陈在德三人从重庆出发，翻山越岭，穿过敌人封锁线，经过两个多月的艰辛跋涉，终于到达抗日根据地辽县。为了安全，在仓促成行的路途中，他们三人将名字改为化名：李济安叫李文，赵子诚叫刘大明，陈在德叫王华。三人改动后的名字一直沿用下来。他们在根据地受到晋冀鲁豫边区政府主席杨秀峰的接见，杨主席对在根据地开办书店表示欢迎和支持。接着他们又受到八路军政治部主任罗瑞卿的亲切接见和解放区各界的热烈欢迎，《新华日报》还为此专门发了特讯。

他们三人到达目的地后，经紧张的筹备，华北书店正式成立。李文任经理，刘大明、王华任副经理。在辽县桐峪镇设立的第一个门市部于1941年元旦开业时，红字白底的“华北书店”布帐横街高挂，鲜艳的广告临街张贴，店内粉饰一新，在艰苦的抗日根据地，也算别具风格，吸引来了众多的八路军总部各机关的干部、战士和广大群众。门市部营业伊始是代销新华书店出版的图书和文具，同时克服困难，刻印少量的图书，第一本刻印书是《1941年月历》，之后又刻印了高尔基著的《鹰之歌》和《海燕》，每种油印300册。这些书在门市部销售得都很好。

第一批刻印读物打响之后，他们就把精力集中到出版油印书籍上，相继刻印了《阿Q正传》、《狂人日记》、《不走正路的安德伦》、《死敌》等，书的封面设计精美，各有特色。每种书的印数增至蜡纸刻印寿命的极限——500册，且都作了宣传。

1942年春，反“扫荡”胜利以后，八路军总部迁至麻田镇，书店又在麻田镇开了一个门市部。从此，刘大明常驻桐峪，负责油印出版，王华常驻麻田，负责跑外进货，流动售书。截至1942年年底，华北书店油印出版书籍20多种，如《朝花夕拾》、《我是劳动人民的儿子》、《和列宁相处的日子》、《世界名歌选》等。后来，华北新华日报社调给书店几名印刷工人和铅印机等一些设备，从此，他们用铅版手工印刷书籍。第一本铅印书是《人怎样变成巨人》，印了上千册。

1943年，华北新华日报社分给华北书店铅字、四开印刷机以及纸型浇铸等全部设备，还配备了干部、工人共40多人，建立起一个中型印刷厂，这个厂设在河北涉县靳家汇村，为了安全保密，印刷厂的代号叫“干部学校”。敌人两次“扫荡”到了村中，也没有发现这个“干部学校”，证明群众作了很好的掩护。

为了满足太行区读者对图书的需要，又在河南店开了一个分店。至此，华北书店有了三个分店，一个印刷厂，职工五六十人，成为了集出版、印刷、发行为一体的综合性书店。

1943年10月，党、政、军各系统都实行精兵简政、增产节约，上级决定华北书店和华北新华书店合署办公，在组织上是一个行政单位，对外挂两个牌子。两店合并后，在出版方面的大体分工是：政治理论书籍以华北新华书店名义出版，文艺、自然科学等书籍用华北书店名义出版。1944年7月，邹韬奋在上海逝世后，以华北书店名义出版的图书则改为韬奋书店名义出版，以示纪念。

第四节　太行新华书店的出版发行工作

1943年10月，太行革命根据地的斗争形势有了很大的转机，同时，中共晋冀豫区党委改名为太行区党委，直属中共中央北方局领导。《新华日报》(华北版）亦改为《新华日报》（太行版)，驻河北涉县桃城。改版后即以报社名义出版了一些图书。随着1945年8月抗日战争的胜利，为缓解图书、课本供应的紧张状况，太行区党委批准成立“太行群众书店”，但无单独编制，属太行新华日报社的一个部门，对外为太行群众书店，对内是报社的发行科。科长马腾、副科长药恒，他们也是书店的负责人，地址在涉县，还在城内开了门市部，兼营文具。

1946年，太行群众书店在长治设立分店，经理由报社秘书王元直兼任，副经理周兰生，会计蔡尔颖，店址在长治城内东街，为一座小四合院，设5间门市。图书品种丰富，分经典、哲学、文学、医药等类型陈列。这个店在农村发展了十多名走村串户、赶庙会挑担卖书的书贩子，这些人后来有的被吸收为书店正式职工。

1947年夏秋之交，邓小平、康克清等中共中央领导曾来到长治分店东街门市部，为解放军南下部队选购了大批图书。

上党战役闻名全国，1947年北平、天津、西安等地的一批大学生、科学家等知识分子来到长治实地考察，他们常来书店门市部选购图书。包括马列著作，以及毛泽东著作如《两个中国之命运》、《论联合政府》、《中国向何处去》，还有艾思奇的《大众哲学》等书，销售得很快。新文学艺术书也很受读者欢迎，如《白毛女》、《血泪仇》、《李家庄的变迁》、《李有才板话》、《王贵与李香香》等。有一个时期，赵树理就住在南街新华书店的一个小阁楼里废寝忘食地写作。

1947 年，随着解放战争形势的发展，报社机构扩大，图书发行日益发展，太行区党委决定书店从报社分离出来单独编制，直属太行区党委宣传部领导。但书店仍和报社合署办公，书店经理由报社副社长周永生兼任，并设立了编辑、美术、发行等职能部门，郑雪樵负责编辑工作，药恒负责美术工作。

1948 年 12 月，太行群众书店改称“太行新华书店”，经理徐大明、秘书王道伟、会计施雨普，下设长治分店、左权分店。同时在涉县、邢台、焦作、新乡、安阳、沁阳等地设立门市部。这时书店机构扩大健全，有职工 48 人。

太行新华书店从创建到 1949 年 3 月，据不完全统计，共出版图书 65 种（课本未计算在内），包括《共产党宣言》、《关于修改党章的报告》、《论联合政府》、《人民的舵手》、《社会发展史》、《保卫好时光》、《王贵与李香香》等。

1949 年 1 月，根据上级指示，太行新华书店长治分店与华北新华书店长治分店合并，称新华书店长治支店，经理蔡尔颖。同年 6 月，业务统一于新华书店太原分店（山西省新华书店前身）。

第六章
太行根据地的其他新闻出版工作

第一节　《中国人报》——太行根据地的第一份党报

1938年5月1日，中共冀豫晋省委在沁县故县村创办了《中国人报》，这是省委的机关报，也是太行抗日根据地出版的第一份地方性党报。7月，报社迁到屯留县寺底村。报纸为油印，四开两版，每两天出一期。开始时每期只印几百份，以后发行量逐渐增加到2400份。报社负责人是李竹如，编辑有杜润生、杨蕉圃，总务负责人王显周；由王守道、王嗣英担任油印任务；李秀山、张培霞担任刻写任务。《中国人报》始终坚持党的新闻宣传方针，在编排内容上大体分三部分：（1）依靠新华社的电讯，揭露敌寇汉奸的一切欺骗宣传，反映国际反法西斯斗争的形势，同时反映国内特别是敌后各抗日根据地的形势；（2）依靠各县委宣传部和通讯员提供的稿件，反映晋冀豫边区各县抗日斗争、武装群众以及减租减息等方面的报道；（3）宣传区党委的指示性文件，配发社论、短评等，有强烈的地方特色。通过卓有成效的宣传，鼓舞了根据地和敌占区人民的斗志，达到了动员人民参加抗战斗争的目的。为此，区党委在关于党报的决定中要求："《中国人报》必须每个支部每个小组都至少订阅一份，要组织读报小组、战斗小组，使每个同志都能与党报共呼吸。"

由于残酷的战争环境，当时报社的组织规模很小，工作人员只有十余人，印刷工具也是很简陋的油印机。但就是在这样人力、物力匮乏的条件下，报社的同志们对工作仍然一丝不苟，认真负责。一张蜡纸刻制的版面，有时能够印到1000多张，整版报纸字迹清晰，字体多样。版面安排丰富多彩，形式活泼，很受读者的欢迎。

随着报纸发行量的迅速增加，当时的印刷工具已不能满足需求，于是，报社的同志们群策群力，从长治县买来一台破旧的四开铅印机和一部分残缺不全的铅字，并从榆社县请来十多名印刷工人。可是排字用的铅条却没有，怎么办呢?同志们自力更生，把缴获敌人的汽油筒剪成小条代用。经过一系列的准备工作，报纸于1938年11月1日正式改为铅印，版面扩大为四开四版，仍然是逢单日出版，每期印数上升到12000多份，大大缓解了需求困难的局面。

在报纸改铅印的那一天，朱德总司令和北方局领导同志曾亲临祝贺，对同志们的工作给予了充分的肯定，并赠送了100元大洋。领导的亲切关怀，大大鼓舞了同志们的工作热情，全体同志以饱满的革命热情又投入到繁忙的工作之中。

报纸有自己的发行网络，在晋冀豫各县都设有《中国人报》发行站（也叫分销处），发行站有两至三人。报纸出版后，由报社通讯班转递各县发行站，由发行站分发党的基层组织和抗日团体。发给游击区和敌占区党组织的，则通过党的秘密交通转递。虽然当时工作条件艰苦，生活也很清贫，又经常遭受日寇“扫荡”的威胁，但各个发行站都能千方百计地沿着数条发行路线，尽快把报纸送到城乡读者手里，受到了各方群众的好评。

为了集中宣传力量，统一抗战宣传，《中国人报》于1938年12月29日终刊，前后共出95期。工作人员全部合并到华北新华日报社。从它的创刊到终刊，尽管只有短暂的8个月，但它热情地宣传了党的抗日民族统一战线的主张，揭露了日寇的暴行和汉奸的阴谋，在组织和推动抗日救国的斗争中发挥了重要的作用，成为党在太行山上的重要喉舌。

第二节　从《胜利报》到《晋冀豫日报》

一、在烽火连天的岁月里办报

抗日战争初期，由于我党抗日力量还较薄弱，日军气焰非常嚣张，国民党军队望风披靡，溃败南逃。许多绅士、地主都认为胜利无望，纷纷携带家私逃往晋南和大后方。亡国论调和失败主义情绪在人民群众中形成一定影响。在如此混乱和人心惶惶之际，为了适时宣传我党的抗日主张，进行抗战动员，消除各种不利于抗日的悲观失望情绪，坚定群众抗战必胜的信念，各级党组织和抗日团体很快办起了许多抗日报刊。特别是中共冀豫晋省委在沁县南底水村召开工作会议之后，部队报刊和许多县办报刊纷纷出版。1938 年 4 月底，驻扎在和顺县西部石拐镇附近的中共晋冀特委和晋东牺盟会，决定东迁到和顺县城附近，东迁后晋东牺盟会的名义撤销，并决定出版一份特委机关报——《胜利报》。负责筹划报社机构及组建工作的光荣而艰巨的任务落在了张玉麟同志的身上。于是，在搬迁过程中，边组建边组稿，在距和顺县城 3 华里的园街村进行审稿、发排。于 4 月 30 日由冀雨同志刻蜡版油印。5 月 1 日，《胜利报》创刊号正式出版。当时，报社仅有十多名工作人员，张玉麟任社长，安岗任总编辑，徐平为通讯联络部部长，贾景佐负责行政总务工作，冀雨负责刻写，陈远负责油印。报纸为四开四版。三日刊，石印，发行 3000 份。报纸印刷用粉连纸（有光纸），分红、白、绿三种颜色。报名由朱德总司令亲自题写，是晋冀特委的机关报，后成为中共晋冀豫区党委、中共太行区党委的机关报。1941 年 7 月 7 日，《胜利报》改为《晋冀豫日报》，隔日刊，四开四版，石印。发行 4000 余份。同年 12 月 24 日，《晋冀豫日报》终刊。当时，编辑部的同志有：高戈、郑笃、李含晖、石蕾、赵树理、夏秋水等；采通部兼晋冀豫分社的有：张鱼、李庄、荣一农、殷德宇等同志，郭渭同志负责秘书工作；鲁兮同志负责发行工作。

当时，《胜利报》的核心内容是：宣传贯彻党的抗日主张，贯彻抗日救国“十大纲领”，宣传党中央和毛泽东的持久战思想和关于开展敌后游击战争的指示精神，动员群众，组织群众，团结起来，抗日救国。特别是宣传贯彻了党在延安举行的扩大六届六中全会的精神，和中共中央制定的土地政策。大篇幅报道晋东南各级抗日民主政府和抗日群众组织领导广大人民建立起了工救会、农救会、青救会、妇救会、自卫队、儿童团等抗日群众团体。开展了反贪污、反摊派不公、民选村长和撤换坏村长的斗争。在实行减租减息、增加工资和实行合理负担的斗争中，巩固和扩大了群众组织。《胜利报》在报道太北区的生产、战斗方面，“反应迅速，报道翔实”，并经常发表社论，对“本区各种建设事业与地方工作之指导”也是非常及时的。而在社论、专文、通讯、新闻等方面，办得也很通俗。因为当时的办报方针是在党性原则指导下的群众化、通俗化。所以副刊《民革室》经常发表通俗化的《老实话》、《民众学校》、《新法令讲话》、《谈时事》、纪念日《讲话》等等。《胜利报》在各个方面起到了重要的宣传和组织作用，深受广大群众的欢迎。

1937年秋，日军对中国北部与中部广大地区的猖狂侵略，进展极为迅速，而国民党的一些要员面对强敌却高喊什么“曲线救国”的口号，不予有力回击，丢失了大片国土。在这种形势下，全国人民对抗战前途产生了疑问。为此1938年5月26日至6月3日，毛泽东同志发表了中国必胜、日本必败的著名演讲，后来集辑为著名的《论持久战》，提出抗战是一个长期的持久的斗争，坚持持久抗战，一个光明的中国必将来临。关于中国的前途，也就是“中国向何处去”、“新中国是怎样的”等问题，毛泽东同志发表了《新民主主义论》。《胜利报》在大力宣传《论持久战》的同时，组织党政军民开展学习《新民主主义论》，并在报纸上刊登了《新民主主义论》的第四节至第十节的内容，加以通俗宣传。指出：“有敌大家打，有饭大家吃，有衣大家穿，有事大家做，有书大家读，有国大家管，从半殖民地、半封建的路上来，要到社会主义的路上去。”明确了建设一个新民主主义的新政治、新经济、新文化的新中国。把政治上受压迫、经济上受剥削、文化上愚昧落后的旧中国，建设成为政治上民主自由、经济上繁荣昌盛、文化上文明先进的新中国。正当此时，国民党反动派向各省市的国民党党部和有关机关发布“关于实施宪政诸问题”的“指示”，企图用1936年所制定的办法“施宪”，以及所谓实行“五五宪章”。《胜利报》针对这一问题，在报纸上重申《新民主主义论》的内容，要求国民政府修改“五五宪章”，修改国民大会的选举法和组织法，准许工人、农民、妇女、青年，凡十八岁以上的，都能够有权参政，管理国家大事，反对反民主反进步的宪政，反对用“训政”的招牌，做霸占政权的把戏。《胜利报》还发表专文，并在《民革室》的《民众学校》里讲了抗日民主政权20讲。1940年6月13日在《老实话》中，发表了《否认包办选举的山西代表》等文章。

1939年12月，山西反共顽固派集中六个军的兵力，在日军的配合下，围攻驻在晋西隰县、孝义地区的新军决死二纵队和八路军晋西支队，发动了反共的“十二月事变”。12月下旬，阎锡山指使决死三纵队内部的旧军官，在沁水县苗沟村总部驻地发动叛乱，他们先后捣毁沁水、阳城、晋城、高平、长治、陵川、壶关等七县的抗日民主政府，袭击了第五专署、牺盟会长治中心区和

《黄河日报》上党分馆等机关，捣毁了阳城《新生报》社，屠杀了共产党员和进步分子近400人，绑架了1000余人。国民党中央还密令驻扎在太行区南部的国民党孙楚部队积极配合行动，向晋东南的山西新军和八路军进攻。

对国民党反共顽固派的荒谬命令，朱德、彭德怀当即提出抗议，表示八路军决不离开太南、太岳区。陈赓率三八六旅主力和总部特务团进入太岳区，与薄一波一起统一指挥太岳区部队，坚守阵地保卫太岳根据地。在太南地区，八路军三四四旅、晋豫支队、独立游击队等部连续重创孙楚的独八旅及其他反动武装和特务组织，恢复了在事变中失去的部分阵地，进一步加强了对太南、豫北八路军各部的指挥。至此，反共顽固派进攻晋东南地区的阴谋破产了。

《胜利报》在12月1日1版发表社论《起来! 扑灭汉奸》，揭露敌伪汉奸组织“暗杀团”在平顺五区一带大肆活动。12月13日，《胜利报》刊登了敌人残杀爱国志士的报道，揭露阎锡山的太谷县长兼保安团长枪杀牺盟会特派员、解散群众团体的罪行和鼓吹“反共防共”、准备妥协投降的阴谋。同时还刊载了《反投降必读》的连续讲话。12月11日，在垣曲县又发生了刺杀八路军某部贾同志的事件。12月28日《胜利报》在刊登这则消息时，指出“反共就是投降准备”。1940年2月10日，报纸登载了安岗同志写的《阳城六县政变血的教训》一文，呼吁团结抗战，反对妥协投降。同时，报纸还发表了赵在表创作的漫画《反对投降，扑灭汉奸》。

1940年年初，日寇一面进行武装侵略，一面进行拉拢诱降，大谈其“讲和”。此时，汪精卫勾结抗日阵营里的动摇分子，大刮投降之风，公开变节投敌。为此，党中央及时发表了《关于目前时局与党的任务的决定》，指出：为了力争时局好转，克服逆转危险，必须强调抗战、团结、进步，三者不可缺一。并提出了十大任务和十项救国大计。各根据地的报纸，都根据党中央的决定，进行了坚持抗战、团结、进步，反对投降、分裂、倒退的宣传，并且发出通电反汪讨逆。4月28日，《胜利报》用谈时事的形式，刊登了《反对卖国贼汪精卫的鬼把戏》一文，号召大家团结起来，反对汪逆伪政府；反对大大小小的摩擦；反对枪口对内打八路军、新四军；万众一心打倒汪精卫，打倒日本帝国主义。

1938年10月，日本侵略军攻占武汉、广州后，把进攻的重点转向华北，特别是共产党领导的敌后各抗日根据地。日军在华北的兵力由11个师团增至

20个半师团，达60万人。在晋冀豫区周围增兵到8万余人，并制定了“治安肃正”计划。1939年9月，敌华北派遣军司令多田骏对各抗日根据地实行所谓“囚笼政策”，即以铁路为柱，以公路为链，以据点和碉堡为锁，在各个抗日根据地周围形成一个铁笼，企图集中优势兵力，控制平原封锁山区，妄图摧毁八路军总部、中共中央北方局和在其直接领导下建立起来的晋冀豫抗日根据地。

为了粉碎日军的“囚笼政策”，坚定敌后根据地和全国军民的胜利信心，痛击顽固分子、投降分子所散布的“八路军游而不击”、“八路军专打友军”的无耻谰言，制止国民党顽固派的投降活动，1940年8月，八路军总部决定发动一次对日本侵略军占领的交通干线大破袭战役。十八集团军（即八路军）总部准备用二十几个团的兵力投入这场战斗。8月20日夜，战斗打响了。各根据地——太行山区、五台山区、晋绥区、太岳区、冀南区的广大民兵和地方兵团，自动参加了战斗，连正规军共有100多个团，对正太路、同蒲路、平汉路、白晋路等的交通线和沿线的敌人碉堡进行大破袭，这就是名留抗战史册著名的“百团大战”。《胜利报》根据战役形势的发展，及时作了连续报道。8月28日发表了《庆祝“百团大战”伟大胜利》：“我们发动100个团的兵力，向正太、同蒲、平汉三条铁路干线总攻击，收复了娘子关，拔掉了沿线的许多重要‘钉子’，斩断了敌寇在这三条铁路的交通，使敌寇的政治阴谋、军事进攻，受到严重的打击；使‘反共’投降分子的造谣诬蔑，彻底粉碎；使悲观失望的人，得以警觉。我们庆祝这一‘百团大战’的空前伟大胜利，谨向八路军和决死队的将士们，致热烈崇高的敬礼!”9月1日又发表《“百团大战”不断胜利，回击敌机狂炸首都》。9月22日，为了悼念“百团大战”中牺牲的烈士，又发表了《用胜利和战斗悼念殉国烈士》，文中说：“我们沉痛地悼念他们，是应该学习他们英勇坚决、艰苦奋斗的精神，完成他们未完成的战斗任务。”9月4日到16日，《胜利报》连续5期发表《“百团大战”讲话材料》，详细讲解了“百团大战”的重大意义，正如毛泽东同志所说：“只有抗战到底，才能团结到底；也只有团结到底，才能抗战到底。”“团结抗战，一定能克服投降，战胜困难，驱逐日寇，还我河山。”“百团大战”的胜利消息，震惊了日寇伪军，振奋了根据地和全中国的爱国军民。12月14日，《胜利报》及时发表了《“百团大战”总结战绩》，宣布了这次战役的辉煌战果：全部战役共作战1824次，消灭据点293个，毙伤日军20645人，伪军5153人，骡马1922匹；俘虏日军281人，伪军1407人，骡马1501匹，军用鸽、军犬86只；缴获步马枪5437支，手枪281支，轻、重机枪224挺，各种炮53门，各种炮弹8185发，步枪、机枪子弹367005粒，其他军用物资无数；破坏铁路948里，公路3004里，桥梁213座，铁轨217040根；枕木1549177根，电线杆109002根，电话线849923斤；伪军反正14次，计1845人，日军自动携械投降7人。"百团大战"的伟大胜利，极大地激励着整个敌后抗日根据地和全国人民，使人们深切地感受到人民武装力量的强大，曾经不可一世的"皇军"并不是"不可战胜"的。此役大大提高了共产党、八路军的声威，坚定了全国军民抗战必胜的信念。

敌后抗日游击战争，是依靠主力部队、地方部队和人民武装配合协同进行的。在"百团大战"中，民兵和正规军密切配合，一起破袭敌寇的铁路、公路和大道，发挥了不可估量的巨大作用。因此，1941年2月1日，刘伯承在太行军区扩大会议上发表了《关于太行军区的建设与作战问题》的重要讲话，指出"必须以最大的努力、最快的速度来发展与锻炼所属部队与民兵组织"。这一讲话对太行区发展地方武装和人民武装、加强对敌斗争具有重要的指导意义。《胜利报》为了积极圆满完成这一新形势下的政治宣传任务，在1940年9月4日和10月4日的"老实话"栏目中，先后发表了《加强武装民众工作扩大民兵战》、《踊跃参加民兵武装保卫秋收》，指出："特别是加强武装民兵工作，扩大民兵战，扩大交通战，使敌后抗战成为广泛的群众游击战。民兵战的扩大，能使敌寇寝食不安，顾此失彼，疲于奔命，造成对我更有利的进攻条件，消耗敌寇，歼灭敌寇。"1941年9月22日，《晋冀豫日报》刊载了题为《太行山上的民兵》的资料和《"干下去，到报仇的一天!"——悼榆社民兵十八烈士》的文章，用确凿的数据，表明了人民武装的急速发展，成为太行区打击袭扰敌人的重要力量。用典型的事例，说明了群众武装的不可估量的战斗作用。他们支援前线，保卫后方，保卫家乡，是坚强的抗战堡垒，显示了人民武装的巨大威力。

进入1940年，由于日寇不断对太行根据地进行围攻和"扫荡"，太行山区的物质条件严重受挫，军需民食的基本需求都难以保障。面对如此情势，要求根据地的经济建设，一方面力求自给自足，跟敌寇在经济上的封锁破坏作斗争，另一方面要改造根据地旧的经济成分，发展新的经济，作为抗战建国的有力保证。为此，《胜利报》在宣传抗日战争的同时，也很注意宣传经济建设，不断发表农业生产、工业建设、商业贸易、金融货币、合作经济等方面的新闻和文章。发表了《榆社春耕真热闹》、《防旱灾快栽玉茭》、《组织劳动力扩大农业生产》等。这些报道写了春耕运动和集体开荒的情况。文章中指出：有组织有计划地进行扩大农业生产，保证抗日军民吃用不缺乏，是巩固抗日根据地最重要的工作。根据地在建设基础经济的同时，对文化教育的宣传也非常重视。1940 年 5 月 1 日，《胜利报》发了一条新闻，报道了中国青记学会太行分会成立太北办事处，加强《报人之友》的编辑工作，成立太北通讯社总社（由胜利报社负责总社工作），成立“太北新闻界宪政促进会”。《胜利报》在“七七”3 周年纪念特刊第 5 版发表了《三年来的文化运动的发展及努力方向》；第 6 版发表了《三年来太北区国民教育的光辉成果》；并在 8 月 16 日颁布了 1940 年度冬学运动计划，要求各地很好地计划布置，建立和健全民众学校，做好准备工作。

二、面向大众的道路　英勇奋斗的历程

《胜利报》的读者对象主要是县、区、村干部，小学教员和广大群众。因此在编辑工作上特别强调大众化和通俗化，要求内容丰富，形式活泼，短小精悍，简单明了，通俗易懂，图文并茂。《胜利报》虽然是小报，一期四开两个版，版面有限，但报纸上除登有社论、评论、代论、新闻、通讯、工作研究、经验介绍、三日国内大事、三日国际要闻以外，还有抗日识字课本、《民革室》、《老实话》、小辞典、名词解释、章回小说、漫画《毛三爷》等，并配有插图、画栏头、书写艺术体字。版面活泼，吸引了大批读者。报纸的成功，离不开同志们的努力，在这方面，编辑部的徐平、智逸云、白瑞西、杜缉熙、肖风，记者李庄、陈宗平、程光、高一帆，美术编辑寒声、赵在青、侯恺，缮写毛联珏、刘江、焦企先，油印陈远，石印厂李志、胡丙寅、李炳信，报纸发行鲁兮、田殿昌、杨芝育、贾大章等许多同志，都呕心沥血，付出了艰辛的劳动。《胜利报》是全国各级党报中富有浓厚地方色彩并反响强烈的一张报纸。《胜利报》在 1940 年第 4 季度增加了星期增刊，至 1941 年 1 月出版了《胜利周刊》。《胜利周刊》的言论，有转载的，如何干之的《论中国农业问题》；有

《老实话》，后改为《每周一评》；专栏有《抗日经济讲座》、《经济动态》、《经济常识》等。

《胜利报》初创时期，适逢日军对太行根据地展开残酷的九路围攻，经济上施行封锁，军事上实行“三光”政策，在如此频繁的战争环境中坚持办报，是一件非常不易的事情。但是，报社的全体人员怀着抗战必胜的信念，不怕困难和牺牲，不仅克服了一切财力、物力上的困难，而且胜利地度过了条件极为艰苦的战争岁月。《胜利报》在前期没有电台，连收音机也没有，前方作战的消息主要依靠部队和报社的随军记者，到前线采写战斗新闻，编辑部随时编发，争取时间尽快报道出去。1940 年初，上党民族革命通讯社从太南迁来，同胜利报社合并。区党委决定建立新华社晋冀豫分社，任命原民革室通讯社张鱼为社长，晋冀豫日报社徐平兼任副社长。报社记者陈宗平、高一帆等亦为晋冀豫分社记者。由于通讯设备力量的加强，每天收发新华社的新闻电讯稿，《胜利报》便可及时转发，大大提高了新闻的时效性，扩大了报道面。

由于战事频繁，《胜利报》在报纸印刷和器材物资供应方面相当困难，石印是当时最好的印刷设备。报纸创刊时从和顺县隆泰号动员出两台石印机，由李志、胡丙寅两位石印技术工人组织安装，并迅速投入生产，石印所需的药墨、药纸、毛笔、纸张、油墨等通过敌占区的同志往返采购。为了解决办报经费困难的问题，报社除了印刷发行报纸外，还石印、油印书刊及美术作品。当时油印过《列宁主义概论》、毛泽东同志的《论持久战》、《抗日游击战争的战略问题》、《中国共产党在抗日时期的任务》等书。此外还编印过《大家唱》歌本、《民革俱乐部》、《新民主主义经济讲座》、《胜利周刊》、《新文字入门》等书刊。这些丰富的精神食粮，受到广大群众的普遍欢迎，特别是为知识型的青年所喜爱。报社既增加了经济收入，又获得了宝贵的经营管理经验。

抗战时期，根据地条件艰苦，物质匮乏，没有发电厂，石印机是手摇的，一小时只能印 100 多份报纸，而每期报纸要印刷发行三四千份，这就需要 30~40 个小时才能完成任务，因此，加班加点工作成为经常的事情。为此报社给夜班工作人员提供了夜餐补助，但多半也是小米饭，偶尔改善生活也只是炒土豆外加连汤面。在 1940 年反“扫荡”最艰苦的日子里，同志们吃的是高粱、黑豆和树叶，但同志们仍信心百倍，干劲十足，不分干部群众，都紧张而愉快地工作，凝聚力相当强。

为了使广大的人民群众及时了解党的政策，及早听到抗战胜利的消息，各级党委都很重视党报的发行工作，各级宣传部门把发行好党报作为工作任务之一。在当时，报社没有交通工具，连骡马也没有，报刊发行全靠交通员肩挑背扛沿线转送。只要报纸一到，负责传送的人决不滞留，他们认为一份报纸就是一颗打击敌人的子弹。报社发行部组织了一整套报纸发行网，中心地区设有发行办事处，各县设立分销处。为了鼓励交通员们的工作热情，报社展开了“飞毛腿”、“铁肩膀”的比赛活动，交通员们每天挑上百十斤重的报纸，翻山越岭在羊肠小道上走八九十里路，把每天的报纸沿线转送下去。交通员们不仅有跋涉之苦，还要面对可能会突然遭遇的生命危险。他们经常出入敌占区，穿越封锁线，路遇敌人时临危不惧，总要想办法把报刊安全掩埋起来，待敌人走后再肩挑报刊继续前进。因此，读者不但能按期看到报纸，而且还组织读报组讨论内容发表见解。1940 年 6 月，晋冀鲁豫交通总局成立，报社的发行机构全部转交给交通总局统一管理。

由于敌人的不断围攻和形势的变化，自 1938 年 8 月始，报社经常随着部队、机关打游击，报社所在地不断地变迁。1939 年年初，敌军占领和顺县后，胜利报社迁移到和西阳光占一带，驻在上下白岩、沙科和辽县狮岩等村。同年 2 月又搬迁到辽县城边东长义、西河头等村，城内设有《胜利报》办事处。6 月、7 月间又搬到榆社县岚峪火烧庄一带。9 月，报社改为晋冀豫区党委机关报，从平辽路西转移到路东辽县黄漳、高家井一带。1940 年年初，报社又搬到辽县麻田沟内柴城村，同年 3 月间又转移到黎城东黄须村，7 月间又搬到黎城石壁底村。同年 10 月又转移到涉县下温村，与区党委同驻一村。这是办报期间屡次转移中的最后一个村子，在这个村待的时间也最长，有一年多的时间，这个村也是报纸终刊的所在地。

为了及时编发战事新闻，报社的许多记者经常深入前线进行实地采访。许多年轻的同志为此而献出了宝贵的生命。记者陈宗平烈士就是其中一位。1941 年 3 月，报社派他去冀西采访。3 月 21 日晚，宗平同志赶了 25 里路，在野草湾镇详细采访了赞皇的集市贸易和武装斗争情况。为了迅速完成采访任务，第二天他继续向武装斗争搞得比较活跃的北区许亭村进发。这一地带，敌伪军活动比较频繁，安全系数非常小。果不其然，在行经鲍家滩时，突然遭遇从高邑县城出来突袭野草湾集市的敌寇。宗平同志来不及隐蔽，致陷敌手，被押往野草湾。敌寇在劫掠集市后，曾用尽种种手段利诱威胁，企图把宗平同志带往高邑城。宗平同志在这生死瞬决的危难关头，予以坚决抗拒，大骂敌寇，并用头猛撞捆绑他的敌军。敌寇竟拖着宗平同志同行，宗平同志用力抵抗，高呼“打倒日本帝国主义”等口号。残暴的敌人面对这铮铮铁骨的汉子无计可施，便把宗平同志按在大石头上用菜刀连砍数刀杀害，还灭绝人性地对宗平同志剖腹掏心。年轻的共产党员、优秀的新闻战士陈宗平同志，面对敌人的屠刀毫无惧色，他的壮烈忠贞行为，是新闻战线上又一页辉煌的史诗。坚贞不渝，义烈永昭。1941 年 4 月 21 日，《新华日报》（华北版）发表社论《悼念陈宗平同志》，并出版了追悼专刊。社论回溯了宗平同志的生前事略，赞颂了他的高尚品德，以实事求是的态度褒扬了宗平同志所取得的工作成就。号召共产党员和革命的新闻战士，为完成宗平同志未竟事业而努力奋斗，直到抗战胜利革命成功。

此后，在 1942 年 5 月反“扫荡”战斗中，李含晖、赵在青、夏秋水等同志先后被敌人杀害。王雪松、杜缉熙同志因工作积劳成疾，加上生活和医疗条件极差，于 1942 年病故。

1941 年 7 月 7 日，为适应形势的要求，报纸决定扩大篇幅，提高质量，使它成为区党委指导全区对敌斗争与推进根据地各项建设工作的有力武器，为此将《胜利报》改名为《晋冀豫日报》。《晋冀豫日报》仍是石印，四开四版，三日刊改为间日刊。区党委对《晋冀豫日报》的要求是：党的一切文件、指示、言论，以及各地工作中的经验教训，及一切不正确的偏向，凡可以公开发表的，都将在党报上登载。为此，要求各级党组织和全体党员，要重视党报，阅读党报，研究党报，掌握党报，作为做好工作的武器之一，作为各级党委的重要任务之一。要求对《晋冀豫日报》的社论、评论和登载的重要文章，都要认真学习讨论，特别是对与自己工作有关的上级有关文件和指示，要注意研究贯彻执行。要求各级党的组织、党员和干部，不仅要把党报作为自己指导实际工作的有力武器，同时还必须使党报成为广大群众的精神食粮，要经常通过党报密切联系广大群众，教育群众，把党的主张变成群众的主张，以求实现。为了把党报迅速传到群众手中，要求各级党委的宣传部门必须保证做好党报的发行工作，健全发行机构和发行制度，组织读报组经常读报。还要讨论报上的重要文章和重大报道，讨论后向群众宣传。要发展通讯员，开展通讯工作，经常给报社投稿，撰写文章，提出改进报纸的意见，反映情况与问题，密切与报社的联系。报社内部根据区党委的决定，在社长安岗同志的领导下，开展如何办好《晋冀豫日报》的讨论。同时增加了编辑力量，加强了通联和记者工作，改进了缮写印刷。报纸工作很快有了明显的变化，报纸发行遍及晋冀豫全区。

三、窥一斑而见全豹

《晋冀豫日报》的史料，现在几乎全部散失。目前仅残存有几个版了，这几个版还比较有系统地反映了晋冀豫全区当时的一些情况。现将 1941 年 9 月份的 5 个版介绍如下：

第一个版是：1941 年 9 月 2 日，星期二，第四版下接转第三版的一部分。这一天发表的是区党委书记李雪峰同志在干部会上的报告纪要。题目是《晋冀豫边区政府成立与民主运动》，文中还有一幅漫画，是寒声画的。题目是《一致通过了边区施政纲领》。

第二个版是：1941 年 9 月 6 日，星期六，第四版。这一版发表的是区党委书记李雪峰同志在农救总会第二次代表大会上的讲话，题目是《两种尖锐斗争中农民运动的任务》。

第三个版是：1941 年 9 月 12 日，星期五，第四版。这一版主要发表了报社资料室编写的《边区工人生活的改善》。左下角是“言论和来件”栏，这一栏里登载了两件来稿。第一件是总工会和总农会的《关于农业工人集体参加农会的决定》；第二件是昔（阳）西难民呼吁团的《向各界呼吁》。

第四个版是：1941 年 9 月 22 日，星期一，第四版。这一版主要发表了报社资料室编写的《太行山上的民兵》。左下角是一篇未具名的通讯《“干下去，到报仇的一天!”——悼榆社民兵十八烈士》。

第五个版是：1941 年 9 月 30 日，星期二，第四版。这一版主要发表了报社资料室编写的《边区的实业建设鸟瞰》，文中插有“代电”两则，是晋冀鲁豫边区政府主席杨秀峰和副主席薄一波、戎伍胜给十八集团军和朱总司令等分别报告边区政府已在 9 月 1 日成立的电报，左方辟栏发表了屈万里所写的《榆社县今年水利工程的经验教训》一文。

从以上的宣传报道中，可以看出晋冀鲁豫边区的成长壮大过程以及对敌斗争的一些情况。《晋冀豫日报》于 1941 年 12 月底停刊，报社的全体人员调往

《新华日报》（华北版）工作。

第三节　华北《新华日报》太南版与《太南日报》、太南《人民报》

1939 年 7 月，日本侵略军对晋东南发动了第二次“九路围攻”，太行区以邯（郸）长（治）公路为界，被分割成为太北、太南两个区。太南区包括邯长公路以南、平汉路以西、白晋路以东、黄河以北的广大地区。为适应战时形势的需要，中共北方局决定，创办华北《新华日报》太南版，于 1939 年 7 月 20 日在壶关县回车村出版，并委托八路军一二九师三四四旅代旅长黄克诚同志负责报纸的领导工作。报纸的国际版编辑是陈沂，地方版编辑为张盘石。报纸起初为油印，后改为石印。同年 11 月停刊，改为《太南日报》，报纸只出版了 45 期。

《太南日报》于 1939 年 11 月 15 日出版，由太南特委领导，成为太南特委的机关报。报纸与太南版一样，仍为石印，四开两版，逢单日出版。负责人是陈沂、张盘石、王探骊，主要采编人员有马楠、杜波、陆地、柳郁、肖航、张克仁、倪学慧等，管理人员有韩非、冯秉清、吴本信等。因组织机构变动，报社只出版了四个月，于 1940 年 3 月停刊。

1940 年 1 月，中共中央北方局决定成立中共太南区党委、太岳区党委、晋豫区党委。3 月，太南区党委与晋豫区党委合并为中共太南区党委。5 月，太南区党委创办了太南《人民报》，为太南区党委机关报。

太南《人民报》于 1940 年 5 月 1 日在平顺县源头村创刊，由《太南日报》、《黄河日报》路东版、《晋豫报》（八路军一二九师主办）、太南文化教育出版社合并而成。报纸仍为四开石印，隔一日出一期。报社除出版报纸外，还汇辑出版各种图书。

张向一任社长，徐一贯任代总编辑（兼编地方新闻和图书）。国际新闻编辑杜波，副刊编辑赵树理，记者有何微、白浪、肖航、肖里、黄中坚、罗林、秦春风等。通联科的负责人是倪学慧，发行科的负责人是韩非和冯秉清。

《人民报》于 1941 年 1 月皖南事变后停刊，历时八个多月。报纸在宣传党的政策和报道根据地建设方面是有很大成绩的。报纸副刊《大家乐》最受读者欢迎，形式活泼多样，语言非常通俗生动，适合群众口味。

第四节　华北《新华日报》太行版

1943年10月，中共中央北方局太行分局撤销，中共晋冀豫区党委改为太行区党委。同年10月1日，《新华日报》华北版在河北涉县桃城改为太行版，成为中共太行区党委的机关报。报纸仍为铅印，四开四版，隔日刊。史纪言任社长兼总编辑，安岗、蒋慕岳、周永生任副社长兼副总编辑。

《新华日报》太行版是太行区党委主办的机关报，所以同太行区各项工作的结合更加紧密，它的显著特点是以反映太行抗日根据地的一切动态和服务于太行区建设事业为中心内容。改版时人员变动较大，先后调走了三十多名编辑、记者、管理骨干。有的去了延安，有的去了北方局，有的到了基层。太行版是太行抗日根据地基本度过了困难时期，正在向大发展时期转变的时候出版的，报社全体人员都有旺盛的革命干劲，在办华北版取得丰富经验的基础上，发扬优良传统，在提高报纸的思想性、战斗性方面，在加强报纸的通俗化、地方化方面，特别在贯彻全党办报、群众办报的方针方面，都有显著的提高。

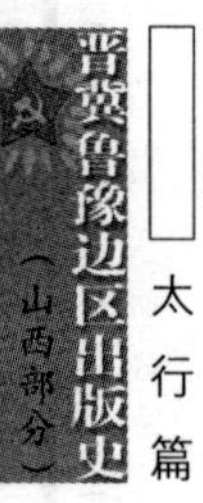

依靠各级党组织、专业记者和广大的业余通讯员组成的通讯联络网，是办好报纸的基础。到1945年春，在华北版组织建立的通讯网络的基础上，太行版组织起280个通讯小组，通讯员发展到2000多人，到1946年通讯员已发展到4000多人，通讯小组发展到500多个。他们生活在群众中，他们写的稿件，体现群众意志，反映群众要求。报纸根据广大群众的思想、生活、斗争、工作情况，编发稿件，采访报道。广大干部群众看了报纸后，认为说的是自己想听的话，写的是自己身边发生的事，讲的是为自己撑腰打气的理，因而十分爱看。同时，党的领导机关和负责人通过报纸了解群众呼声，倾听群众意见，根据实际情况，制定和修改方针政策。报纸很快发行到7000多份。

1945年8月11日的报纸上，第一版突出报道了“苏联对日宣战”的消息。12日，报道“毛主席发表声明，抗战进入最后阶段”。为及时报道胜利消息，此后，太行版每逢双日加出两版，并成为天天出版的日报。由于扩版，工作量大增。太行区党委决定从骨干通讯员和太行文联中选拔一批优秀人员，充实报社队伍。由于新鲜血液的输入，整个报社的工作更有了新的起色。18日报道，榆次新解放区的干部、群众看了《新华日报》太行版后，都感到报纸是指导工作、领导生产、了解国内外大事的好老师，纷纷到区公所去订报。手头没有现钱的，还背上小米卖掉，然后到交通局订报。

抗日战争胜利的时刻，中共北方局撤销，中共晋冀鲁豫中央局于1945年8月20日成立，驻地随即从太行山迁往平汉路上的邯郸。为了对晋冀鲁豫全区的工作进行指导，决定创办一份新的机关报，这就是晋冀鲁豫《人民日报》。筹备创办《人民日报》的人员，主要是从太行《新华日报》社抽调的，先后调去四十余人。原太行区党委宣传部长张盘石调到中央局担任宣传部副部长（后为部长），兼任《人民日报》社长兼总编辑，副总编辑有袁勃、安岗、吴敏。《人民日报》1946年5月15日在邯郸创刊，为对开四版铅印报纸。

《人民日报》创刊后，又从新华社太行分社分出部分人员，于6月15日成立了新华社晋冀鲁豫总分社，同《人民日报》合署办公，张盘石兼社长，安岗兼副社长。总分社下设太行、太岳、冀南、冀鲁豫四个分社。

1946年5月17日，太行《新华日报》刊登重要启事："晋冀鲁豫边区大报——《人民日报》于本月15日创刊，为与大报分工起见，本报自今日起，亦有适当之改变。内容方面，以报道地方工作为基本内容，国内外大事比过去将大为减少，一般仅占全部篇幅的八分之一，并辟文章版。至于编辑方法，在总的方面，我们要求内容多样而中心突出，形式活泼而不流于繁琐。"版面安排上作了相应的改革，除一、二版更加突出地方新闻外，将三版的时事版取消，改出"国内外大事"专栏，新华社所发的电讯稿一般都要经过编辑或改写；将四版改为文章版，也发小说、诗歌、散文等文艺作品。报纸显得更加生动活泼和丰富多彩。

1949年5月1日，太行《新华日报》改换报头，并决定改出日刊（星期日无报）。

1949年8月19日，太行《新华日报》出版了最后一期报纸，从20日起停刊。《新华日报》华北版从1943年10月1日改为太行版后，历时五年十一个月又十九天，共出版1449期报纸。在终刊号上发表了题为《团结一致虚心学习》的社论，并发表了《本报通讯员工作发展的几点经验》，文章总结了几年来报纸认真贯彻"全党办报"、"全党用报"的方针，注意发展通讯员特别是工农兵通讯员，广泛建立通讯网，到1948年，通讯员已有10000余人，来稿两万余件，通讯员已经成为党联系群众的有力助手，通讯员队伍的建设也已成为党的宣传工作的一个重要组成部分，是办好报纸的雄厚基础。

《新华日报》华北版和太行版，在太行山根据地坚持了十年又八个月的艰苦历程，在中共北方局和太行区党委的领导下，为中国人民的反帝、反封建、反官僚资本主义的新民主主义革命斗争，作出了巨大的贡献。它是一张革命的、战斗的、胜利的报纸，并为党在新民主主义革命胜利后转变为社会主义革命和建设事业，培养了大批新闻工作者。

《新华日报》太行版停刊后，报社人员于8月下旬到达山西省省会太原，分别被分配到山西日报社和山西人民广播电台工作。

第五节　从《战斗日报》到《黄河日报》上党版

一、《战斗日报》的宣传活动

《战斗日报》于1938年7月创刊，是牺盟会上党中心区的机关报，也是太南抗日根据地创办最早的报纸之一。报纸为石印，四开四版。第一版是社论和要闻版，第二版是国内各战区的战况，第三版是国际版，第四版是地方新闻。二、三、四版均辟有专栏，刊登通讯、特写、专访，并专载、转载一些重要文章和领导同志的讲话。社长由秦春风同志担任，总编辑由魏克明同志担任。记者及主要工作人员有姚天珍、秦淮、姜时彦、史曼林、王良、康宇、尹伊、梁虹、梁明、韩克俭、陈涛等。报社建有党支部，由五专署党团直接领导。报纸发行范围很广，除五专区外，还发行至三专区和七专区各县。

《战斗日报》是特定历史时期在共产党领导下，由山西牺盟会主办的报纸。它以宣传党的抗日主张和抗日民族统一战线政策为己任。由于牺盟会会长为阎锡山，所以报纸在宣传指导思想上，常常利用阎锡山提出的一些有进步意义的口号和政策规定来宣传，以贯彻和实现党在各个时期提出的各项任务。因此，《战斗日报》在宣传报道上极具地方色彩。《战斗日报》报道内容十分丰富，尤其是对政权建设、民运工作、文教建设和生产建设方面的报道十分突出，充分发挥了它宣传群众、动员群众、组织群众、指导群众的作用。

1. 对政权建设的报道

1938年4月，在日军对晋东南地区展开大规模九路围攻之前，晋东南各县相继成立了牺盟会和决死队等救亡组织。但由于不少地方政权被旧官吏和地主恶霸、土豪劣绅所垄断，群众工作还没有及时展开，陈腐的旧势力利用手中掌握的政权，打击牺盟会，残害进步人士，破坏抗日运动，气焰嚣张，群众敢怒不敢言，愤慨至极。《战斗日报》在党的新闻政策指导下，配合地方党组织和牺盟会，以报纸为阵地，宣传党的抗日主张和民族统一战线政策，利用山西原有的政权形式和统一战线关系，大力宣传发动群众，建立各种抗日群众组织，动员群众积极参加抗战。运用阎锡山曾经提出的"制裁坏官、坏绅、坏人"的口号，在全区范围内掀起了一个反贪污、反恶霸、改选县乡政权的群众运动。陵川县在这一宣传发动下，迅速掀起了一个针对原县长师人凤的群众性的请愿高潮。《战斗日报》及时报道了陵川县群众的斗争情况，反映了群众的呼声，揭露了师人凤的罪恶，极大鼓舞了群众的斗志，群众欢呼雀跃奔走相告。五专署专员戎伍胜同志多次接见群众代表，广泛接受群众意见，报请山西省政府撤换了师人凤的县长职务，委任共产党员张维翰为陵川县长。先后民主选举了各村的村长，太南各县真正的抗日政权相继建立起来。此外，《战斗日报》还积极宣传减租减息、合理负担政策，优待抗战军人家属等法令。群众受益，抗日情绪高涨，各地参战十分踊跃，为八路军和其他抗日军队提供了大量兵员和粮食、物资，大大地推动了抗日根据地的建设。

2. 对民运建设的宣传报道

为了进一步加强和巩固在运动中发展起来的群众组织，1939 年 2 月，《战斗日报》接连发表了《巩固百万群众》、《论群众团体的独立性》等五篇具有指导性意义的社论。社论指出：随着整个抗战势力的发展和民运工作同志的艰苦奋斗，已经有百万（全省）群众组织起来。各县先后建立起工救会、农救会等职业团体与青救会、妇救会、文救会等救亡团体，并且在动员参战、改选旧政权、进行经济建设与执行抗战法令上做出了很大成绩。为健全和巩固群众组织，充分发挥群众组织在对敌斗争和建设根据地中的作用，《战斗日报》社论号召各群众组织采用民主方式建立起自己独立的组织系统，并尽可能地经营生产事业，开办煤窑、铁矿，成立纺织缝纫合作社，发展生产，解决经费问题，完成宣传群众、组织群众、武装群众的任务。《战斗日报》报道了第五专区青救总会成立大会在长治开幕的消息，发表了《庆祝五区青救总会成立》的社论，并增设专栏、特刊，连续报道了大会进行的详细情况。接着晋东南妇救总会、农救总会、青救总会、工救总会、文救总会和晋东南联救总会都相继召开了成立大会，建立起自己独立的组织系统。对这些会议进行情况，《战斗日报》均特派记者进行专门采访，作了详细报道。各种群众组织领导机构的建立，统一了全区的群众运动。使群众组织本身从零乱涣散的状态逐渐走向集中统一的领导。群众运动深入蓬勃的发展，推动了民主、民生斗争的开展。农民生活条件初步改善，进一步提高了他们的抗战热情和革命积极性，为加快太南抗日根据地的建设，奠定了广泛的群众基础。

3. 对生产建设的宣传报道

《战斗日报》在宣传改选村政权、改善民生运动的同时，还以大量篇幅报道了“开展热烈的春耕运动”、“提倡节约”、“扩大经济建设”、“加紧与扩大垦荒”、“开展竞赛运动”等方面的内容。报纸的社论指出：“发展农业生产，巩固农村经济建设，是当前最紧急任务。”确定农业建设为根据地经济建设的根本，号召人民努力进行农业生产。为了粉碎敌人破坏根据地经济建设的阴谋，社论要求各县成立春耕运动委员会，加强对春耕生产的领导，解决春耕生产中的问题，号召技术专家、富绅、工人共同参加经济建设，要求各地驻军尽一切物力人力协助农民，打破敌人的封锁，做到自给自足，巩固扩大我们的抗日基础。集合专家、技师、工人的技能和力量，富绅、民众和政府的资本，共同完成救亡图存的大业。号召得到各界普遍性的响应。壶关县开办起铁工厂、碗厂、缸厂、缝纫合作社，成批地制造大刀、长矛武装农民。由30多位妇女组成的妇女缝纫合作社，在没有资金、没有厂房、没有机器设备的情况下，自力更生用自己的双手给军队提供军鞋、军衣，缝补衣服。起到“半边天”的作用。

4. 对文化教育的宣传报道

在这一时期，《战斗日报》除对文化教育的动态和发展作了大量的报道外，还针对当时文化教育方面存在的问题，连续发表了3篇有指导意义的社论。为了使抗日救国的思想进一步深入人心，根据地的文艺工作者经常召开大会，唱歌、演戏、写标语、画漫画，及时把各项抗战工作和重大事件编成民间小调传唱，对群众起了巨大的教育和鼓舞作用，使根据地的新文化运动具有鲜明的大众化特色。为了尽快提高根据地群众的文化水平，推动根据地教育工作的发展，相继普遍地建立了“民革室”、“救亡室”，有计划地组织识字班，开展扫盲工作。《战斗日报》除积极宣传报道外，还自觉配合了根据地新文化运动发展举措，受到了上级领导的表扬。在《战斗日报》的影响下，各县各部队创办的油印、石印小报如雨后春笋般发展起来。如阳城的《奋斗报》、《新中国报》，晋城的《民革导报》（后更名为《洪流报》），高平的《抗战导报》，陵川的《抗战日报》，沁水的《洪流小报》，平顺的《挺进报》等。这些小报大部分都由各县牺盟会主办，实质上是由中共县委领导。《战斗日报》经过一段时期的磨炼有了很大的发展，月发行量最高时曾达到近5000份的数字。1939年4月，为适应形势发展的需要，《战斗日报》奉命停刊，改出《黄河日报》上党版。

二、《黄河日报》上党版的出版

《黄河日报》于1939年5月1日在长子县阳鲁村创刊，是牺盟会长治中心区的机关报。《黄河日报》是在五专署党团组织的直接领导下工作，具体由黄镇同志负责。报社社长邱吉夫，副社长秦春风，总编辑魏克明；编辑人员有姚天珍、戴夫、秦淮、宋筠、史曼林、肖里等；记者有姜时彦、王良、尹伊、康宇、王涤非等。主要工作人员基本上是由各地的牺盟会和决死三纵队成员组成，其中大部分成员是共产党员。报社建有党支部，书记魏克明，组织委员姚天珍，宣传委员戴夫。

《黄河日报》在宣传抗日民族统一战线、坚持抗战、宣传和组织群众保卫根据地等方面作出了很大的贡献。他们一方面充分揭露蒋阎反共分裂、破坏抗战的政策及其罪行以教育群众；另一方面从大局出发综合考虑，在写文章和发表重要评论时，利用阎锡山曾经谈过的一些有利于抗战的言论和进步政策作为依据，用以反对他的反共、分裂、妥协、投降活动，用科学的方法开展合法斗争。报纸共有四个版面：第一版发表社论和地方要闻；第二版是战况，辟有各战场专栏；第三版是国际、国内新闻；第四版是副刊，有时转载特载一些重要文章。副刊有上党中心区主办的《牺盟会》、妇救总会主办的《战时妇女》、决死三纵队主办的《军政周刊》。副刊《燎原》主要发表文艺作品。《民革室》有短评、杂感、随笔、散文、人物速写、抗战故事等。报社派出的特派记者除采访组织稿件外，还负有和国民党军队搞统战工作的特殊任务。记者利用自己的特殊身份，先后采访了国民党十四军的陈铁、二十七军的范汉杰、新五军的邢肇棠、晋城的马君图等，请他们表明抗日态度，发表访问记。报纸发行量曾达到1万份左右，颇受群众的欢迎，影响很大，成为共产党进行反顽抗日斗争的一个重要喉舌和武器。

1939年7月初到8月下旬，日军集中5万余重兵，同时从同蒲、正太、平汉、道清各线出发，分九路对晋冀豫根据地进行大规模的第二次“九路围攻”。日军占领了长治、屯留、潞城、黎城、阳城、晋城、沁水等二十多座县城，控制了白晋路北段、邯长大道和平辽等公路。晋东南抗日根据地被分割为太行、太岳两个战略地区。《黄河日报》社随五专署、牺盟会长治中心区从长子转移到沁水东部山区，报纸因战事频繁曾一度停刊，改出号外。报社人员也作了较大变动。邱吉夫、魏克明、姚天珍、戴夫、王良、康宇、师小帆、肖里等同志相继到地方工作。社长、总编辑由高沐鸿接任。反“扫荡”结束后，报纸迅速复刊。与此同时，《黄河日报》路东版，在路东五专署秘书主任兼路东办事处主任杨献珍同志领导下出刊。王春同志任总编辑，编辑有：赵树理、何畏(何微)、白浪（白健夫)、李庄、姚天珍、刘林笳等。后王春离社学习，由胡广思、张鱼、魏克明负责，戴夫、姚天珍先后继任总编辑。

由于阎锡山发动“十二月政变”，报纸再次被迫停刊。1939年12月23日，决死三纵队第八团在沁水苗沟叛变。决死队担任报社警卫的一个连和独八旅里外夹击，投弹三百余枚摧毁了《黄河日报》。报社大批人员被俘，编辑张宗周、决死三纵队政治部宣传科长阎弘辂和干事史曼林、决死三纵队八团一连指导员杜智愚等同志惨遭杀害，其余的五六名同志均受枪伤。报社经受了一场空前的劫难。

面对国民党反动派的疯狂进攻和屠杀，我抗日军民没有屈服。1940年1月，根据薄一波同志的指示，《黄河日报》在沁源县柏木正沟村再度复刊。史纪言任社长兼总编辑，编辑有黎蜂、张光普、程耀辉等。复刊后的《黄河日报》为石印四开四版，日发行千余份。

1940年春，“十二月政变”被粉碎后，牺盟会光荣地结束了它的历史使命，《黄河日报》也随之完成了自己的历史使命。1940年4月，报纸正式停刊。《黄河日报》从创刊到终刊，为时整整一年的时间。之后不久，路东版与《太南日报》、太南文化教育出版社合并改刊为《人民报》，上党版改刊为《太岳日报》。

第六节　太行区的其他报刊

抗日战争爆发后，在太行抗日根据地，各级党、政、军机关及各抗日团体创办的宣传抗日的各种报纸和刊物纷纷出版，县级单位创办的小报小刊不下50种，如阳城的《奋斗报》、《新中国报》，高平的《抗战导报》，陵川的《抗战日报》，沁水的《洪流小报》，晋城的《民革导报》，平顺的《挺进报》等。

太行区的几种主要报纸前面已作了介绍，此外还有一些报刊也应作些介绍，其中还有些报刊是华北区和晋冀鲁豫边区领导机关主办的，但由于是在太行区创办的，主要宣传活动也在太行区，对太行区新闻出版事业有着直接的影响和指导作用，因此，在这里也简要作一些介绍。

《战斗》

1937年10月下旬，中共中央北方局在平定县建立了中共冀豫晋省委。为了及时把党的路线、方针、政策传达到各级党组织，指导各地工作，11月9日，省委创办了机关刊物《战斗》，作为党内刊物，发至县以下区委一级党组织。由省委宣传部长徐子荣负责，省委书记李菁玉、组织部长李雪峰亲自写稿编稿。起初是32开油印本，不久即改为64开铅印本。1938年8月19日，改为晋冀豫区党委机关刊物；1942年9月1日，改为中共太行分局机关刊物；1943年10月1日，改为中共太行区党委机关刊物；1949年8月19日，太行区党委撤销时停刊。这是太行区出版时间最长的刊物，大约出版了120多期。

《先锋报》

1937年11月中旬，八路军一二九师进入太行山区后，师政治部创办了《先锋报》，为四开两版油印报纸。这是太行山第一张宣传抗日的报纸。报纸主要内容是报道抗战形势，揭露日本侵略者烧杀抢掠的罪行及国际要闻。把报纸贴在大街墙壁上，很受群众欢迎。1941年9月，报纸改为五日刊，铅印，四开四版。报纸对提高部队的军事政治水平，开展部队的文化科学教育工作起了很大作用。

《抗战生活》

1938 年 10 月在长治成立的太行文化教育出版社，是太行抗日根据地内的第一个出版机构。1939 年 4 月 1 日，出版社创办了反映敌后军民斗争生活的综合性刊物《抗战生活》。由李竹如、张盘石主编。石印，半月刊。刊物出了六期后，由于日军对晋东南发动了第二次九路围攻，于 6 月 15 日休刊。

1940 年 5 月 1 日，《抗战生活》复刊，改为铅印 16 开本，半月刊，每期约 6 万字。由华北新华日报社丛书编辑部负责。特聘何云、盘石、韩进、李伯钊、林火、徐懋庸、孙泱、杨献珍、高沐鸿、王玉堂、陈默君、匡亚明、任白戈为编委会委员，并请何云、盘石、韩进、李伯钊、林火担任常务编委。内容有专论、时事展望、学术讲座、文艺、通讯、学习经验、书报介绍等。

1941 年 3 月，《抗战生活》从第三卷第四期起，改为月刊，两色套版，每期约 4 万字。内容有杂感、短论、随笔、古与今、国际间、通俗故事、苏联故事、人物介绍、生活修养、读书笔记、工作经验、信箱、创作、翻译、通俗文艺等。

1941 年 10 月，该刊因并入《华北文艺》而停刊。

《华北文艺》

月刊，华北文艺社编辑，蒋弼主编，编委有懋庸、蒋弼、高沐鸿、林火、陈默君、张秀中、李庄、王玉堂、洪荒、乔秋远、袁勃等。由华北新华书店出版，1941 年 5 月 1 日创刊，同年 10 月停刊，共出六期。

《工商报》

晋冀鲁豫边区工商管理总局主办，1941 年 9 月 18 日创刊，石印，五日刊。报纸的主要任务是：报道经济新闻，组织对敌经济斗争，推销土产，表扬发明，为发展和繁荣边区的工商业发挥宣传推广、交流经验的作用。

《太行邮报》

太行邮政管理局和太行邮政工会主办，1946 年 8 月 1 日创刊，初为油印，1947 年 8 月 2 日改为铅印，八开二版，周刊。1949 年 8 月 18 日终刊，共出版

138 期。报纸负责人和编辑人员先后有药缄、赵德山、王一、张淑先、孙浩等。

《新大众报》

1948 年 1 月 7 日创刊，前身是《新大众》月刊，由华北新华书店编辑部主办。初为周刊，三个月后改为五日刊，九月份改为三日刊。铅印，四开四版。王春任社长，冯诗云任总编辑，章容任编辑部主任。一版是时事要闻，二版是地方新闻，三版是文艺，四版有读者来信和农民大学等栏目。报纸内容丰富多彩，语言生动活泼，深受太行人民的喜爱。

1948 年 9 月，报社由武安迁往平山，隶属华北区领导。1949 年 2 月 4 日，报纸出至第 94 期终刊，工作人员迁往北平，改出《大众日报》。同年 7 月，为适应整个工作重心由农村转入城市的需要，《大众日报》改为《工人日报》，成为中华全国总工会的机关报。

《青年与儿童》

以太行根据地青少年和儿童为对象的综合性刊物，由华北青年社主办，华北新华书店出版。32 开本，半月刊，铅印，1940 年创刊。

1941 年 8 月，《青年与儿童》出刊革新版，力求成为广大青少年和儿童纯粹学习性的刊物，专供高小程度的青少年学生、小学教师及部队青年阅读。内容着重社会、自然、军事、文艺等方面的知识。编辑人员有蒋弼、张秀中、孙久青、思远、杨角等。

《华北文化》

综合性刊物，华北文化社编，是华北文联机关刊物，张秀中等编辑，华北新华书店出版。1942 年 1 月 25 日创刊，共出九期。1943 年 4 月改出革新号，32 开本，内容趋于通俗。1943 年 6 月改为半月刊，1944 年 2 月停刊，共出16 期（包括合刊两期）。执笔者有袁勃、陈默君、蒋弼、杨献珍、孙健秋、冈夫、高咏、王春、张秀中等。

太行区还编辑出版过不少刊物。据 1941 年统计，边区的期刊有 38 种，但大部分没有留下资料，如最早的文艺刊物《文化哨》是1939年10月创刊，由王玉堂（冈夫）、郝汀负责。其他能叫起名字的刊物有《文艺轻骑》、《文化动员》、《鲁艺校刊》、《太行记者》、《报人之友》、《太行工人》、《太行农民》、《妇女知识》、《青年通讯》等等。

抗日战争时期，在太行区，投诚和被俘过来的日本人和日军中的朝鲜人，曾组织了“日人反战同盟”和“朝鲜独立同盟”。这些组织还出版过《同胞新闻》的刊物，揭露日本军队内的法西斯统治，号召日军士兵反对侵略战争。

第七章
《毛泽东论文集》和《毛泽东选集》的出版

《毛泽东论文集》由新华日报华北分馆于1940年12月出版。

1940年正是日寇疯狂进行“扫荡”，根据地处境十分困难，物资极其匮乏的时候，然而就是在这种条件下，新华日报华北分馆的同志们，硬是克服了种种困难，把能收集到的毛泽东的23篇文章汇集起来，于1940年12月正式出版了《毛泽东论文集》。这是华北敌后根据地第一次出版毛泽东著作。这对提高根据地军政干部的政治理论水平，指导军民抗战和根据地建设，增强广大群众抗战胜利的信心，是有重大意义和深远影响的。

《毛泽东论文集》收入了毛泽东的《论反对日本帝国主义进攻的方针办法和前途》等23篇论文。论文集为32开本，全书用红色、绿色、白色有光纸单面印制，再折成双页装订成册，共184页。封面还印有毛泽东的木刻头像。

《毛泽东选集》是中共晋冀豫中央局编印，华北新华书店负责印制，于1948年出版的。

选集收入了毛泽东著作44篇，还附录了中共中央的有关文件18件。选集为16开本，分上下两册，上册18篇文章，下册26篇文章，共有1035页，书的用纸虽然粗糙些，但装帧还是挺讲究的，上册封面是蓝布烫金的，下册封面是红布烫金的，扉页上还印着毛泽东头像。

《毛泽东论文集》收录的文章篇目

《毛泽东论文集》于1940年由新华日报华北分馆出版，其文章目次如下：

1. 论反对日本帝国主义进攻的方针办法与前途
2. 国共两党统一战线成立后中国革命的迫切任务

3. 毛泽东与英国记者贝特兰之谈话

4. 毛泽东与新中华报记者谈话

5. 毛泽东与合众社记者的谈话

6. 毛泽东在纪念孙总理逝世十三周年及追悼抗敌阵亡将士大会上的演说词

7. 毛泽东同志与世界学联代表团柯乐满先生、雅德先生、傅洛德先生、雷克难先生之谈话

8. 军政杂志发刊词

9. 抗战与外援的关系

10. 中国军队应当学习苏联红军的经验（为苏联红军二十一周年纪念——二月廿三日应苏联《真理报》征文而作）

11. 国民精神总动员的政治方向

12. 五四运动

13. 中英两国人民站在一条战线上

14. 当前时局的最大危机

15. 关于目前国际形势与中国抗战的谈话

16. 第二次帝国主义战争演讲提纲

17. 毛泽东先生与中央社记者刘先生、《扫荡报》记者耿先生、《新民报》记者张先生的谈话

18. 苏联利益与人类利益的一致

19. 用国法制裁反动分子（在平江惨案诸烈士追悼大会上的讲演）

20. 毛泽东同志驳斥某战区司令长官部造谣的谈话

21. 相持阶段中的形势与任务

22. 新民主主义的宪政

23. 团结到底

《毛泽东选集》收录的文章篇目

这部《毛泽东选集》是1948年由中共晋冀鲁豫中央局编印的，其封面注明为“党内文件，干部必读”。全书分为上、下两册，上册为512页，全书共有1035页。全书的文章目次如下：

上册

一、大革命时期

1. 湖南农民运动考察报告（1927 年 3 月）

二、内战时期

2. 井冈山前委对中央局的报告（1928 年 11 月 25 日）

附件一：政治问题与边界党任务（湘赣边界各县党第二次代表大会决议案第一部分，1928 年 10 月 5 日于宁冈步云山）

附件二：中国共产党红军第四军第九次代表大会决议案（1929 年 12 月闽西古田会议）

3. 兴国调查（1931 年 1 月 26 日）

4. 长冈乡调查（1933 年 12 月 15 日）

5. 才溪乡调查（1933 年）

6. 查田运动是广大区域内中心重大任务（1933 年）

7. 在八县查田运动大会上的报告（1933 年 6 月 14 日）

8. 查田运动的初步总结（1933 年）

附件三：中央关于抗日救亡运动的新形势与民主共和国的决议（1936 年 9 月 17 日）

9. 中国革命战争的战略问题（1936 年）

附件四：中央关于反对敌人五次“围剿”的总结决议（遵义会议，1935 年 1 月 8 日政治局会议通过）

10. 在苏区党代表大会上的政治报告及结论

附件五：中央关于目前政治形势与党的任务决议（瓦窑堡会议，1935 年 25 日中央政治局通过）

三、抗战以来

11. 论反对日本帝国主义进攻的方针办法与前途（1933 年 7 月 23 日）

附件六：中央关于目前形势与党的任务的决定（洛川会议，1937 年 8 月 25 日）

12. 反对自由主义（1937 年 9 月 7 日）

13. 国共两党统一战线成立后中国革命的迫切任务（1937 年 9 月 29 日）

14. 与英国记者贝特兰的谈话（1937 年 10 月 25 日）

15. 上海太原失陷以后抗日民族革命战争的形势与任务（1937 年 11 月 12 日在延安共产党活动分子大会上的报告提纲）

附件七：陕甘宁边区政府第八路军后方留守处布告（1938 年 5 月 15 日）

16. 抗日游击战争的战略问题（1938 年 5 月）

17. 论持久战（1938 年 5 月）

18. 中国共产党在民族战争中的地位

下册

19. 统一战线中的独立自主问题（1938 年 11 月 5 日在六中全会结论之一部）

20. 战争与战略问题（1938 年 11 月 6 日在六中全会结论之一部）

21. 反投降提纲

22. 当前时局的最大危机

23. 用国法制裁反动分子

24. 关于目前国际形势与中国抗战的谈话

25. 《共产党人》发刊词

26. 中国革命与中国共产党

27. 新民主主义论

28. 新民主主义宪政

29. 目前抗日统一战线中的策略问题

附件八：中央关于抗日战争及抗日统一战线中的策略问题对东南局及新四军的指示）

附件九：中央关于时局与政策的指示

附件十：中共中央革命军事委员会为皖南事变发表命令与谈话

附件十一：中央关于在第二次反共高潮斗争中的教训的指示

30. 农村调查序言与跋

31. 改造我们的学习

32. 在陕甘宁边区参议会的演说

附件十二：中央关于土地政策决定的策略的指示

33. 整顿学风党风文风

34. 反对党八股

附件十三：一个极其重要的政策

35. 经济问题与财政问题

36. 论合作社（1942 年）

附件十四：（缺）

附件十五：中央关于领导方法的决定

附件十六：中央关于审查干部的决定（1943 年）

附件十七：中央政治局关于减租生产拥政爱民及宣传十大政策的指示（1943 年）

附件十八：评国民党十一中全会及三届二次国民参政会

37. 在延安文艺座谈会上的讲话（1942 年 10 月 19 日发表于《解放日报》）

38. 关于文化运动方针的指示（1944 年 10 月 30 日）

39. 组织起来（1943 年 11 月 29 日）

40. 学习与时局（1944 年 4 月 12 日）

41. 1945 年的任务（1944 年 12 月 15 日）

42. 两三年内完全学会经济工作（1945 年 1 月 10 日）

43. 论联合政府（1945 年 4 月 24 日）

44. 关于抗战最后阶段的声明（1945 年 8 月 9 日）

第八章
人民作家赵树理

“像这种从群众调查研究中写出来的通俗故事还不多见。”

这是八路军副总司令彭德怀，1943 年为小说《小二黑结婚》出版所书写的题词。

《小二黑结婚》是赵树理的成名之作，1943 年 9 月由华北新华书店出版。小说写的是在共产党领导下的抗日根据地里，一对青年男女争取婚姻自由的故事。特等射手的青年农民小二黑和一位美丽的农家女小芹相爱，却遭到双方父母的反对，村里的恶霸企图诬陷他们，但后来在区干部的支持下，这对情人还是喜结连理。作品讴歌了只有在新社会里农民才享有婚姻自由的正当权利，讴歌了农民中开明进步因素对愚昧落后迷信因素的胜利，讴歌了农民对恶霸势力的胜利。

《小二黑结婚》一出版，立刻受到了广大群众的欢迎，很快轰动了整个太行山。在田间、炕头、饭场上到处可见人们在看《小二黑结婚》，在说小二黑和小芹的故事。不久，太行区的许多农村剧团，如武乡光明剧团、襄垣秧歌剧团等，又把小说改编成秧歌剧搬上舞台，演到哪里，群众就拥到哪里争相观看，在太行山掀起了一股“《小二黑结婚》热”。《小二黑结婚》活在了农民心里，成了他们反帝反封建、反迷信的利器。青年们都在争做二黑和小芹，不少人成了村里抗日工作的带头人。从现代文学史看，新文学作品固然有不少杰作，但又有哪一部作品获得过农民群众这样广泛热烈的喜爱呢?

《小二黑结婚》第一版，在太行区就印制了将近 4 万册。其他解放区，例如山东、淮南、晋绥、冀中也纷纷出版，广为流传。这在现代出版史上也是罕见的。

这年十月，赵树理又写了中篇小说《李有才板话》，年底由华北新华书店出版。这是一部成功反映解放区农民翻身斗争的作品。小说围绕改选村政权与减租问题，展开了农民与地主之间的斗争。李有才是位天才的农民歌手，他用快板反映村子里的人物和事件，以及农民对这些人物和事件的思想情绪和态度。作品写出了斗争的曲折与复杂性，但光明的新生的东西始终是作品中支配一切的力量。

1944年赵树理在涉县下乡工作，那里正在进行反奸反霸、减租退租运动，同地主进行说理斗争。在说理会上，地主说他收的地租是用他的地板（即土地）换来的，佃户说没有我们的劳动，你的地会产生粮食吗?农民和地主到底谁养活了谁?为了说明这个问题，赵树理就写了小说《地板》。小说用自述的口气，创造了这样一个地主形象，因为闹灾荒饿死了佃户，没人给他种地，生产不下粮食，导致了自家的破产，自己也得挨饿，这样才认识到土地本身不能产生东西的道理。

《地板》被延安的《解放日报》转载，还加了按语，称赞这篇作品既有深刻的思想性，又有高度的艺术性。

1945年8月15日，日寇宣布无条件投降。晋冀鲁豫边区人民锣鼓喧天庆祝胜利。然而，山西军阀阎锡山乘机抢夺抗战胜利果实，调集兵力发动了“上党战役”，企图以突然袭击的手段把晋冀鲁豫边区一口吞掉。

赵树理早已接受过领导让他写一部揭露阎锡山罪恶统治的小说，但他迟迟没有动笔，只是断断续续地构思过一些人物和事件。现在为了配合上党战役，发动群众起来保卫胜利果实，揭露阎锡山的老底，赵树理便拿起笔来，在一间冷屋子里，日日夜夜，不辞劳苦，赶着写他的长篇小说《李家庄的变迁》。本书虽然只写了一个村子里的变化，但却包含了历史的现实的政治内容，涉及抗战期间山西发生的许多重要事情。同样是写农民与豪绅地主之间的斗争，但斗争范围更广，过程更长，因而也更激烈，更残酷。农民主人公铁锁的性格也比那些“小字号的人物”更深沉，更成熟，他的活动也更带自觉性。

毛主席关于知识分子要与工农群众相结合，创造“民族的科学的大众的文化”，使之具有“新鲜活泼的为中国老百姓所喜闻乐见的中国作风和中国气派”的言论，给了赵树理很深的影响。读了《在延安文艺座谈会上的讲话》后，更激发了他用艺术为劳动人民服务的自觉性。他说："我那时虽然还没有见过毛主席，可是我觉得毛主席是那么了解我，说出了我心里想说的话。十几年来，我和爱好文艺的熟人们争论的，但是始终没有得到人们同意的问题，在《讲话》中成了提倡的、合法的东西了，我心里有说不出的高兴。"

1946年4月，晋冀鲁豫边区召开文化工作座谈会，总结抗战八年文教工作经验，邓小平在会上作了政治报告。会议期间，成立了边区文联，赵树理被选为常务理事，至此，赵树理才被文艺界承认为作家。

周扬读了赵树理的主要作品后，写了《论赵树理的创作》一文，发表在1946年8月26日的延安《解放日报》上，热情赞扬他是一位具有新颖独创的大众风格的人民艺术家，他的作品是农村中发生的伟大变革的庄严美妙的图画。在表现方法上，特别是语言形式上吸取了中国旧小说的许多长处，但不是旧形式，而是真正的新形式，民族新形式。赵树理实践了毛泽东同志的文艺方向，他的作品是毛泽东文艺思想在创作实践上的一个胜利。

1962年，周扬在农村题材短篇小说创作座谈会上说：中国作家真正熟悉农民、熟悉农村的，没有一个能超过赵树理的。会上赵树理被誉为写农村的"铁笔"、"圣手"。

大众化是文艺的根本方向问题，也是时代的要求。"左联"时代就开始了讨论，但直到1942年延安文艺座谈会，毛泽东同志才彻底从理论上解决了这一问题，结束了讨论。在创作实践上，国统区很难产生真正大众化的作品，只有在解放区才涌现出大批革命的大众化的作品。因此，文艺大师郭沫若、茅盾看到赵树理的作品后十分高兴，写文章赞扬他的作品表现了新的时代、新的天地、新的创作世纪，是走向民族形式的一个里程碑。

1947年夏天，晋冀鲁豫边区召开文艺工作座谈会，着重讨论了赵树理的创作。会议一致认为，赵树理站在人民的立场，爱憎分明，有强烈的阶级情感，思想情绪是与人民大众打成一片的，创作了生动活泼的为广大群众所欢迎的民族新形式。他具体实践了毛主席的文艺方针，因此才获得了如此光辉的成就。会议提出了"向赵树理方向迈进"的口号，号召边区文艺工作者向他学习。这一号召，确实对当时边区的文艺创作起到很大的推动作用。

这一时期，赵树理还写了上党梆子戏《万象楼》（1942年），话剧《两个世界》（1943年），报告文学《孟祥英翻身》（1944年），小说《催粮差》

(1946 年)、《福贵》（1946 年）、《小经理》（1947 年）、《邪不压正》(1948 年)、《传家宝》(1949 年)、《田寡妇看瓜》（1949 年)。

赵树理自从踏上文艺创作道路，就决心用笔去参加反对封建主义的斗争，换句话说，他是为了反封建才拿起笔来的。他说："我不想上文坛，不想做文坛文学家，我只想上'文摊'，写些小本子夹在卖小唱本的摊子里去赶庙会，三两个铜板可以买一本，这样一步一步地去夺取那些封建小唱本的阵地。"(李普：《赵树理印象记》)。他的一系列作品深刻揭示了这样一个主题：反封建是新民主主义革命时期的一个重要任务。

赵树理坚持文艺的通俗化工作，坚持夺取封建文化阵地。他从不计较个人的名誉地位，也不想把自己的创作当作"艺术"——那种脱离群众的艺术，也不是为了成为一个作家，才立志写作的。他写作的目的和动机，都是为群众，为战斗的，为了提出与解决某些问题的，用他自己的话来说，就是"老百姓喜欢看，政治上起作用"。

他在《当前创作中的几个问题》中说："我的作品，我自己常常叫它是'问题小说'。为什么叫这个名字，就是因为我写的小说，都是我下乡工作时工作中所碰到的问题，感到那个问题不解决会妨碍我们工作的进展，应该把它提出来。例如我写《李有才板话》时，那时我们的工作有些地方不深入，特别对狡猾地主还发现不够，章工作员式人多，老杨式人少，应该提倡老杨式的做法，于是就写了这篇小说。"

所谓问题，就是矛盾，现实生活中充满了错综复杂的矛盾。"问题小说"就是要大胆地、尖锐地提出一些问题，引起社会的重视。作家的责任就是要运用文学的武器，把矛盾斗争典型化，深刻揭示和解决矛盾，从而把社会推向前进。

五四以来的进步作家，由于处在封建军阀和国民党政权统治下，他们的生活圈子比较狭窄，思想感情和劳动人民还有一定的距离，对群众的艺术要求也不够理解，因而写出来的作品，读者对象主要还是知识阶层，不易为劳动人民所接受。

赵树理是一位从群众中来又到群众中去的作家。他出身于贫苦农民家庭，最熟悉农村，尤其熟悉封建地主是如何压迫剥削农民的，他自己就亲身经受过这种压迫剥削，因此具有对封建阶级的仇恨与对农民的热爱和同情的思想情感。这种思想情感充分地表现在他的作品中，他的作品也就能在群众中引起共鸣，为广大群众所欢迎。

《讲话》开辟了文艺表现新的时代、新的人民的新阶段。赵树理在毛泽东思想光辉指引下，自觉地进行文艺大众化的努力，《小二黑结婚》就是这个新阶段人民文艺的代表作。他是继鲁迅之后对中国农民有着深刻的观察和理解的作家，在发扬文艺的民族传统和文艺的大众化方面，作出了杰出的贡献，是具有划时代意义的。

赵树理不是带着小本子去收集创作素材，他一直生活在人民群众中间，是人民群众火热斗争的积极参加者。他习惯于和农民群众吃一锅饭，睡一个炕，用一个烟袋抽烟，在锅台前、炕头上和农民拉家常，和农民群众亲如一家。地里的农活他都会干，下乡时碰上农民干什么活，他就跟着干起来。他到哪儿，哪儿就红火热闹。群众把他当自己人、知心人。干部乐意找他谈工作，姑娘小伙子喜欢听他吹拉弹唱，邻里吵架请他评理说长短，两口子闹离婚找他说合。正是由于这样，他才对农村生活和农民的思想、感情、风俗、习惯有着深切的感受和理解。

赵树理在《决心到农村中去》一文中说："当他们一个人刚要开口说话，我大体上能推测出他要说什么——有时候和他开玩笑，能预先替他说出后半句话。"赵树理对他的描写对象、服务对象熟悉到如此地步，自然他写出的农民就像农民，语言是农民的语言，动作是农民的动作，没有一点矫揉造作、装腔作势的地方。这样的作品当然会受到农民群众的欢迎和喜爱。

赵树理把中国古典小说和现代小说的民族风格推进到了一个新的阶段。他的作品不仅农民喜闻乐见，知识分子也喜欢看，可说是雅俗共赏。浓厚的生活气息，生动的人物形象，成功的语言艺术，构成了赵树理小说的艺术风格。

在20世纪40年代的中国解放区，如太行根据地、晋绥根据地，涌现出了一批在不同程度上与群众相结合的作家，赵树理是其中杰出的代表。他的作品所产生的影响，为创作流派的形成奠定了坚实的基础。人们常把山西的这个作家群称为"山药蛋派"。这个流派的共同特点是：他们都是在抗日根据地成长起来的土生土长的作家，都有丰富的农村生活的经验，长期从事文艺的通俗化工作。作品的主要描写对象和读者对象都是农民，作品有着浓厚的生活气息和地方色彩，语言通俗易懂，生动活泼。运用革命现实主义创作方法，揭示农民在新旧社会交替的伟大时代里丰富的内心世界和不平凡的斗争历程，蕴涵着深刻的教育意义。

1947年春节期间，在晋冀鲁豫中央局驻地，美国记者贝尔登访问了赵树理，回美国后写了《中国震撼世界》一书，书中译载了赵树理的三篇小说，还介绍了赵树理。

1949年6月，前苏联汉学家克里弗佐夫翻译了《李家庄的变迁》，在《远东》杂志上连载。8月，日本《新世界》杂志发表鹿地亘的文章《中国的新文艺与赵树理》，向日本读者介绍了赵树理。

赵树理是一位在世界上有影响的作家，他的作品先后有几十个国家翻译出版，广为流传。

赵树理1906年生于山西省沁水县尉迟村，起名树礼。他后来接受了新思想，25岁时自己改名为树理。1927年参加中国共产党，1929年在沁水县城关小学任教时被捕，1930年春获释。1937年抗战爆发后参加革命工作，同年重新入党。曾在基层做宣传、民政工作，担任过区长。1939年到《黄河日报》(路东版)编副刊《山地》，1940年到华北《新华日报》编《抗战生活》、《中国人》报。1942年到太行区党委宣传部工作。1943年调到北方局调查研究室和北方局党校，专门从事文艺创作。1945年以后到太行区文联、华北新华书店工作，负责编《新大众》报，直到中华人民共和国成立。

1949年后，《新大众》报改为《工人日报》，同时成立了工人出版社，赵树理担任社长。7月，全国文代会时他被选为全国文联常委、作协常委。以后担任过北京市大众文艺创作研究会主席、《说说唱唱》主编等职。

中华人民共和国成立后，赵树理的主要精力还是从事文艺创作，有影响的作品有小说《登记》(1950年)、《三里湾》(1955年)、《锻炼锻炼》(1958年)、《套不住的手》(1960年)、《实干家潘永福》(1961年)、《卖烟叶》(1963年)，评书《灵泉洞》(1958年)，剧本《三关排宴》(1961年)、《十里店》(1965年)。

1965年初，赵树理调回山西省文联工作。

“文化大革命”期间，赵树理被打成“叛徒”、“黑作家”、“黑标兵”，遭到残酷迫害，不幸于1970年9月23日在太原含恨去世，时年65岁。粉碎“四人帮”后，他才终于得到平反昭雪。1978年10月17日下午，在北京八宝山革命公墓礼堂举行了赵树理骨灰安放仪式。

太岳篇

第一章
太岳根据地的战略地位和出版事业概况

第一节　太岳根据地的战略地位

太岳革命根据地，是晋冀鲁豫边区开辟较早的一个战略区。1937年七七事变爆发后，日本侵略军深入华北，山西危在旦夕，中共中央和毛泽东同志及时指出晋东南地区是进可以攻、退可以守的战略要地，要在太岳山脉建立巩固的抗日根据地。

太岳山南连中条山，与黄河和陇海路相望，东越白晋路与太行山相连，西隔同蒲路和汾河与吕梁山相邻，临(汾)屯(留)曲(沃)高(平)两条公路横穿东西，山水相连，地势险要，是开展游击战争、建立抗日根据地的好地方。

抗日战争爆发后，太岳革命根据地的各级地方党组织和部队在中共中央北方局的领导下，发动群众，创建游击武装，掀起了如火如荼的抗日斗争。1941年和1942年，太岳革命根据地进入极端困难时期，战斗在太岳山的抗日军民，粉碎日军的“治安强化运动”和惨无人道的杀光、烧光、抢光的“三光”政策。1941年底至1942年春，太岳和晋豫两个根据地合并为统一的太岳革命根据地。到1944年，拥有面积32 250平方公里，人口200万，成为晋冀鲁豫边区的重要组成部分和前哨阵地。依靠这块根据地，太岳区军民胜利地进行了多次反“扫荡”、反“蚕食”斗争，特别是粉碎了日军的“铁壁合围”、“铁滚扫荡”，进行了著名的沁源围困战，保卫了抗日阵地；依靠这块根据地，太岳区军民先后发动了局部反攻和全面反攻，同全国抗日军民一道，打败了日本侵略者，取得了抗日战争在太岳区的最后胜利。

在解放战争时期，太岳解放区的军民在中共晋冀鲁豫中央局的领导下，踊跃投入了解放全中国的伟大斗争中。1945 年 9 月，太岳区军民参加的上党战役，打击了国民党反动派抢夺抗战胜利果实的阴谋，加强了我党在重庆谈判中的地位。1946 年 6 月，国民党发动全面内战后，太岳区军民接连进行的“闻、夏作战”，同蒲中段作战和消灭国民党“天下第一旅”的“临浮作战”，以及晋西南、晋南等多次战役。这些战役为粉碎国民党的全面进攻、重点进攻都作出了积极的贡献。1947 年 8 月至 1948 年，太岳兵团强渡黄河，腰斩陇海，挺进豫西，使太岳革命根据地的辖区扩大到黄河以南，洛阳以北，面积达到 45 000 平方公里，人口达到 420 余万。太岳区军队、民兵和民工，驰骋千里，南征北战，为解放山西全境，为夺取全国解放战争的胜利，作出了重大贡献，书写了一页页浴血奋斗的历史篇章，描绘了一幅幅同仇乱忾的壮丽画卷。

第二节　太岳根据地出版事业概况

太岳区的新闻出版事业，是在抗日战争和解放战争的烽火中创建和发展起来的，经历了一个从无到有、由小到大的逐步发展壮大的过程。在战争环境下因地域划分和党政领导隶属关系的变化，太岳区新闻出版事业也经历了纵横交错的变化。1939 年 7 月白晋铁路未切断前，太岳区还是属于晋冀豫区的一部分，党的领导机关为太岳地委，这时因华北《新华日报》社驻沁县后沟村，所以太岳地委没有另办什么报刊。《大众报》则是晋豫地委办的党报，及至 1939 年 7 月，敌人对晋东南发动第二次围攻，占领白晋铁路沿线城市后，晋冀豫区一分为二，太岳区即成为独立的战略区。1940 年初，中共太岳地委即奉命改为中共太岳区党委，直属中共中央北方局领导。山西“十二月事变”后，原驻在第五行政区所属沁水县地区的《黄河日报》上党版（牺盟会长治中心区机关报），因在事变中被晋绥军捣毁，于 1940 年年初转到太岳区所属沁源县继续出版。在这期间，区党委为了筹办机关报，报经北方局同意，在原《黄河日报》社人员和设备的基础上，于 1940 年 6 月 7 日在沁源县正沟村创办了太岳区党委机关报——《太岳日报》。1944 年 4 月 1 日，石印的《太岳日报》改为铅印的《新华日报》（太岳版）。1949 年 4 月 1 日，太岳《新华日报》又恢复原名《太岳日报》，同年 8 月 23 日终刊。

《太岳日报》从创刊到终刊，在长达9年零3个月的时间中，经历了在恶劣的环境和艰苦的生活的条件下，不断转移、游击办报的时期，和到后来驻地相对稳定（驻阳城时期）的发展壮大时期。在区党委的直接领导下，在魏奉璋、魏克明的先后主持下，《太岳日报》不仅出色地完成了党组织赋予党报的“宣传者”、“组织者”的任务，而且把报社办成了太岳区书籍和报刊出版、印刷、发行三位一体的出版机构。

1942年3月成立的太岳书店，在体制上虽属单独建制，但工作和生活始终和报社在一起，是一个战斗的工作整体。1944年4月，太岳书店与太岳《新华日报》合并，太岳书店亦改名太岳新华书店，并在书店内成立丛书编辑部。随着抗日战争的胜利和解放区的扩大，发行网络逐步建全，出版的图书品种、数量不断增加，除出版了马列经典著作、毛泽东著作外，还大量出版了配合形势需要、供干部群众学习的政治理论书籍，小学、中学课本和通俗文艺读物。在战争年代里，报社印刷工人和书店发行干部都付出了极大的艰辛劳动，为开展全区的宣传文化教育事业做出了重要的贡献，有的同志还付出了宝贵的生命。

此外，太岳文联于1941年创办了《太岳文化》杂志，太岳文化委员会于1944年创办了《工农兵》刊物等。太岳区从县委、地委到区党委，在艰苦环境和物资极端匮乏的条件下，都或早或晚，或长或短，或油印或石印办起了自己的报刊，形成了从县委、地委到区党委的三级新闻宣传网络。如中共太岳一地委创办《岳北人民报》，太岳三地委创办《晋南人民报》。在抗日战争初期，各县也曾办过一些报纸，如1938年阳城县牺盟会创办的《新生报》、《新中国报》，中共晋城中心县委主办的《火炬》；1939年晋城牺盟会创办的《民革导报》，翼城县委创办的《河山战报》。在解放战争时期，各县还办有不同形式的小型报纸和刊物，如中共济源县委主办的《翻身小报》，屯留县委创办的《乡村文化》，介休县委创办的《新介休报》等。

抗日战争初期，为广泛发动群众，发展革命武装，建立地方政权，晋豫边区的党组织很快办起了抗日报刊，先后创办的报纸有：1938年中共晋豫特委办的《大众报》，1940年办的太南《人民报》，1941年年初办的《光明报》，同年11月办的《岳南大众报》，1942年3月创办的晋豫区党委机关报——《晋豫日报》。这些报纸，由于组织的调整变化，出刊时间都比较短。1943年晋豫区合并于太岳区后，《晋豫日报》停刊。

第二章
《太岳日报》的报名变更与报社的出版工作

第一节 《太岳日报》在艰难环境中创办

《太岳日报》在抗日战争异常残酷、物质条件极端困难、生活非常艰苦的情况下，于1940年6月7日在沁源县正沟村创刊，为中共太岳区党委机关报。报纸是逢单日出版的隔日刊，石印。同年11月反“扫荡”后，改为四开四版三日刊，不定期增刊两版。从1942年7月24日起，又改为双日刊。每逢星期一、三、五出版。至1944年3月底，共出版石印的报纸369期。

《太岳日报》是在原《黄河日报》上党版人员和设备的基础上创建的。报纸创刊初期，有编辑、记者、发行人员、印刷工人约25人。社长魏奉璋（由华北《新华日报》社调来），副社长史纪言（原黄河日报社社长），经理部长姜时彦，地方版编辑江横，国际版编辑刘希玲，记者张光普、张艾如，通联科长杨云峰，电务科长申鸿俊（申健），美术编辑黎风，印刷厂厂长柳群，指导员何明，总务科有籍步庭、郝子才，技术科有王占胜、张经九、连汉英等。同年12月，史纪言奉命调华北新华日报社，与此同时，龚士其、关之萍调来报社任编辑，以后又从华北新华日报社调来杜缉熙、黄维达等。1942年夏，龚士其、关之萍二人又调离，杜缉熙病故，杨云峰、张光普在绵上反“扫荡”中被俘。

这一时期，正是抗日战争进入相持阶段，日军回师华北，对我根据地频繁“扫荡”，加紧人力物力的掠夺。特别是经过1939年山西“十二月事变”的摧残，1940年11月日军的毁灭性“扫荡”，使得沁源、沁县、屯留、安泽等县城乡房屋大部被烧光，数千名农民遭屠杀，成千上万的农家被洗劫一空，军需民食遭受极大困难。

在区党委发出克服困难、重建家园的号召下，全区党政军民展开了灵活机动的游击战争。《太岳日报》社的全体职工，一方面积极响应区党委的号召，同党政军干部一起参加了打窑洞和帮助群众重建家园的运动；同时，为宣传党的政策，反映群众的呼声，揭露日军的暴行，提高干部群众对敌斗争的勇气，坚持持久战，争取最后胜利的信心，在残酷的环境下游击办报，经受了一次又一次的考验，度过了一次又一次的险关，守住了党的这块宣传阵地，成为太岳抗日根据地的一面大旗。

一、八次转移，游击办报

对于日军的大"扫荡"，太岳区抗日根据地的党政军民早有还击的准备，报社在思想上和行动上也做好了随时转移的准备。1940 年 6 月 7 日创办的《太岳日报》，在到 1944 年 3 月的三年零十个月的时间里转移八次，平均近半年就转移一次。虽说当时装备较简单，但笨重的石印机和纸张、油墨及各种材料都是办报必不可少的。保护好机器、材料便成为转移时的重要任务，每次转移时，报社领导都要做深入的思想发动。指出：敌人有不可克服的缺点，我们有反"扫荡"的经验与群众工作基础，有必胜的决心和信心。要发挥我们顽强不可战胜的毅力，认清困难，适应太岳区残酷斗争的环境，克服千难万险，团结战斗，坚持报纸的出版。配合军事政治斗争，为保卫报社、保卫抗日根据地，粉碎敌人的"扫荡"作贡献。在每次转移时，报社职工都充分表现出坚韧不拔的毅力，克服困难的决心，顺利完成转移和坚壁清野的任务，保证了报纸的出版。

第一次转移是报社刚刚创办两个月后从沁源的正沟村迁到鹿儿回村。这儿距太平区党委所在地上湾村 1 里多，距离太岳军区所在地的阎寨村也很近，保持了与区党委的密切联系。

第二次转移是日军对太岳区开始冬季大"扫荡"，于 1940 年 11 月 15 日，报社随区党委、军区转移到沁县与屯留之间的一个小山庄，在极端困难的情况下继续出报。

第三次转移是 1941 年 3 月，又返回沁源县鹿儿回村。因民房被敌人烧光，报社职工就用秸秆在被烧房屋的断壁残垣上搭起房顶，坚持出报。

第四次是 1941 年 5 月份又迁到区党委所在地阎寨村西岭上，住在由职工自己打的潮湿的窑洞里。

这次转移正当《太岳日报》创刊一周年之际。6 月 6 日，薄一波、安子文分别在报上发表题为《祝〈太岳日报〉创刊一周年》、《对〈太岳日报〉三点希望》的文章。薄一波的三点希望是：一，在政治上、工作上的领导作用应该认真加强；二，多作各个地区的反映报道；三，要做一个铁面无私的“言官”和人民监政的模范。安子文的三点希望是：第一希望《太岳日报》能够加强群众化，第二希望《太岳日报》更进一步加强对第一个时期中心工作的指导与反映；第三希望《太岳日报》能发挥更高度的批判作用。同时还刊登了裴丽生为纪念《太岳日报》创刊一周年的题字。并发表了读者、通讯员、著名人士祝《太岳日报》创刊一周年的多篇文章。通过创刊一周年的活动，报社职工更加坚定了战胜困难的信心和办好报纸彻底打败日本侵略者的决心。

1941 年 10 月 6 日至 18 日，日伪军 3 万余人，对岳北实行“铁壁合围大扫荡”。在残酷的环境下，报社组成临时出报组，在反“扫荡”空隙中继续出版战时油印小报，不间断地传播党中央的声音和军民顽强奋勇抗敌的战场动态，鼓舞太岳军民的斗志。

第五次转移是 1942 年 2 月 1 日至 20 日，日伪军又出动 7000 余人，对太岳区实行春季大“扫荡”，迫使报社又一次转移到沁源西山侯神岭一带的小山庄，与“辗转清剿”之敌，日夜转战在山头村坡中。反“扫荡”结束后，窑洞门窗全部被敌人捣毁，报社职工使用谷草打帘子，石板当凳子，破冰取出隐藏在沁河里的石印机；很快恢复工作，继续出报。从 7 月 24 日起，《太岳日报》由三日刊改为每星期一、三、五出版。

第六次转移是 1942 年 10 月 20 日，日军开始对太岳区实行长期的“扫荡”，并占领太岳区的腹地沁源县城和交通要道，报社又一次转移到屯留公路段七泉、八泉一带，坚持出报。

第七次转移是在 1943 年年初，日军不甘心其屡次“扫荡”的失败，对根据地继续加紧进行“蚕食”活动。太岳区军民根据中共中央北方局“温村会议”精神，一面展开普遍的、群众性的游击战争，坚决粉碎敌人的“扫荡”，制止敌人的“蚕食”，一面加强根据地的建设，战胜灾荒，保证军需民食。在这个新形势下，报社于 1943 年 2 月迁移到安泽县太岳区党委、太岳军区司令部驻地桑曲村附近。报社的编辑部驻二道河，经理部驻窑头，印刷厂驻南瓜村。

第八次转移是日军为实施其“山岳剿共实验区”的计划，长期“驻剿”太岳抗日根据地的腹地沁源，于1943年10月对根据地发动了大规模的“铁滚扫荡”，运用所谓“铁滚式三层阵地新战法”，妄图把太岳根据地彻底摧垮。《太岳日报》根据战时需要，保证游击出报，于当月转移到阳城南山，不失时机地出版了油印《电讯快报》。下旬，魏奉璋带领出报组，准备返岳南复刊，行至阳城县枪杆村与日军遭遇，魏奉璋与报务员张谔不幸牺牲，凌前被俘。报社的逯行、崔人之、姚畔桥在十分悲痛的心情下，将魏、张二人遗体掩埋后，便带着电台返回报社。

1943年11月，华北《新华日报》社派副社长魏克明来太岳，负责筹备改石印《大岳日报》为铅印《新华日报》（太岳版）的工作。徐一贯也由太岳文化委员会调任报社编辑。与此同时，中共中央北方局将一部铅印机和一副老五号铅字架及一些标题字拨给《太岳日报》。工人陈寿山、刘甫、彭立成、常仁春（常杰）、娄梅尘等由太行押运机器来太岳。当时正值“铁滚扫荡”，途中和敌人遭遇，美术编辑刘韵波、工人王剑平不幸牺牲。

《太岳日报》在斗争十分艰苦残酷的情况下，越战越强，机构和人员逐步发展加强，印报用纸不断增加，生产设备日益完善。1944年1月，太岳新华端氏造纸厂建成，缓解了印报用纸的紧张状况。印刷厂整顿后分设三个厂，一厂铅印驻屯留小寨村，二厂石印驻安泽县安沟村，三厂排字驻安泽县南瓜沟。

《太岳日报》社在三年零十个月的反“扫荡”过程中，在围攻与反围攻的险境中，冲出了一条生路，使这支年轻的新闻队伍更加坚强、更加成熟。无论编辑、记者、行政管理人员和工人都经受了锻炼，总结了反“扫荡”中游击办报的经验和应付各种困难的办法，太岳区的新闻出版工作成为党的重要的宣传阵地。

二、宣传抗日，巩固发展革命根据地

1939年7月，粉碎日军5万余人对晋东南的大“扫荡”和1939年年底至1940年年初粉碎阎锡山发动的“十二月事变”之后，太岳地区的形势发生了根本的变化。日军打通白晋路，八路军与国民党军以屯留公路为界划区驻防，使太岳区形成了一个战略区，实现了共产党的公开领导。

《太岳日报》社在区党委的领导下和军区部队的紧密配合帮助下，使报纸成为思想战线和新闻战线上对日军作战的一面旗帜，成为宣传群众、组织群众、动员群众、武装群众，坚持敌后游击战争、建设革命根据地的舆论工具，成为党联系群众的一条坚强纽带。

1. 宣传根据地的政权建设

太岳抗日根据地的政权建设是在对旧政权进行改造的基础上逐步实现的。当《太岳日报》创刊伊始，太岳区制定了一年半建政目标和第一期半年建政计划，从1940年7月至1941年1月底止。政建的主要任务是整理财政税收和完成村政建设。报纸为紧密配合太岳区的政权建设，于7月21日发表社论《如何完成半年政建计划》，8月17日又发表社论《稳定金融》，同日刊登第三专署给各级政府的题为《为建政而奋斗》的指示信。1941年1月21日，在《加强政权工作》的社论中指出："做好恢复、整顿区村政权，加强政府与群众的联系，认真整顿政府工作纪律，并要做好敌占区与游击区的政府工作。"接着报道了三专署办事处为在政府工作方面做出优秀成绩的沁县县长岳维藩等13名干部记大功一次的情况，刊登了对犯有错误干部进行惩处情况的文章。

为了动员各阶层人民群众积极参政议政，加强根据地的建设，太岳区决定把建设"三三制"民主政权作为1941年的中心工作之一。《太岳日报》于3月9日发表社论《建议成立晋冀豫边区政府》，4月21日又发社论《积极筹备晋冀豫边区临时参议员的选举》。报纸为宣传实现新民主主义政治的意义以及推选临时参议员的办法，从5月12日至6月12日连续刊载《新民主主义政治课本》的重要内容。《太岳日报》发表的数十篇社论、新闻和通讯报道等方面的文章，对太岳区的政权建设和各项建设工作，起到了宣传舆论的促进作用。

1941年6月，《太岳日报》社社长兼总编辑魏奉璋被选为太岳区新闻界临时参议员。

2. 对"百团大战"的宣传

《太岳日报》刚刚创刊两个月，一场大规模的破袭战——"百团大战"打响了。"百团大战"打响以后，报社看到了它的空前声势，决定紧密配合，全力报道这次历史性的进攻战，展开了一场及时、全面、系统的军事大宣传。特派记者随军采访，在报上连续发表社论、新闻报道等重要文章。9月1日、3日、5日分别发表了社论《庆祝"百团大战"在正太路上序战大捷》、《论华北交通总攻击战——再祝"百团大战"的大胜利》、《论"百团大战"》，以及沁源军民两千多人远征白晋线破坏敌人交通线、配合“百团大战”粉碎敌人“囚笼政策”等方面情况的文章。报纸及时连续的宣传报道，使太岳区军民看到了这个战役攻势的面貌，极大地鼓舞、调动了全区军民战胜困难、英勇杀敌的斗志和搞好根据地建设的信念，也锻炼和考验了新闻战士的革命意志，学到了从事军事报道工作的方法和经验。

3. 宣传沁源围困斗争

1941 年和 1942 年，日军在华北地区五次推行“治安强化”运动，对敌后抗日根据地连续进行大规模的“扫荡”，并且乘“扫荡”之机，在边沿区域或腹心区扎下据点，逐渐向周围扩张，以“蚕食”的手段扩大占领区，建立所谓“山岳剿共实验区”，长期进行驻剿，来达到其摧毁敌后根据地的目的。

当伊藤大队进驻沁源的时候，中共太岳区党委书记、太岳纵队军区政委薄一波对沁源县党政领导人明确指出：“眼下敌人不会撤走，你们要作长期打算，并且要认真地解决群众的实际困难。”《太岳日报》社根据长期围困敌人的指示，从反“扫荡”开始，新华通讯社太岳分社副社长兼《太岳日报》特派员江横就带领一个“新闻采访团”深入前线进行“围困沁源”的采访。江横是老记者，他勇敢地深入到距敌人只有几公里的前线，和太岳区军民一起转战在山头林坡之中，对围困沁源的斗争进行了连续系统的报道。到围困斗争的后期，他又带领一个有记者张艾如、姚庆惠以及刘兴汉组成的“新闻采访团”，到沁源西部地区采访了生产互助运动，针对围困斗争和生产互助运动写了 20 多篇相当出色的通讯，从 1948 年 6 月到 1944 年 1 月底，先后在《太岳日报》和延安《解放日报》发表。这些通讯及时报道了沁源军民的斗争情况和经验，充分显示了新闻宣传对于推动实际工作的巨大作用。

沁源军民两年半的围困斗争，挫败了日军建立所谓“山岳剿共实验区”的阴谋，受到了中共中央的赞扬。1944 年 1 月 17 日，党中央机关报《解放日报》发表了《向沁源军民致敬》的社论，社论指出：“模范的沁源，坚强不屈的沁源，是太岳抗日根据地的一面旗帜，是敌后抗日战争的模范典型之一。”改版后的《太岳日报》——《新华日报》（太岳版）也于 1945 年 4 月 21 日发表《沁源人民的胜利》的社论，称赞沁源围困战的胜利是“历史的奇迹”。社论指出：“沁源县城的敌人最后被赶走，在我们太岳区说来，是一个大的胜利，对于振奋群众情绪，促进太岳解放区的经济建设，都有很大的实际意义。”

4. 宣传对敌的经济斗争

1940年冬，日军施行报复“扫荡”，紧接着1941、1942年，又推行“治安强化”运动，对根据地在经济上采取一面掠夺、一面封锁的双管齐下的政策，妄图从经济上摧毁根据地生存的条件。为此日军频繁地进行“扫荡”、“蚕食”，发行伪钞，大肆掠夺粮食、煤炭、棉花、食盐、生铁等资源，使根据地的经济遭到严重破坏。对敌的经济斗争是保护根据地经济建设的重要方面。《太岳日报》主动配合区党委的部署，积极开展了对敌经济斗争的宣传报道，发表了大量的消息、社论、通讯等。

粮食始终是敌我斗争的重要目标。在战争时期，谁解决了粮食问题，谁就解决了大部分的经济问题。《太岳日报》以保护粮食的斗争为题，于1940年8月，报道了沁县六区农会秘书王占元的英雄事迹。王占元8月中旬在青屯村搞囤粮工作，突然被混进来的武装汉奸绑去。敌人用尽一切残暴手段，不仅不能从王占元的口中得到任何秘密，反而遭到王的痛斥，王占元“头可断、志不屈”的大无畏的革命精神，在太岳区军民中广泛传颂。同年9月5日，《太岳日报》发表社论《展开夺粮争夺战》指出：“粮食是根据地军民的一个生死问题，号召军民配合一致，保卫粮食，反对敌人抢粮，禁止偷运粮食出境。”

为发展太岳区的经济，扩大生产、繁荣市场，三年来，《太岳日报》先后发表社论《发展贸易》、《建立货币对照所》、《论恢复集市、庙会、骡马市》、《把武装和生产结合起来》、《加强人民武装保卫春耕》、《抵制仇货》等。这些社论从思想认识、政策等方面对全区军民在保护粮食、生产粮食、发展经济等方面都起到了重要的促进作用。

5. 宣传抗战时期的新文化

《太岳日报》在文化的恢复发展上，以广泛发展农村的文化娱乐活动为中心，开展了文化教育宣传报道工作。1941年3月27日，发表社论《开展群众的文化娱乐活动》，同时报纸开辟副刊，先后发表丁柯著《鬼子抓兵到南洋》，贺绿汀创作的歌曲《打倒亲日派》。同年4月9日，登载报告词《囤粮歌》、《选村长》，刊出沁源秧歌《药彦明打鬼》。为纪念五四运动，这年的5月3日发表社论《新文化与大众结合起来》。5月9日，报纸刊出《文化特刊》，发表了赛周的《诗歌音乐晚会》、丁柯的《杂谈通俗化》、江帆的《我们怎样朗诵》等文章。8月21日，《太岳日报》的《沁河文艺》副刊与读者见面。

在教育方面，由于日军的烧杀掳掠，使校舍教具遭到严重破坏，正常的教学秩序被打乱。太岳区的党和政府十分重视教育工作，对恢复建立学校采取了许多灵活机动的措施。《太岳日报》为配合恢复教学秩序，1941 年 7 月 27 日发表社论《亟待整顿的小学教育》，并陆续报道沁源县开展教员鉴定工作、全县 96 所小学正式开课、各地积极开展扫除文盲教育等活动。太岳区的教育工作，经过 1942 年采取的灵活措施后，使学校的正常教学活动逐步得到恢复。

6. 宣传坚持抗日，渡过困难关头

1940 年冬，日军的反复“扫荡”，使根据地遭到空前的浩劫，广大群众缺吃少穿无房住，部队和机关的供给都发生了困难。敌人又乘根据地困难之机，加紧对边沿地区进行“蚕食”，发展伪军、伪组织，收买汉奸特务，强化政治统治，实行奴化政策。广大群众憎恨日军惨无人道的暴行，同时，思想情绪一度低落。

为了扭转这种状况，太岳区在心腹地着重抓了转变群众情绪、解决群众生活困难和大力恢复生产等各项工作。《太岳日报》根据当时的形势，连发社论《发展抗日的武装》、《加强抗日戒严》、《加紧瓦解敌军争取伪军》、《加强抗日根据地工作》、《怎样爱护根据地》、《肃清汉奸特务机关》、《中国人民起来声讨亲日派》、《揭露亲日派的阴谋罪行》、《把武装和生产结合起来》、《创造药彦明式的群众英雄》。报纸发表的一系列社论和群众武装斗争的典型报道，反复宣传了敌后游击战争的理论、方针和实践经验，为扭转困难局面、发动广大群众与困难作斗争、巩固和保卫根据地、提高群众的斗争意志，都起到了新闻工作的宣传群众、组织群众的重要作用。

三、敌后办报的艰难

《太岳日报》创刊时，正是敌人对抗日根据地疯狂“扫荡”、“围剿”和严密封锁之时，而抗日根据地的工农业生产及各方面的建设遭到极大破坏，各种物资极度匮乏。当时，与办报密切相关的印刷器材、油墨、纸张主要依靠从日伪占领区购置，由于日伪的严密封锁，供应严重不足，于是只好经常用代用品渡过难关。编印石印报尤为困难，缮写员要用蝇头小楷写字，很是吃力费劲。编排稿件划版时要算字数、贴标题，写错字要擦、粘、剪、贴，工序很是复杂。在石印药纸上看大样时，要在强光下衬在白纸上看，如果光线弱，还要悬在半空中透着光亮去看。但再大的困难也压不倒办好党报的决心。1941 年之后，报社的同志们看到晋察冀边区的一种石印报纸，这份报纸的石印书写体别具一格，是用毛笔写出的仿宋体。这种字体印出的报纸版面，显得非常整齐、清楚、美观，颇受新闻界人士赞赏，社长兼总编辑魏奉璋对此更是羡慕不已，于是他让写石印字的史继业仿造书写。功夫不负有心人，史继业经过一段刻苦的磨炼之后，写出了一手漂亮的仿宋体字，《太岳日报》的版面由此也得到了改观。

在物质生活上，报社人员和太岳区军民一样，也是十分艰苦的。他们住的是老乡的草房土炕，或自己动手打起的潮湿的窑洞，夏天闷热，冬天寒冷，常常是好多人挤在办公室兼卧室的简陋的房子里办公住宿。办公没有桌子，没有凳子，编报以膝盖作支垫，石头当凳子，或在窗前、门口，或在炭火旁边，大家把这叫做是膝盖上的作业。敌人“扫荡”已使生产遭到破坏，再加上自然灾害，致使粮食奇缺。报社人员就一面坚持出报，一面开荒种地，生产自救。冬季积肥，上山拾牛羊粪，春季种地，每人都有任务。灾情严重时，吃饭定量，平均分配，只能充饥，不能吃饱。大家不觉劳动苦，生产很有劲，在河川小块地种蔬菜、种西瓜。编辑黄维达种的西红柿结得最繁茂。报社的驻地较稳定时，夏季还能吃上一些绿色蔬菜。

1940 年夏，在严酷的战争环境和人力物力十分困难的情况下，魏奉璋、史纪言和报社全体同志一起，积极地创办了这份联系太岳区广大干部群众的《太岳日报》。魏奉璋是一位优秀的无产阶级新闻战士，他果断、沉着、严谨、坚韧，不怕困难，任劳任怨，勤勤恳恳，兢兢业业，发稿审样，字字句句都仔细看过。他和报社其他负责同志一样，都深受何云办报的影响，在编写和审阅大样的过程中，都力求做到政治内容上、文字技术上无任何差错。作为报社的领导，他能吃苦在前，享受在后。

从《太岳日报》创刊到 1944 年 4 月 1 日以前，在反“扫荡”斗争中，社长兼总编辑魏奉璋，报务员张谔，印刷厂厂长、太岳书店副经理魏汉卿，美术编辑刘韵波，工人王剑平先后牺牲。印刷三厂厂长、太岳书店指导员阎子琦，编辑杜缉熙病故。这些同志都是在战地办报的岗位上，在执行任务的过程中献出了自己年轻的生命。

1943 年秋季反“扫荡”结束后，1944 年年初，区党委决定，报纸要准备改出铅印报，新华通讯社太岳分社合并到报社，成为报社的通联部，对外仍保持分社名义。同时报社机构、领导进行了调整。魏克明任社长兼总编辑，金沙、江横任特派员（相当于副总编辑），王佩琳任通联部部长，凌前为副部长，何微任丛书编辑部部长。报纸编辑包括刘希玲、徐一贯、贺笠、姚天珍、黄维达，并由上述人员组成编委会。特派记者有石果、郑东、鲁生等。姜时彦为经理部部长。在这一期间，全报社职工投入了紧张的改出铅印报的工作，安装铅印机，培训工人，筹办造纸厂，又从华北新华日报印刷厂调来陈寿山、刘甫、彭立成、常仁春、娄梅尘等一批熟练的铅印工人。改铅印报的条件具备了，到1944年4月1日，石印的《太岳日报》宣告结束，铅印的《新华日报》（太岳版）在太岳区党委的领导下，以新的面目和太岳区人民见面了。

第二节 《太岳日报》更名《新华日报》(太岳版)时期

1944年春天，太岳区的抗日斗争开始反攻。为了从政治上、思想上和物质上为局部反攻创造条件并迎接全面反攻的到来，太岳区党政军民响应中共中央和毛泽东主席的号召，一方面，深入开展整风运动和生产运动，加强政治、经济、文化教育和普法等各方面建设，壮大抗日的力量；另一方面，广泛开展群众性的游击战争，不断打击敌人，收复失地，从而保卫了根据地。在这种形势下，《太岳日报》改版为《新华日报》（太岳版），从此，太岳区的新闻出版事业，也进入了一个在游击战争环境下适应、发展、壮大的时期。

一、新的里程碑——《新华日报》（太岳版）

在《太岳日报》创办三年零十个月后，经太岳区党委批准，从1944年4月1日起，由石印改为铅印的《新华日报》（太岳版），俗称太岳《新华日报》，面对日军的“扫荡”、“封锁”，在艰苦的环境中游击办报，从石印报改为铅印报，是这个报发展史上的一个里程碑。

在这次大的改革前，报社干部、机构、发行、铅印机安装、工人培训等方面，都作了充分的准备和调整，全社职工都积极热情地投入改版工作。改版出刊的4月1日这天，报社举行了隆重的庆祝大会，职工们无不欢欣鼓舞，兴高采烈。以后这一天就成为报社的纪念日。

中共太岳区党委宣传部副部长赵守攻，为报纸的改版，在4月1日的报纸上发表题为《把我们的党报办的更好一些》的文章，指出："我们的党报终于改成铅印了，这是技术上的一大进步，对广大读者和报纸工作者是一个大的鼓励。随着报纸的改版，把报名也换了一下，名称的变换也正与技术上的变换一样，它告诉我们应当加倍努力，向一个党性坚强的党报方向——新华日报前进，同时还说明了我们太岳根据地的建设，也正在逐渐一步一步地向着新中华的道路上前进！"

改版后的《新华日报》（太岳版）为铅印、四开、隔日刊，报社机构和领导进行了调整，成立编委会和经委会。社长兼总编辑魏克明，副社长姜时彦（兼经理部长），副总编辑刘希玲。编委会、经委会分别由魏克明与姜时彦主持。经理部下设三个印刷厂。太岳书店与报社合并，同时改名为太岳新华书店。对内为经理部下属的发行科。

太岳《新华日报》作为太岳区的党报，一直关照和指导着全区的文化出版事业的发展。1944年4月，报社调整机构时，成立了丛书编辑部，何微任部长。这个部未成立以前，只能少量翻印一些其他解放区出版的书籍和印制学习文件及资料性的东西。丛书编辑部成立后，从根本上改变了出版工作的被动局面。报社成为太岳区的主要出版机构，它配合党的各个时期的中心任务，出版了政治、军事、科学文化知识等方面的大量书籍和刊物，为繁荣解放区的文化出版事业作出了积极有益的贡献。

报纸改铅印后，因在战时环境下，各种材料非常缺乏，机器又老旧，印刷上仍是困难重重。人工打纸型、铸铅版，没有电力，采用人工手绞把，劳动强度大，速度也慢。用完的铅字，拆版后要归字上架。没有特号、大号标题铅字，用木刻代替。印报用纸极少有新闻纸，用的是檀皮纸和棉纸。在困难的条件下，编辑和工人互相照顾，共同为办好报纸不辞劳苦，克服困难，印出了敌后根据地的铅印报。

在报纸改版前后，即1944年春，编辑部联系报道上的"客里空"作风，进行了学习和讨论。经过一段对"客里空"问题的认识和检查，对新闻真实性问题的认识大大提高了一步，新闻报道中不真实现象基本得到克服。新闻工作者通过自我改造，解决了新闻队伍中思想不纯的问题，提高了党报在群众中的威信。

从1944年5月到9月，报社主要干部分两批参加了区党委机关整风学习班的学习。经过整风学习，新闻干部的马克思列宁主义世界观、人生观得到很大的提高。这年秋季反“扫荡”，报社大部分人员转移到太岳四分区备战，有少数同志分散到县里和群众一道打游击。编辑黄维达、通讯联络部长王佩琳在赵城（今属洪洞县）广胜寺附近隐蔽时与敌人遭遇，不幸牺牲。

1944年秋季反“扫荡”结束后，报社由二道河全部迁到区党委驻地沁水县石室村。这时报社人事有些调整，刘希玲任副总编辑，姜时彦任副社长兼经理部长，何微任采通部部长，高志华任丛书编辑部部长。区党委整风班结束后，张赛周、古维进调报社任编辑，姚天纵、戈曼任记者。8月份，报社成立了工会，陈寿山任工会主席。10月，报社机关召开表彰大会，奖励先进工作者。12月，报社成立业余剧团，在军区文工团协助下曾演出歌剧《血泪仇》，并自编自演《郭宝民送子参军》等。

1944年至1945年，随着世界反法西斯战争的节节胜利和中国抗日战场局部反攻的开始，中国的抗日战争发展到夺取胜利的前夜，德国法西斯投降，日本孤立，解放区不断扩大，报纸上天天有鼓舞人心的好消息。太岳区阳城、晋城等县先后解放，太行、太岳斩断了南部的封锁线，密切了政治经济的相互联系。在新的形势下，太岳区党委于1945年1月发出《进一步加强党报通讯工作的指示》，指出：通讯员奋战在对敌斗争和根据地建设的第一线，是密切联系群众的非专业新闻工作者。做好通讯员的工作，使全区的重大事件能在党报上得到迅速及时的反映，是依靠党委办报，依靠群众办报，贯彻全党办报方针的重要方面。

报社编委会在总结1944年的工作时指出，报纸发行量有了明显的增长，8月份为3905份，12月份为6818份，较1月份增长了75%。报纸发行量不断增长，说明全区的广大军民非常关注形势的发展变化。紧接着，报社于2月2日至7日在太岳区群英大会闭幕之后，邀请参加群英会的通讯员，举行通讯员大会，到会50余人。这次通讯员大会围绕“如何组织起来”、“如何发展工农兵通讯员”、“写什么”、“怎么写”等四个问题，进行了深入的研讨。同年4月，太岳《新华日报》刊登了本报采通部关于《一年来通讯工作与模范通讯员》的文章和39名模范通讯员名单。

根据党中央关于1945年的任务，太岳《新华日报》的宣传重点主要是报道和反映扩大解放区、缩小敌占区方面的各种工作和斗争。1945年1月1日，报纸报道了在延安演出的反映太岳区对敌斗争的话剧《粮食》和《沁源围困》。高扬文、刘开基参加了话剧的编写，薄一波亲自指导和导演，在延安演出时，轰动一时。

1月份，报社派记者团系统地报道了太岳区群英大会的盛况。有关特等民兵杀敌英雄李德昌和特等劳动英雄石振明、赵金林、牛德河、葛河堂、殷望月、靳秉乾等的报道，大多是记者在会前深入农村、部队采访，又经会中补充采访后完成的，同时也为大会的评选工作提供了材料。

3月，晋冀鲁豫边区太岳区参议会在郑庄召开，太岳《新华日报》社社长魏克明作为新闻界参议员、印刷厂陈寿山作为工人参议员、徐一贯作为晋北县参议员参加了会议。报社又派记者进行了专访，连续发表新闻和重要文章10余篇。

1945年4月23日至6月11日，中国共产党在延安召开了第七次全国代表大会。此次代表大会处于世界反法西斯战争最后胜利和中国抗日战争战略大反攻的前夜，国际国内形势在中国人民面前展示了光明的前景。太岳《新华日报》对这次代表大会的报道工作从思想上、组织上作了充分的认真的准备。1945年5月7日、11日分别以头版头条的位置，以特大号字新闻标题报道了中国共产党第七次全国代表大会的代表名单和开幕的消息。从5月15日起，分期刊载了毛泽东主席在“七大”会议上所作的政治报告《论联合政府》，报道了太岳区党委暨军区全体指战员致电党中央、毛主席暨“七大”代表和祝贺“七大”的新闻。报道太岳区各界人民于9日在驻地集会，庆祝红军占领柏林暨中国共产党第七次代表大会开幕。6月13日，刊登朱德在中国共产党第七次全国代表大会上所作的军事报告《论解放区战场》。6月19日，报道太岳区党委致电拥护新的党中央，报道太岳区党委向各地发出指示，指出今年纪念“七一”、“七七”的要点是：拥护以毛泽东同志为首的党中央，学习《论联合政府》、《论解放区战场》。6月21日，报道中国共产党第七次代表大会胜利闭幕的消息，并转载了《解放日报》社论《团结的大会，胜利的大会》。

“七大”闭幕之后，全区掀起了学习宣传“七大”的高潮。报社为及时将党中央的重要文件发到全区，便将报版拼成书版，印刷工人夜以继日赶印了《论联合政府》、《论解放区战场》、《关于修改党的章程报告》、《一九四五年任务》等文件，印成单行本迅速发到全区，配合了全区党政军民学习“七大”文件、贯彻“七大”精神的学习高潮的需要，成为推动各项工作发展的动力。

在这个时期，已显得隔日刊的四开报纸与报道任务不相适应，对于重大事件，除出“号外”，还出“增刊”，也还不能弥补不足。于是提出“精编”方案，包括电稿摘要、新闻综合。有时发稿之后，又需要抽换成合编稿件，重绘地图，重刻标题大字。为迅速配合报道任务的需要，陈寿山以娴熟的刻字工夫，仿《解放日报》的标题字，刻出了“解放”体的特大号字，与排字同步完成。报社的编辑、记者、工人等全体人员在党中央“七大”精神的鼓舞下，发扬了高度的政治责任心和克服困难的精神，迅速圆满地完成了中国共产党第七次全国代表大会的报道任务。

1945 年 8 月，日本帝国主义无条件投降后，报纸又着重报道了日伪、国民党当局与我方关于受降和接管城市的复杂斗争，报道了“重庆谈判”的有关情况，以及太岳纵队、太行部队在上党战役中取得的重大军事胜利。在解放战争初期，报道了人民群众对于实现国内和平民主的愿望和要求，同时进行克服和平麻痹思想的宣传教育。

改版后的太岳《新华日报》，经过一年来的艰苦奋斗，并在敌人频繁的“扫荡”的战时情况下，使许多有分量的新闻报道真切地反映了当时的实际情况，总结了经验，指导性很强，显示了党报的观点鲜明、立场坚定的战斗风格。

太岳区的新闻出版事业，以太岳《新华日报》社为主体，得到了进一步的加强和发展，成为建设巩固根据地的一个重要方面。据 1945 年 1 月统计，全区出版图书 70 余种，印刷发行 21.5 万册，出版各种报纸 15 种，发行 56.6 万份。各地纷纷建起了读报组，广泛开展了读报活动。太岳区的新闻出版事业上了一个新台阶。

二、太岳《新华日报》由山沟进入县城办报时期

在 1945 年的上党战役后，太行、太岳从南到北连成一片。1946 年 1 月，太岳区党委领导机关迁到阳城县城内，太岳《新华日报》也随区党委搬迁到阳城县西关后沟村。从此，报社由山沟进入县城，驻地也稳定了。报社印刷厂设在附近的汉上村，用上了柴油机作动力，再不用工人绞动机器，大大减轻了劳

动强度。又过几个月后，电灯代替了麻油灯，给工作、生活都带来了方便，职工的伙食也有了改善。2 月，报社编印出版了 32 开铅印的《参考资料》。3 月，《新闻通讯》复刊。4 月，报社组建的端氏（沁水县端氏镇）新华造纸厂投产，日产麻纸万张，基本保证了印报印书的需要。接着又在晋城创建了新华造纸厂，在阳城寺河口建立造纸厂，在长治建立了采购处。为加强报社与新华社太岳分社的编采力量，区党委先后调入一批从事党的宣传工作和富有新闻报道经验的同志，分配到太岳《新华日报》社和新华社太岳分社及书刊出版部门，加强了新闻出版工作力量。这一年先后调来报社编辑部的有肖里、李绍勋、康丁、李林、苏平、张克勋等。与此同时，报社内部的机构也更加充实和健全了，报社成员包括：社长兼总编辑魏克明，副总编辑刘希玲，副社长梁涛然，秘书长兼经理部长贾茂亭，特派员金沙、江横（相当于副总编辑）。编辑有：徐一贯（后任编辑部部长）、贺笠、姚天珍、李林（女）、张赛周、李绍勋、康丁、肖里、苏平（女）。记者有：郑东、鲁生、张克仁、古维进、姚天纵、窦凯、李泽民、杨郎樵。通采科长戈锐，电务科长申健，资料室主任姚庆惠（后为赵毅民），发行科（对外称太岳新华书店）科长李德元。丛书编辑部部长邵文杰，编辑逯行、黎风、李古北、姚庆惠、墨遗萍、王甫、张剑平、任笃信、程曼、聂云挺。新华社太岳分社社长何微，编辑张瑾、张焕文。经理部下设有三个印刷厂和三个造纸厂，以及晋城、长治等地的办事处。随着解放区的扩大，太岳新华书店也遍布全区，由一个门市部发展到十几个分支机构。此时，报社已不仅只是出版报纸，而是成为集通讯社、出版、印刷、发行、造纸等多功能的新闻出版机构，全社人员也已多达 1000 多人。

抗日战争胜利之后，中国共产党根据全国人民在经历了残酷战争后的普遍愿望，曾力图避免内战，以争取和平的道路来建设一个新中国。但是国民党统治集团却坚持独裁和内战的方针，妄图抢夺抗战的胜利果实，中国人民的革命由反对日本帝国主义及汉奸、卖国贼的斗争，转变为对国民党反动派的斗争。在声势浩大的反内战运动的同时，掀起了轰轰烈烈的反奸清算、减租减息和大生产运动。通过反奸清算、减租减息运动，农民开始从地主手中取得土地。为了适应形势的需要，中共中央于 1946 年 5 月 4 日发出《关于土地问题的指示》（简称“五四指示”），把抗日战争时期实行的减租减息政策改为实现“耕者有其田”的政策，支持农民通过反奸、清算、减租、减息、退租、退息等斗争手段，从地主阶级手中取得土地。

太岳《新华日报》社紧紧围绕斗争形势，抓住党的中心工作，在1946年，对揭露国民党军队进犯解放区、破坏"停战协定"，对减租减息和开展大生产运动，对放手发动群众进行土地改革等问题，组织了大量的宣传报道。

1. 揭露国民党军进犯解放区，破坏"停战协定"的行径。1946年1月1日，报道本区各界代表150人于1945年12月29日举行反内战座谈会，一致要求政治协商会议立即制止国民党反动派进攻解放区，迅速结束国民党一党专政，成立民主联合政府，并电请政治协商会议实现人民和平愿望。1月13日，刊载中共中央主席毛泽东于10日签发的关于停止国内军事冲突之通告。17日，报道太岳纵队与太岳军区我军遵行中央停战通告，全区部队于1月13日22时起停止军事行动，同时报道了国民党军队违反"停战协定"，在同蒲南段的国民党六十一军、七十二师、四十八师共3200余人，于13日继续向我进攻，侵占我浮山县城。报社为准确报道国民党向我方的进犯，在8月、9月同蒲中段战役期间，先后组织两次同蒲前线记者团，由何微、金沙分别带队，参加的记者先后有张克仁、古维进、鲁生、李泽民、杨郎樵、郭充昌、朱言晋等，他们深入战地生活，撰写了多篇振奋军心民气的军事通讯和表扬英雄模范人物的报道，同时，还报道了翻身农民参军参战、拥军优属、踊跃支援前线的热潮。特别是金沙、杨郎樵和鲁生写的《天下第一军的毁灭》和有关陈赓、王新亭将军指挥临浮战役的通讯，既报道了八路军全歼胡宗南所谓"天下第一军"之第一旅的战果，又反映了陈赓将军诱敌深入、瓮中捉鳖的指挥艺术。9月26日，延安《解放日报》就临浮大捷发表了《向太岳纵队致敬》的社论，指出："这是晋南八路军继7月间消灭胡宗南军两个师，8月间解放同蒲中段270里，歼灭阎锡山军万余后第三次大捷。""这对于粉碎蒋介石进攻，争取国内和平民主，有其不可磨灭功绩。"前线记者团的同志们，在这几次采访中，既当记者，又当战士，既要领会指挥员的意图，还要深入连队生活。记者张克仁、杨郎樵，他们集记者、战士于一身，所以他们能够写出生动感人的新闻通讯。区党委宣传部为此曾发出通知，表扬张克仁和杨郎樵深入采访的模范事迹。这个通知曾刊登在报纸上，对所有采访人员和全区报纸通讯员都起了极大的鼓舞作用，这是铅印的太岳《新华日报》反映太岳区军民取得重大军事胜利，而得到区党委通报表扬的一次影响深远的宣传报道。它同石印的《太岳日报》和太岳新华分社在抗战最困难时期所反映的沁源军民围困敌人斗争的宣传报道一样，可以前后媲美。既作了系统连续的宣传报道，又突出地表现了太岳区工作在两个不同时期的最为明显的特色和特点。

2. 宣传反奸清算、减租减息和大生产运动。太岳《新华日报》记者金沙、姚天纵、古维进、郑东、鲁生、李泽民、王士元等，在这一年，不畏艰苦，克服困难，深入农村，深入第一线，对反奸清算、减租减息、组织起来开展大生产运动、发展经济、建设后方、参军参战、支援前线等方面的工作进行了重点采访和报道。他们写了大量的新闻报道和通讯。如1月13日，报道太岳行署为准备今年大生产运动，特邀请全区著名劳动英雄、生产积极分子、新解放区有经验的老农及各种建设人才、各级生产干部共121人，于7日开始举行生产座谈会。3月13日，报道晋城群众反奸反霸斗争，已在64个行政村、367个自然村结束。转入大规模生产运动等一批重点突出的新闻通讯报道，对教育提高太岳区广大农民思想觉悟、开展对敌斗争和大生产运动都起到了明显的作用。

为了进一步推动革命群众运动，4月1日转载《解放日报》社论《减租减息为一切工作的基础》。报道晋城八区干部克服自满情绪，深入减租，发动群众挖穷根，不到几天，即解决租田、债务、欠资、反恶霸等遗留问题207件。报纸就此发表短论，认为挖穷根是提高群众思想觉悟很重要的方法。

3. 宣传放手发动群众进行土改。1946年6月，太岳区党委召开各县县委书记、县长会议，传达党中央关于开展土地改革的“五四指示”，报社编委会同志也参加了这次会议。会后，全区的减租减息复查运动开始转向“耕者有其田”的土改运动。为了坚决贯彻“五四指示”的精神，报纸首先重点报道了访贫问苦、扎根串连和土地还家的诉苦说理斗争。具有重大历史意义的农村土地改革和农民群众的翻身运动，同保卫胜利果实的自卫战争结合在一起，揭开了人民解放战争的序幕。8月，国民党军进攻晋南解放区，激怒了全区广大军民。安邑、平遥、闻喜、新绛、曲沃、绛县、翼城、沁水、垣曲、临汾等10县的万余群众及大批民兵，踊跃奔赴前线参战，并出现了许多动人的模范事迹。有关报道，对全区军民以极大的鼓舞，广大农民边支前，边参战，边展开轰轰烈烈的土地改革运动。11月15日，刊载中共晋冀鲁豫中央局日前对太岳区党委的电示，要求认真进行填平补齐运动，实现多年来农民要求实现“耕者有其田”的愿望。

1947年，人民解放战争的形势已向更加有利于人民的方向发展。此时，太岳解放区的形势发生了很大的变化，全区军民经过艰苦作战，共歼敌5万余人，彻底粉碎了国民党军对太岳区的全面进攻，打破了国民党军妄图打通同蒲路的计划，使解放区的面积日益扩大。军事、政治斗争顺利发展的形势，要求太岳《新华日报》更好发挥党报的宣传舆论与指导工作的作用。1月17日，摘要刊登了本报编委会1946年报纸工作总结《接受一年来经验，把党报提高一步》，总结了一年来办报的五点经验：第一，必须有明确的群众观点，深入了解实际，实行采做合一，才能正确认识反映与指导现实；第二，地方报纸必须是名副其实的地方化；第三，要想办好党报，必须全党办报；第四，党报提高一步是建筑在全体新闻工作同志提高一步的基础上；第五，党报主要是掌握积极因素，主要是发扬群众的功绩与创造，引导大家向它学习，向它看齐。总结提出1947年的报纸工作方针是：进一步结合群众的思想实际、工作实际、生活实际，以加强党报在思想上、政治上、工作上的指导。要抓紧战争、生产、群众与文化翻身这四大工作，予以突出的连续的反映与报道。

随着解放区的扩大，1947年2月建立了新华社岳北支社，李蒙任社长，张赛周任副社长，窦凯为记者，崔人之为电台台长。

1947年3月1日，太岳行署颁发1946年文化奖金，奖励优秀文艺、新闻作品，优秀教材和优秀发明。报社魏克明、江横参加了评委会。其中获奖的模范报道13篇，获奖的新闻通讯有《河防堡垒杜八联》、《天水岭翻身记》、《焦五保战教结合》等;获奖的文艺作品有《安娘口歌》、《催粮差》、《挖穷根》、《胜败图》等；获奖的教材有《翻身四字经》、《中学实用算术》；获奖的文化器材有自制石印机等。

3月3日，报纸刊登了由魏克明撰写的《新闻报道的方向——向受奖通讯员学习》的文章。在这篇文章中，他分析了6篇新闻通讯的共同特点：一是以群众的先进思想克服了落后思想，即接触了群众的思想实际；二是以群众的英雄行动鼓舞了群众的情绪；三是以群众的创造指导了群众的行动。

太岳区党委很重视新闻通讯工作，不断对新闻报道工作提出具体要求，一再强调“全党办报”的精神是经常的政治任务。1947年4月1日，是《太岳日报》改为太岳《新华日报》3周年纪念，区党委宣传部长李哲人为报纸改版

3 周年纪念撰写了《进一步联系群众与实际》一文，太岳军区副司令员孙定国撰写《开展当兵的立功运动》，他们的文章均刊登在当日的报纸上，李哲人同志的文章对怎样做到全党办报、怎样为大家服务，提出了指导性的意见。对全党办报的 5 点意见是：（1）每个干部与党员，必项了解为党报写稿、关心党报是自己的光荣任务；（2）各级党委与各级系统的负责同志，必项亲自动笔，为报纸写稿；（3）要动员帮助别人来写；（4）要有计划地发展、培养工农兵通讯员，各级宣教工作同志必须把发展教育通讯员当成自己的经常工作之一去做；（5）开展写作上的立功运动。对报纸怎样为大家服务，提出：（1）确认联系群众与实际是报纸进步的方向；（2）不论编辑、记者都要轮流下乡，参加实际工作；（3）要抓紧中心工作，参加中心工作，一面做，一面想，想成熟就写；（4）既要抓紧工作典型与英雄事迹模范人物的报道，又有定期综合报道。4 月 13 日，报纸又刊登了太岳区党委宣传部关于报道新解放区的指示。其主要内容是：（1）揭露蒋阎军卖国、独裁、内战的阴谋罪行。（2）宣传我军胜利消息。（3）宣传我党为人民服务的各种政策。（4）宣传我党实行土改的主张。

1947 年 7 月 1 日，区党委召开直属机关党员大会，纪念中国共产党诞辰 26 周年。区党委秘书长卫恒介绍了直属机关开展立功运动的情况后，号召全体党员向太岳新华分社电台马达工人魏培旺学习，报纸及时发表了开展立功运动的短评，并介绍了魏培旺的事迹。7 月 15 日，区党委宣传部发出通知，表扬新华社太岳分社前线记者团张克仁、杨郎樵。他们亲自参加战斗，深入火线采访；深入群众，发现典型，写作上大有进步；他们帮助部队工作，密切了与部队的联系。区党委认为，一年来新闻出版事业有了蓬勃的发展。在自卫战争和土地改革的血与火的斗争中，新闻工作者写出了许多优秀的新闻报道作品，对宣传党的方针政策，传播胜利消息，教育和鼓舞群众，协助领导机关指导实际工作，起了重要的作用。在 9 月 1 日记者节会议上，区党委拨出 20 万元，表彰了模范通讯员 5 人，模范通讯组 10 个，表彰了《垣曲二区反倒算》、《焦五保战场互助组》、《王庄发扬民主解决干群关系》、《晋城九区五成年景争取八成收》、《一望无际的炮兵行列》、《高辉达战斗队》、《霍县地雷显神威》、《尚清富的飞行爆炸队》等 63 篇优秀新闻报道作品。同时号召新闻工作要戒骄戒躁，继续奋斗，要进一步查思想，查“客里空”，树立全心全意为人民服务的思想，努力办好战争时期的新闻出版工作。这一天，报纸增刊两版，刊登了《晋绥日报》编辑部文章《不真实新闻与“客里空”之揭露》，新华社社论《学习晋绥日报的自我批评》，新华总社编辑部文章《锻炼我们的立场与作风——学习晋绥日报访查工作》。同时刊登了太岳《新华日报》编委会联系本报的实际而写的《彻底消灭“客里空”》的文章。这是在伟大的土地改革运动中，解放区新闻界开展的一场反“客里空”运动。这场反对弄虚作假、捍卫新闻真实性原则的群众运动，对于革命新闻事业的健康发展产生了深远的影响。太岳《新华日报》以及太岳区的新闻工作者在这场运动中，经受了深刻的教育和锻炼。大大提高了对新闻真实性问题的认识，新闻报道中的不真实现象基本上得到克服，党报在群众中的威信也大大提高了。

太岳区党委、行署在“九一”记者节之后，先后拨出70两黄金扩建印刷厂和5千瓦柴油机一部，在经济上、物资上给予太岳《新华日报》很大的支持。使报社的印刷厂具备了相当规模，用上了电力发动，生产能力大增，报纸书籍均用新铸的铅字排印，印刷质量有了很大的提高。报纸印数从3000余份增至16000余份。这一年，也是太岳《新华日报》进城办报以来，书籍出版突飞猛进的时期，出版发行了《马克思恩格斯文选》（精装、平装两种）、《列宁主义问题》、《马恩列斯毛论农民土地问题》、刘少奇著《论共产党员的修养》和《论党》，以及时事政策、小说名著、通俗读物等88种，其中有些书还发行到豫陕新解放的地区。12月份，编辑、工人发挥了极大的政治热情，紧密配合，克服困难，首次出版发行了精装、平装两个版本的《毛泽东选集》。革命事业的发展，要求广大干部尤其是高中级干部系统学习，从根本上提高马克思主义理论水平、毛泽东思想水平和掌握党的路线方针政策水平，大批马列精典和毛泽东著作的出版，为全区广大干部群众提供了丰富的精神食粮，繁荣发展了太岳区的文化出版事业。

1948年，人民解放战争已转入战略进攻阶段。2月，徐向前将军率部6万人，在30万民兵配合下，发起临汾战役。历时72天，歼灭国民党军2.5万余人。至此，晋南全部解放，临汾战役解放了国民党在晋南盘踞的最后一个重要城市，使太岳和吕梁地区连成一片。临汾战役发起之后，报社组成记者团，古进维、李泽民、郭允昌，在张克仁率领下赴前线采访。5月29日，报道徐向前将军谈临汾战役胜利时指出：“后方人民支援前线立了第一功，部队英勇顽强学会攻坚本领。”还指出：“阎军保不住临汾，也就保不住太原。”临汾守敌被歼灭之后，阎锡山为控制晋中，确保太原，将其全部兵力的5个军、13个师用于防守同蒲路忻县至灵石段，组成“闪击兵团”，机动应援，并准备在麦收时进行抢收、抓丁，以解决其粮食、兵员的不足。当时晋中流传着这样的歌谣：“麦子麦子你不要黄，黄了也不够老阎抢，风里来，雨里去，一年辛苦为谁忙!”“甚时见太阳（指共产党）才能还完阎王的账。”生动地反映了人民群众对阎锡山的痛恨和渴求解放的愿望。为了保卫晋中麦收，解放晋中人民，削弱阎锡山的力量，创造解放太原的有利条件，在徐向前将军的指挥下，于1948年6月18日发起晋中战役。经过军民浴血奋战，解放了晋中大片土地。晋中战役发起之后，新华社太岳分社记者郑东、岳北支社记者张春旬随军采访。参加军事报道的记者，既是记者，又是战士，既要领会指挥员的意图，又要参加战地战斗的生活。他们冒着生命危险，深入新闻采访的第一线，将胜利的消息不断发表于报端。他们在战地新闻报道工作中的表现，充分体现了人民记者的战斗风格，受到党政军民各界的赞扬。

随着全国解放战争战略反攻形势的发展和新解放区的不断扩大，为了动员更广大的农民群众支援大规模的革命战争，进一步在太岳全区实现民主革命的基本任务，太岳区从1947年下半年开始，在贯彻执行“五四指示”的基础上，又根据全国土地会议的要求，深入开展了以彻底消灭封建剥削制度、满足全区农民土地要求为内容的土地制度改革的运动，并结合土地改革进行整党。1948年1月份，太岳《新华日报》社在区党委的统一部署下，开展了以“三查”(查阶级、查工作、查斗志)、“三整”（整顿思想、整顿组织、整顿作风）为内容的整党运动。通过整党，报社领导与干部在思想上澄清了许多糊涂认识，明确了依靠贫农、巩固地联合中农、消灭封建剥削制度的正确性，深刻认识了“左”倾错误的思想根源和危害。并结合新闻报道工作，检查了在报道中对“贫雇路线”盲目性宣传和客观主义的倾向。端正了在整风“三查”中一度发生的“左”的偏向。为总结土改和整党工作的报道，明确了思想，端正了政策。为此，报社在整党基础上，于6月10日在报纸上公开刊登了《五月初以前太岳〈新华日报〉执行政策的检查》，同时编委会作出了《进一步贯彻群众化的方针》的决定。决定指出：“报纸的群众化，就是报纸要满足群众的要求，使群众感到你是在为他们自己办报，感到报纸是他们自己的。”“满足群众的要求，要从两方面去作：一方面是要反映群众的疾苦，群众的意见，群众的生活，斗争和经验创造；一方面向群众宣传解释党的方针、政策和各种主张，去提高群众，组织群众，领导群众。这二者是不可分离的，因为党的政策，就是群众意见和要求的集中表现，并不断根据群众的意见和要求，来补充修正政策。因之，这两方面不可缺一，缺了前者，就会脱离群众，成为官僚主义的报纸，缺了后者，就会跟上群众跑，成为尾巴主义的报纸。”决定还对群众化的具体内容、形式、技术、组织等问题作了详细明确的规定。

1948 年 9 月，报社传达了刘少奇等对华北记者团的讲话，编辑部对照讲话的精神，围绕新闻工作深入实际深入群众的问题，进一步作了深刻的检查。太岳区党委书记顾大川还到会听了同志们的发言，并作了重要讲话。顾大川针对报纸存在的问题，即如何克服报道的孤立片面问题、关于收集材料与写作问题、关于批评与教育问题、关于工作指导问题、关于全党办报的问题等作了具体指示。顾大川书记的指示和编委会作出的贯彻群众化方针的决定，使太岳《新华日报》社进一步打开了思想大门，加强了对通讯网络的建设和对通讯员队伍的指导。并奖励了模范通讯组与通讯员 23 个。

1948 年 12 月，太行《新华日报》社成立党报工作委员会。党委成员有金沙、徐一贯、梁涛然、苏平、贾茂亭。金沙任书记。

在解放战争进入战略反攻阶段之后，为了进一步发挥根据地对全国解放战争的支援作用，也为了迎接新中国建立之后各项建设事业的新高潮，太岳区派遣大批干部奔赴全国各地，支援新区的开辟和建设工作。太岳区新闻界自从 1945 年调石果去东北、刘希玲去南方之后，从 1948 年下半年开始，太岳《新华日报》社主要领导和部分骨干也逐渐调离报社。1948 年 7 月，为迎接接管大城市报社和进入大城市办报的需要，江横、何微、张瑾 3 人调离报社。江横、何微先调到《山西日报》和新华社山西分社工作。同年 12 月，江横又从《山西日报》社调到华北《人民日报》准备进北平。1949 年 1 月，魏克明、姚天珍、贺笠、古维进、姚天纵、戈曼、李泽民、戈锐等先后调到华北《人民日报》社。调到《晋南日报》的有任保嘉、马如飞等。

魏克明（1908—1982），湖北省均县人，1929 年在家乡参加革命，1937 年加入中国共产党。

抗日战争爆发后，他在晋东南抗日根据地战斗多年。他从 1939 年起从事党的新闻工作，是杰出的无产阶级新闻战士。魏克明曾任《战斗日报》总编辑、《黄河日报》总编辑、《新华日报》（太行版）副总编辑、《新华日报》（太岳版）社长兼总编辑。他以笃厚纯朴著称，对党对同志怀有深厚的感情，他忠于党，忠于人民，忠于党的新闻出版事业。他经常说：新闻报道要绝对真实，编写出的每篇文章要经得起实践和历史的考验。对新闻报道和采访工作，他要求编辑、记者作深入的调查研究，要亲自动手，发掘问题，尽量获得第一手材料。他的组织观念强，能认真执行区党委的指示和决定，不固见解不同而自作主张。他独立思考，不骄不躁，寓热情于冷静之中，一丝不苟。每天工作到深夜，第二天早上还要坚持集体学习。他要求编辑、记者要刻苦自学，努力提高思想文化素质，才能适应新闻工作的需要。在思想作风上，他处处以身作则，不搞特殊。他患有胃病，却从未因病休息。他以高尚的道德情操、忘我的工作热情来影响和带动全报社干部职工努力工作。

十年来，他在晋东南这块革命根据地的战火纷飞和艰苦的环境中，为晋东南根据地新闻出版工作的建设作出了重要的贡献。

第三节 《新华日报》(太岳版)恢复原名《太岳日报》时期

人民解放战争由战略防御转入战略进攻之后的 1949 年，解放战争已在全国取得伟大胜利，太岳区的运城、临汾相继解放后，晋中决战，歼灭国民党阎锡山正规军、非正规军等 10 万人，晋中县城全部解放。人民解放军兵临太原城下，这时人们天天都在迎接胜利的消息，当报纸刊出解放大城市的消息时，人们奔走相告，欣喜若狂。

为保持地方性报纸的特色，并区别于《新华日报》是中央分局一级党报的报名，经太岳区党委决定，太岳《新华日报》于 1949 年 4 月 1 日恢复原名《太岳日报》。社长梁涛然，总编辑徐一贯，副总编辑张赛周、苏平，贾茂亭仍为经理部部长。这时战争向国民党统治区推进，大城市不断解放，频频传来胜利消息，解放区的经济文化建设事业以及各方面工作迅速发展，也都需要及时报道。但因地方干部（包括报纸通讯员）大批南下，报纸通讯网大都解体，再加上纠正宣传报道中的“左倾”偏向之后，进一步要求加强报纸的党性和思想性，于是报纸出现了严重“稿荒”的现象，选作头版头条的地方新闻都成了难题，这就需要依靠记者、编辑的采访，直接供稿。但这时报社编辑部由于一批骨干力量如李林、李绍勋、康丁、肖里、张克勋等先后调离，编辑部的力量削弱，而编辑部工作任务又十分紧张繁忙，在鲁生、窦凯、王士元、牛项良、郭允昌等少数几个编辑、记者的积极努力下，不辞劳苦，克服困难，抓住重点，深入实际进行采访，才克服了地方新闻的“稿荒”现象。

这一时期，全区的工作中心已由结束土改整党转向互助主产、战争支前。报纸为加强结束土改、整党和生产互助的宣传报道，几乎每篇报道都配有短论或评论，更有力地发挥了报纸的指导作用。报道地方新闻的重大稿件，都要在排出清样时送区党委书记顾大川审阅，他对稿件或加批示，或写短评、评论，有时稿件急发，来不及送清样，他在看大样时即按事发挥，写成短论送来，并及时付排。地方报纸的稿件发稿，还要顺从全国性的军事和重大政治新闻的编排，这是当时革命胜利来到时宣传报道工作异常紧张的客观现实，因之，稿件更换增多，编辑和工人常常是夜以继日、通宵达旦地加班工作。

《太岳日报》为克服“稿荒”现象，除一方面调动自身编辑、记者的积极性外，另一方面又积极配合地方党委发展组建新的通讯员队伍，报社抓住太岳一地委《关于加强通讯工作的决定》作了宣传报道。这个“决定”要求每个地区指定3人，县级各单位指定5人为固定通讯员，经常为报纸写稿。

当时，报道工作上遇到一个新情况，就是解放战争的节节胜利，一派大好形势，要求报纸突出报道的内容多，但报纸版面有限。为解决新闻量大、版面有限的矛盾，编辑部采用了精编的方法，加上醒目的标题，给读者以突出的印象，因而编辑、排字、校对等的工作量都增加了，在宣传报道任务紧急繁重的情况下，全报社工作人员以高度的政治责任感，发扬艰苦奋斗、团结战斗的革命精神，有条不紊地完成了各自的工作任务。

在新形势下，广大人民群众和干部，对看书学习的要求日增，社长梁涛然狠抓出版工阼，还亲自策划选题、组织编校，出版了《马克思及马克思主义》、《列宁主义》、《列宁文选》等经典著作。在他的带动下，还出版了政治、经济、文化、教育等方面的书籍。据太岳新华书店统计资料，1至4月出书60种，印制发行412600册，平均每月出书15种，103150册，基本上解决了干部学习和小学教科书的供应问题。

1949年8月1日，华北人民政府发出重新调整行政区划的通令，宣布撤销晋西北、晋南、太行、太岳、太原5个行政区，恢复山西省建制，省会为太原。8月19日，中共山西省委、山西省人民政府、山西省军区在太原宣布成立。8月22日，太岳行政公署停止办公，所属各专署同时撤销。8月23日，太岳区直属机关干部和阳城万余群众集会，举行临别欢送，并庆祝山西省统一领导机构的建立。中共太岳区党委常委、组织部长郭钦安，太岳军区司令员曹普，太岳行政公署秘书长卫逢祺等代表太岳区党、政、军领导机关，向阳城人民告别，对几年来领导机关驻扎阳城期间，得到阳城人民群众的热情支持与帮助，表示真诚的敬意，并对阳城人民热忱的欢送表示感谢。23日，《太岳日报》对这次盛大活动作了突出的报道。至此，太岳革命根据地完成了它光荣而伟大的历史使命，宣告胜利结束，《太岳日报》随同太岳区党委历史任务的完成，也于8月23日奉命停刊。这天刊登的《太岳日报》社、新华社太岳分社的结束工作启事称："随着华北行政区划的变更，本报暨太岳分社奉命于今日结束工作。这是《太岳日报》与大家最后一次的见面。几年以来，太岳区党报及太岳分社在中共太岳区党委直接领导下，得到各地党委、各级领导机关、全体通讯员同志以及广大读者的关心和爱护，多方面予以指导和帮助，使本区新闻报道工作能够顺利完成它所负担的历史任务，现当本报终刊及本社结束之时，特向各地党委、各级领导机关、全体通讯员同志及广大读者，致以热忱的敬意。"报社和分社结束后，张赛周、鲁生、崔人之等调北京工作，徐一贯带领部分干部到太原筹办《山西农民》报。

《太岳日报》创刊于抗日战争的最困难时期，在游击办报的情况下，为太岳区的新闻出版工作做出了不可磨灭的成绩。改版后的《新华日报》（太岳版）则是处在对日反攻和解放战争胜利发展的时期，也是报纸发展的鼎盛时期，这一时期，进一步锻炼和培养了新闻出版工作队伍，为迎接大城市解放后的办报工作输送了一批新闻出版工作的骨干。

《太岳日报》——《新华日报》（太岳版）——《太岳日报》，前后历时共计9年零3个月，出版石印的《太岳日报》369期，铅印的《新华日报》（太岳版）856期，铅印的《太岳日报》85期，共出刊1310期，出版图书460种，出版期刊9种。可以说，这个报社出版的每一期报纸、每一种图书和每一种刊物，都浸透着报社全体人员艰辛的劳动和血汗。特别是在血与火斗争的日子里，先后有9位同志牺牲在太岳区的土地上，有4位同志因工作繁忙、生活艰苦，积劳成疾病故在革命工作岗位上，他们虽已长眠在太岳的土地上，但他们的革命精神将永远活在人们的心里。

第四节 报社与新华社太岳分社关系及电台工作

新华通讯社太岳分社在《太岳日报》通联科基础上于1942年3月1日成立，在建制上和报社一样，同为区党委直接领导。金沙任社长，江横任副社长。记者有石果、黄维达、郑东、张艾如等。分社通联科由黎锋负责。

当时报社的电务科，虽有发报机，但因没有足够的发电设备，只能为报社抄收新闻，不能向延安新华总社发稿，所以没有移交给太岳新华社。而分社记者采写的一些重大新闻、通讯，除在《太岳日报》刊登外，只能托人把稿件捎到延安《解放日报》。江横写的有关沁源围困斗争的一批通讯和反映太岳区其他工作方面的通讯，就是在1943年交由原区党委书记安子文在赴延安时捎过去的。其中有著名的通讯《没有人民的世界》、《百炼成钢的沁源人民》等多篇。报纸的通讯网，还是在《太岳日报》时期，就在全区党政军机关及人民团体和各县有了初步的发展和基础。分社成立后，全区通讯员网络已经形成，几乎区县以上的干部都成为骨干通讯员，经常为报纸写新闻通讯。如史怀壁、苏平、史琳琪、洛寒（韩洪宾）、李林、康丁、曹英、张剑平等。其中，苏平、李林、康丁、张剑平等后来还在报社担任了编辑、记者。

1944年春，石印的《太岳日报》准备改为铅印的太岳《新华日报》，为了集中力量办好铅印报，区党委便决定太岳分社和报社合并，对内是报社的通采部，对外仍保留分社名义。因为分社建制取消，原正副社长金沙、江横即改为报社的特派员（未合并前，江横就兼任报社的特派员），通讯联络部部长为王佩林。同年10月，王佩林牺牲后即由何微接任其职务，通讯联络部则改名为通采部。通采部下设三个科，编辑科科长张瑾，通采科科长张克仁（后为戈锐，牛项良），电务科科长申健（后为崔人之）。

1947年，随着解放区的扩大，新华社太岳分社成立了岳北支社（驻沁源）、晋南支社（驻闻喜），张赛周、徐一贯分别为支社负责人。各支社均配有电台一部，可及时向太岳分社发稿。1948年6月，晋南同蒲路以西地区划归晋绥区后，新华社晋南支社和《晋南人民》报停办，徐一贯率领王存厚等电台人员返回报社。同年 12 月，新华社岳北支社结束，张赛周、李广久、崔人之等返回报社工作。晋南、岳北支社结束后，报社派窦凯为一分区（沁源）常驻记者，鲁生为四分区（晋城）常驻记者。

在抗日战争和解放战争两个时期，新华社太岳分社的工作成绩是相当突出的。特别是围困沁源敌军和同蒲中段三次战役中的宣传报道，都是分社负责人亲临前线深入采访的。他们写的通讯不仅在当时受到根据地军民广泛的好评，而且党中央机关报《解放日报》还为此发表了社论。

《太岳日报》社和新华社太岳分社从 1944 年合并后，一直到 1949 年 8 月 23 日奉命同时结束，并联合在《太岳日报》刊登了结束工作启事。

新闻电台在新闻报道事业上是很重要的必不可少的工具。在抗日战争中，各个根据地被敌人分割、包围，很难了解风云变幻的新闻。有了新闻电台，就能及时全面了解党中央和各个根据地的新闻。《太岳日报》和新华社太岳分社的电台是一身兼二任的工作单位，它为《太岳日报》抄收电讯，它向新华总社发稿。它由小到大，由设备简陋到较为齐全。在艰苦的战争年代，电务人员在报社和分社的统一领导下，吃大苦耐大劳。表现了坚韧不拔的革命精神。为及时、准确、全面传播新闻做出了很大的成绩。

《太岳日报》创刊时即设置了电务科，报社电务科的人员是 1940 年 1 月《黄河日报》复刊时由决死纵队调给报社的。这些人员原是晋绥军电务处拨给决死纵队的。他们思想比较落后，没有经受过战争的考验。电务科长申鸿俊有电务专长，工作也很努力，但仍有一些旧的嗜好，经领导的耐心帮助教育，自觉改造进步很快，改变了旧的恶习，因而刘希玲给他改名为申健。其他几名报务员先后逃跑或请假不归了。报社领导深感电务工作没有骨干不行，就将郭允昌从通联科调到电务科，郭允昌在申健的培养帮助下，经半年时间就能单独上机抄报了。报社领导看到半年就能培养出一个熟练的报务员，决定调进人员，进行培养，先后调进崔人之、张秉益、聂天保、邢子明、徐元林。1941 年从华北《新华日报》社电台调来技术熟练的报务员张谔后，电务科的技术力量就逐渐加强了。

太岳根据地在日军的频繁“扫荡”中，电台工作困难重重，当时只有一部收报机，是报社最珍贵的物资，在多次转移战斗中，电务人员说：没有了命也得保护好这台收报机。由于敌人的封锁，电讯器材奇缺，为了保证电台正常运转，不断从敌占区买来真空管、AB 电池、漆包线、插头等零件。电务人员对每一个零件都十分珍惜爱护。

报社电务科成立后就没有马达，只能收报，不能发报，一些重要新闻难免漏掉，也无法让新华社补发，本区的重要新闻也不能及时传播到各抗日根据地。为此，社长魏奉璋向陈赓将军汇报，要求军区拨给报社一部马达。1943 年 9 月，军区将经过二万五千里长征的一部 2.5 千瓦马达拨给报社，还调来三八六旅电台报务员廉志纯任发报台台长，并派来一名红军战士李文彩任摇机班长，陈赓将军赴延安学习时将联络的呼号、波长、时间带给延安新华总社。由于发报台的信号微弱，连续呼叫一个月也未得到总社的回答。在此情况下，廉志纯毫不气馁,继续不断地呼叫,终于在 1944 年 3 月的一天,听到了延安总社的回答，大家欣喜若狂，从此，可以用新华社太岳分社的名义向总社发报了。

1947 年春，电务科的工作范围进一步扩大，设有三个电台，岳北支社、晋南支社各配备电台一部，前方记者团也派有 5 人参加。这时太岳分社除收总社新闻外，还要与晋冀鲁豫总分社、各支社、前方电台以及与陈赓兵团挺进豫西的电台联络，电务工作十分紧张。在此情况下，又一次充实电务人员队伍，从部队调来报务员傅小春、王存厚，从报社培训班调来王莉、刘云。上党战役后又吸收晋绥军的报务员高焕章、吴普福，这时电务人员由最初的两三人发展到 30 余人。

在艰苦残酷的战争时期，电务人员边战斗边工作，涌现出了一批电台工作业务技术能手。他们对工作充满热情、极端负责，对技术精益求精。一些电务人员不翻看明码本，3 分钟内可译出 100 个汉字，在抄收电报时，只要在正常情况下，坐在一旁，随口就能背诵出汉译电文，一些电稿如果缺一两个字也能揣测出来。

在战争年代，不管工作、生活条件怎样艰苦，电台的同志们都千方百计克服重重困难去完成任务。历次的反“扫荡”，在频繁转移的游击活动中，黑夜行军、白天工作，白天行军、夜间联络，十分钟内架好天线，从不让红色电波中断。摇机员魏培旺当民兵时脚上挂过彩，行动不便，1946 年春解放侯马时，正值春节前夕，数九寒天大雪纷飞的晚上，他和郭万功冒着严寒，在10 分钟内就上房把天线架设好，保证了第五执行军调小组在侯马“三人小组”谈判的消息及时发回分社。二打运城时，分社的一个台设在晋城东沟村，报社来电要求4天内赶到闻喜县，参加解放运城战役。魏培旺和赵树德披星戴月，冒着严寒，两人轮流背着机器如期赶到闻喜。由于国民党青年军增援运城，电务人员随军沿着山路向霍县一带转移，途经洪洞苏堡镇宿营时，电台正往分社发《天下第一军的毁灭》通讯，突遭敌机轰炸，台长问培旺："是否暂停发报?"培旺坚定地回答："继续发!"使这一胜利消息及时发回分社。他在摇机时吐过血，但从不告诉别人，仍然坚持工作。1947年7月1日，中共太岳区党委在阳城召开直属机关党员大会，隆重纪念中国共产党成立26同年，区党委秘书长卫恒号召全体党员向太岳新华日报社摇机员魏培旺同志学习，并称赞他是机关人员立功的模范。太岳《新华日报》为此发了评论，并以《机关人员立功的方向》为题，介绍了他的模范事迹。同年"九一"记者节纪念日，太岳《新华日报》的特刊上，刊登了张赛周写的《模范电务员崔人之》的通讯，介绍了崔人之在岳北支社工作的模范事迹。紧接着9月23日，又刊登出新华社晋冀鲁豫总分社对太岳分社的通报表扬的公报，全文如下：

各分社负责同志暨电务工作同志：

一年来，太岳分社电台的工作是很好的，他们效率高，不压报，作风好。他们的经验是：（一）联系台固定两位同志，便于精通业务。（二）重视技术的教育，如他们一位同志，每分钟可发160个字码，收报能力也高，手续简明。（三）注意遵守联络时间及其他纪律。今特通报表扬，并望各分社同志向太岳学习。

太岳《新华日报》社、新华社太岳分社的电台和工作人员，在3个月中就受到了3次褒奖，成为报社和分社的先进单位。早期参加电台工作的一批小同志，后来都逐步锻炼成长，成为新闻电台的主力军，先后担任了台长和报务主任等职务。

第五节　《太岳日报》与太岳区文化事业的关系

《太岳日报》在太岳抗日根据地的文化战线上，是新文化的传播者，是抗战文化的宣传队，在对敌斗争中起了重要的作用。

从报纸和文化事业的关系来说，它们虽是两个不同的系统，但在当时物质条件和文化干部缺乏的条件下，太岳区文艺、文化事业的发展，一直得到报社人力和出版发行方面的直接参与和帮助。《太岳日报》创刊后，1941 年成立的“沁河文艺协会”的理事长，就是由报社编辑江横兼任的，“沁河文艺”副刊，也是《太岳日报》定期开辟的一个文化园地。直到 1942 年 6 月 27 日，“沁河文协”更名为“中华文协太岳分会”，并进行了改组，由张赛周任理事长。1946 年成立的“太岳文化界联合会筹委会”的主任，也是报社副总编辑江横兼任的，同时他还兼任《太岳文化》的主编。报社的编委魏克明等也大多是《太岳文化》的编委。《太岳文化》的发行，也由太岳新华书店统一办理。由此可见，大岳新闻出版事业和太岳文化事业两者的发展是紧密联系在一起的，这是太岳区新闻出版事业发展史上的一个最大的特色。

为推动发展根据地的文化事业，以面向大众，面向乡村，充分利用报纸宣传舆论工具，仅 1941 年就连续发表多篇文章。1941 年 3 月 27 日，发表社论《开展群众的文化娱乐活动》。5 月 3 日，发表了《新文化与大众结合起来》的社论，并以文学形式宣传抗日斗争涌现出来的杀敌英雄的事迹。同年 4 月，先后刊出沁源秧歌《药彦明打鬼》，报告诗《囤粮歌》、《选村长》等。1944 年，报社成立丛书编辑部后，出版了小说、诗歌、剧本等文学艺术书籍 100 余种，如李季著《王贵与李香香》，孙谦等著《民兵英雄故事》，赵树理著《李有才板话》、《小二黑结婚》、《福贵》，马烽、西戎著《吕梁英雄传》，关守耀著《挖穷根》，苏一平等著的秧歌剧《红鞋女妖精》等。报纸的副刊和出版的文学艺术书籍、刊物，丰富了战争时期广大群众的文化生活，激励着广大群众对敌斗争的热情，起到了重要的作用。抗日的群众运动，促进了文化运动，而报纸的宣传报道，出版的书籍、刊物又推动了新文化运动的发展。

第三章
太岳《新华日报》和太岳新华书店的出版发行工作

第一节　报社和书店的关系及其出版工作

太岳《新华日报》作为太岳区的党报，从它创建起就一直关注和指导着全区出版事业的发展，9年多来，太岳《新华日报》社和太岳新华书店的出版发行工作，也是由小到大、由北向南逐步建立和发展起来的。报社和书店在机构上，虽然9年多里有分有合，但出版发行工作一直是在报社直接或间接领导帮助下发展的，始终是一个战斗的整体。

1940年6月7日《太岳日报》创建后，在其经理部下设发行科，负责报纸的发行工作。1941年1月，报社以太岳书店名义在沁源城设立门市部，负责报纸和少量图书的发行。同年3月20日，太岳交通局成立，报纸的发行即交给交通局。

1942年2月至3月，太岳日报社的印刷、发行部和太岳文化出版社的印刷部分合并，正式成立了单独建制的太岳书店，由区党委宣传部直接领导，驻于沁源城南关史家沟，经理姜时彦，副经理魏汉卿，指导员阎子琦。从此，太岳书店承担起报纸、书籍的印刷、发行和其他机关团体的刊物杂志、布告、宣传品的印刷。在组织机构方面，设置了工厂科、会计科、发行科、总务科，任命柳群、籍步庭、晋振华、李德元、杜文彬等为各科科长。1942年到1943年印刷主要靠石印，只有一台老掉牙的铅印机和一副老五号字架，书店基本上没有出版书刊。

1944年4月1日，《太岳日报》更名为《新华日报》（太岳版），同日，太岳书店再次与报社合并，太岳书店同时也更名为太岳新华书店，成为报社经理部下属的一个单位，书店经理为李德元。与此同时，报社成立丛书编辑部(对外为太岳新华书店编辑部)，开始编辑出版书籍、杂志，使出版发行工作进入一个新时期，报社成为太岳区的主要出版机构。

第二节　建立丛书编辑部，出版工作变被动为主动

太岳新华日报丛书编辑部（对外称太岳新华书店编辑部）是根据太岳区抗日斗争开始局部反攻的形势发展需要，随着《太岳日报》改为《新华日报》(太岳版)，石印改为铅印，于1944年4月1日正式成立的。丛书编辑部内又分为编辑部、资料室。

从书编辑部部长何微，编辑有姚庆惠（兼资料室主任）、张瑾，通联工作由资料室的史林壁、刘凤岐兼管。同年11月，部长何微、编辑张瑾调新华社太岳分社工作后，区党委又调高志华任丛书编辑部部长，并先后调逯行、黎风、王甫任编辑。1945年2月，高志华病逝后，工作由副部长姚庆惠主持。接着又调来美术编辑程曼、聂云亭。同年11月，区党委又调由延安来的邵文杰任部长。1946年7月，邵文杰调豫西工作，部长由报社副社长梁涛然兼任，直到1949年8月报社终刊。先后在丛书编辑部任编辑的有汪笃信、李古北、张建平、安培一等人，从事资料工作的有高峰、冯玉玺、李如轩、赵毅民、朱栋梁、毛淑兰、程光、韩钟昆等。

太岳《新华日报》和太岳新华书店，在1944年以前没有专事书刊的编辑机构和编辑人员，出版工作受到很大的局限，只能印刷布告、文件和少量翻印其他解放区出版的书籍。书店发行的图书主要是太行区出版的图书。由于日军的封锁、割据，在时间上和数量上都不能满足太岳区军民对图书的需要。丛书编辑部成立之后，改变了出版工作的落后面貌，使出版工作进入一个新时期。这时，太岳《新华日报》社和太岳新华书店成为太岳区的主要出版机构，肩负起出版工作的重任。仅1944年丛书编辑部成立之日起至年底的8个月内，就出版书籍31种，编辑出版《工农兵》杂志6期，每期发行量都在2000本以上。

丛书编辑部十分重视大众化、通俗化政治读物的出版，积极配合党在各个时期的中心工作编辑出版或翻印图书。如在党的第七次全国代表大会之后，将

毛泽东《论联合政府》、朱德《论解放区战场》、刘少奇《关于修改党章的报告》等的报版改排为书版，把党中央的声音及时传播给广大干部群众；在干部系统学习马列主义时，出版了《共产主义运动中的“左”派幼稚病》、《共产党宣言》、《国家与革命》、《在民主革命运动中社会民主党的两个策略》、《新民主主义论》、《帝国主义是资本主义的最后阶段》、《社会主义从空想到科学的发展》、《领导工作与作风选集》、《毛泽东选集》、《列宁文选》、《辩证唯物主义与历史唯物主义》、《列宁主义问题》等。

在第三次国内革命战争时期，国民党发动全面内战，妄图抢夺抗战的胜利果实，中国人民的革命由反对日本帝国主义及汉奸、卖国贼的斗争转变为反对国民党反动派的斗争，丛书编辑部配合斗争形势，及时出版了《评国民党二中全会》、《我们一定能胜利》、《人民公敌蒋介石》、《一致起来反对内战》、《粉碎蒋介石的进攻》、《全面抵抗》、《蒋军必败》、《美国在中国干什么》、《美国在中国玩的什么把戏》、《准备大反攻》、《恐惧与无畏》、《勇敢前进迎接胜利》等书籍，从思想上武装了解放区军民。

太岳区从1947年下半年开始，在贯彻执行“五四指示”的基础上，深入地开展了以彻底消灭封建剥削制度、满足全区农民土地要求为内容的土地制度改革运动。为此，丛书编辑部出版了《中国土地法大纲》、《土地改革参考资料》、《论查田运动》、《怎样划分农村阶级》、《湖南农民运动考察报告》、《中共中央关于1948年土地改革和整党工作指示》、《中共中央关于在老区半老区进行土地改革和整党工作的指示》、《土地改革中的几个问题》、《耕者有其田》等书，及时地发行到各县工作队和广大群众手中。

随着解放战争的胜利，解放区的不断扩大，为迎接新中国的诞生，区党委号召广大干部要学习理论，学习文化，提高知识水平。于是，丛书编辑部又出版了《目前形势和我们的任务》、《我怎样学习》、《经济建设文选》、《政治经济学》、《社会科学简明教程》、《社会发展史》、《中国职工运动简史》、《向列宁学习工作方法》等。与此同时，丛书编辑部根据区党委的提示，还出版了大量的文学艺术作品和学生用的课本。

丛书编辑部从成立起，就注意了发展通讯员和作者。他们掌握着全区100余个文学创作和文艺爱好者的名单，与其中50余人经常保持着联系，由此壮大了作者队伍。关守耀的《挖穷根》、《狗儿翻身》等剧本，姚天纵的《反攻》，程勉斋的《胜败图》、《红娘子》，朱襄的《天水岭群众翻身记》，八纵队文工队的《八班变了》，墨遗萍的《正气图》等均由丛书编辑部出版。关守耀著《挖穷根》获得晋冀鲁豫边区教育厅文教作品甲等奖，程勉斋著《胜败图》获太岳行署1946年的文化甲等奖。八纵队文工队集体创作的《八班变了》后改名为《王克勤班》演出，受到部队指战员的热烈欢迎。任白戈著文说："《王克勤班》这种歌剧的产生表示着部队戏剧的一个发展，在整个部队文艺工作的建设上是有一定意义的。"由魏风、刘莲池、朱丹、严寄洲、董中吾编的歌剧《刘胡兰》演出后，反响强烈，彭德怀号召各个部队剧团排演这个剧，以教育部队。许多战士看了《刘胡兰》后，摩拳擦掌，提出"为刘胡兰报仇，和刘胡兰比骨头硬"。唐弢主编的《中国现代文学史》，对该剧作了很高评价。在《刘胡兰》剧本的影响下，国内又陆续出版了宣传刘胡兰事迹的小说、传记、连环画等体裁形式的作品，使刘胡兰的革命精神传遍全国。

太岳《新华日报》丛书编辑部的出版工作，是在恶劣的战争环境中创办和发展起来的，那时，编辑部的同志们过着游击生活，冒着生命危险。丛书编辑部初成立时，和报纸编辑部、通联部都驻在冀氏县（今属古县）仅有两户人家的小山庄——二道沟，几个人挤在两间简陋的屋子里，既是办公室，也是图书资料兼阅览室，又是宿舍。从河滩或山上拣一块较大的石头，再用小石块架起来就是办公桌，用小石块磊起来当办公的凳子，野草晾干当床铺，用小树枝捆着蘸笔尖，用小药瓶或破碗片当作"墨水瓶"。寒冬腊月、天寒地冻时，每个房间每天只发两斤木炭，只够早晚用，白天手冻得不能捉笔时，就把手放在嘴边哈一哈，继续工作。工作之余开荒种地、拾粪，还要随时防备敌人的"奔袭"、"扫荡"。

丛书编辑部在烽火中成立，在战斗中发展，经过艰苦奋斗，战胜一个个难关，为传播马列主义和科学文化知识，为繁荣太岳区的文化出版事业，作出了不可磨灭的贡献。从1944年1月至1949年8月，共出版各类书籍460多种。其中1944年出版31种，印刷189600册，每月平均21066册；1949年上半年出版57种，印刷696628册，每月平均116104册，印刷数量按月平均比1944年增长5.5倍。在完成繁重的出版任务外，还出版了6种杂志：《工农兵》从1944年5月至1947年9月，出版四卷三十期；《新天地》1948年创刊，出版三期；《时事论文选》从1945年至1949年出版五集；《活页文选》分A—政治类、B—经济类、C—文化类三种；《文摘》分A、B两种；《新文艺》1946年4月至8月，出版三期。

第三节 不断发展印刷、造纸生产，使出版工作完善配套

太岳根据地的印刷事业和根据地的其他事业一样，经历了一个从无到有、由小到大，由石印到铅印、由简陋到比较完善的逐步发展过程。

1. 1940年6月7日，《太岳日报》创刊时，有一个印刷厂，厂长柳群，指导员何明。当时的印刷设备只有从《黄河日报》继承下来的两台石印机。石印报纸完全是一种手工劳动，十分麻烦，十分艰苦，编辑要把每篇稿子的字，一个一个算清楚，要谋划好标题、内文各占多少面积，要求绝对准确，不能有丝毫差错。缮写员不能写错字，不能漏掉字。印刷时工人汗流浃背地用手摇动机器。《太岳日报》在抗日战争最困难的时期，生产设备十分落后，又遭敌人的频繁"扫荡"，印刷厂随同报社多次转移。在这严酷的斗争环境中，为保证报纸的出版，印刷厂的工人、干部，不畏艰难困苦，千方百计保护转运印刷机和印刷物资材料。他们接受日军多次"扫荡"转移的教训，经常考虑如何坚壁清野。1942年印刷厂驻在沁源史家沟时，材料保管员田增昌抽空就到山梁上、沟壑里转悠，找好隐蔽的地方，挖好几个小窑洞，随时准备转移时埋藏物资。在他住的办公室窑洞内，又挖了一个窑洞，并在窑洞内的地下挖了个地洞，形成窑套窑、洞中洞。这一方法很快在全报社推广开来，巧妙地躲过了日军的"扫荡"，有效地保护了财产，保证了报纸的出版。

2. 1942年3月，《太岳日报》的印刷、发行部分和太岳文化出版社的印刷部分合并，正式成立了单独建制的太岳书店，驻沁源县史家沟。书店设置了印刷科，柳群任印刷科科长，从此承担起报纸、书籍（主要是小学课本）以及机关、团体的布告、文件、宣传品等的印刷任务。这时书店领导深感任务繁重，而人员不足，尤其是缺乏人才。经理姜时彦等领导一方面抓业务管理建设，一方面积极向军区总后勤部、太岳贸易分局、区党委机关求援调来一批人员，又从沁源、沁县招来一批青年，充实了工人队伍。为尽快提高新招工人的技术水平，印刷上的老技工童成章、杨德华、杨之才等在实际操作上手把手地传授技术，逐渐使霍天文、王耀功、王生元、柴炳权等一批新工人掌握了石印

技术，成为生产上的骨干。

当时，印刷器材、纸张来源主要靠从日军占领区购置，日军实行经济封锁，严密控制，使印刷器材和纸张供应严重不足。为解决纸张问题，书店领导决定自力更生，土法上马生产纸张。1942 年 3 月，筹备成立造纸厂，由籍步庭任厂长。在他的组织带领下，由李世荣、秦良武、任保孩等十几人，还有新招的 20 多位青年人，到太岳区贸易分局沁源县北源村造纸厂学习造纸技术。大家不怕苦不怕累，早起晚睡，刻苦钻研，在较短的时间内掌握了造纸的浸、切、蒸、洗、碾、捣、捞、晒等 15 道工序的操作要领，在沁源县朱鸿沟创建了太岳书店的第一个造纸厂，用当地的绳头、烂麻和废旧书报为主要原料，造出了麻纸，缓解了纸张供应不足的问题。

1942 年 10 月 20 日，日军对太岳根据地进行“扫荡”。由于事先挖好了地洞，有了具体掩埋隐藏的计划，所以比较迅速地完成了隐藏物资的任务。人员分为两批，当晚转移到沁县、沁源一带。12 月初，书店人员集结在屯留三岔口、杏树坡、桃树坡时，根据区党委指示，决定迅速恢复生产，晋振华、张世图、杨德华、贾克胜等回到太岳书店的原驻地沁源史家沟，查看机器物资的隐蔽情况，未发现被敌人挖掘破坏的痕迹，每人找了一令纸返回。他们将隐藏情况汇报给区党委后，区党委决定派武装部队掩护，调派部分民工，将机器物资抢运出来。

为了迅速恢复生产，书店内部进行了机构调整，增设了采购科，籍步庭任科长，加强了采购力量。印刷厂分为三个厂，采用分散隐蔽的办法，进入安泽县境内的山庄沟壑。一厂在牛家沟村，厂长魏汉卿，分工印制行署、军区等机关的文件、布告、宣传品；二厂在南瓜沟村，厂长柳群，印刷《太岳日报》；三厂在杨树庄，厂长阎子琦，指导员王克昌，印刷小学课本。各厂到达各自的驻地后，发动职工昼夜赶挖窑洞。机器上缺零件就自己配制，没有铁就用木制品代替，纸张不足就用各色有光纸代替。人力不足，干部就全都充实到生产岗位上。经过全体职工的共同努力，三个印刷厂都于 3 月份恢复了生产。书店指导员、三厂厂长阎子琦身患重病，仍坚持工作，由于生活十分艰苦，又缺医少药，不幸于 1943 年夏病故在工作岗位上，时年仅 24 岁。

1943 年 5 月，中共北方局向太行分局发出关于国民教育的一封信，对太行、太岳的教育问题提出具体意见，要求偏僻山村设小学，中心地点设完小，专署所在地设中学。由于中小学课本需求量的增加，印刷任务加大了，但印刷器材、纸张奇缺，生产经常受到停工待料的困扰。同时因日常供应连续减缩，职工的生活也愈加困难。面对这种情况，书店全体职工团结一致，全力以赴狠抓印刷器材的增添和技术力量的补充，并开荒种地进行生产自救。采购人员冒着生命危险，分批深入到游击区、敌占区的沁县、平遥、武安、涉县、洪洞等地购回一批纸张、油墨等物资。9 月，北方局拨给一部铅印机、一副小五号铅字，太行新华日报社和太行新华书店又支援了娄梅尘、刘甫、彭立成、王剑平、李海江、常仁春、陈寿山等 19 名技术工人，还从太行行署调来吴杰，协助柳群组建铅印厂。

1943 年 10 月，日军向根据地进行“铁滚扫荡”，全体职工掩埋好机器物资，分散转移到沁县、沁水、阳城等地。在这次反“扫荡”中，副经理魏汉卿、印刷工人王剑平、刻字工人刘韵波不幸牺牲。11 月份反“扫荡”斗争结束，各厂迅速恢复生产，吴杰、张世图带领一部分民工在屯留小寨村山沟内建房、打窑洞，于 1944 年 2 月基本建成了铅印厂。苏秀峰、李世荣到沁水县端氏筹建造纸厂，聘请了技术工人，并招收 70 余名青年工人，于 1944 年 3 月生产出桑皮纸，日产达到五六千张，缓解了纸张紧缺的困难。

3. 1944 年 4 月 1 日，《太岳日报》更名为《新华日报》（太岳版），太岳书店并入报社，更名为太岳新华书店，为报社经理部的下属单位。这时，印刷厂进行了合并调整，原印刷一、二、三厂，合并为二厂，迁往安泽县安沟村，厂长王克昌。新组建的铅印厂为一厂，驻屯留县小寨，厂长柳群（兼），副厂长吴杰、郭海山。排字制版为三厂，厂长柳群，驻安泽县南瓜沟。改版后的《新华日报》（太岳版）以铅印的版面和广大读者见面了。

这年的夏季，已有三开铅印机 1 台，五号铅字 1 副，石印机 11 台，日产 6000 张纸的造纸厂 1 个，书店门市部 1 处，共有职工 270 多名。1944 年年初报纸石印时，发行量 3900 份，到年底即增加到 6810 份；从 4 月份改铅印后，到年底的 9 个月内，印刷书籍 31 种，计 189600 册。

1944 年 9 月，太岳新华日报社经理部随报社迁往沁水县石室村，各个印刷厂亦随着搬迁到石室村附近的村庄，一厂驻罗沟村，二厂驻河西村，三厂驻石室村。1945 年元旦，经理部长姜时彦、通信员赵水明被选为报社的模范工作者，参加了太岳区在郑庄召开的群英大会。2 月，陈寿山参加了区党委召开的职工代表会议。3 月，贾茂亭调报社任秘书长（后为经理部长），兼管经理部的工作。1945 年秋，上党战役中缴获的一台四开铅印机拨给了报社，使铅印的能力增加了一倍。9 月、10 月间又相继建立了晋城河西造纸厂和阳城后河造纸厂，生产出檀皮纸和桑皮纸，基本上满足了印报印书的需要。1946 年 1 月，各印刷厂又随报社迁往阳城县，铅印厂驻汉上村，排字制版坊驻后沟村，石印厂移交冀南银行。随着形势的发展，报纸的印刷量大幅度增加，但质量问题越来越严重，每天印出的报纸有 10%因模糊不清而不能发行，主要原因是铅字磨损严重。在没有铸字炉的情况下，工人们采用加大印刷压力和加厚纸张厚度的办法，经过多次试验获得满意效果，报纸质量大有提高，报纸的废品率也由 20%左右下降到 2%~3%。

1946 年春，吴杰回山东老家探亲，求得胶东新华书店无偿支援的 1 台铸字炉和 1 副五号字铜模，于 10 月运回阳城，并得知胶东地区可以买到印刷机器和器材。报社领导研究后，向区党委汇报请示，提出去胶东地区购买印刷机器的问题，区党委大力支持，拨出 70 两黄金，于 1947 年春，由吴杰、刘甫、周东海等带上黄金和区党委给胶东地区党委的介绍信，去购买印刷设备。他们在当地党委的积极支持和具体安排下，从莱阳、荣城、烟台等地买到对开铅印机 1 台，四开铅印机 3 台，三开铅印机 1 台，八开脚登机 1 台，铸字炉 1 台，新五号字铜模 1 副及二、三、四号常用字铜模，以及花线、点线、虚线等各种印刷器材，共 8 吨重，在当地党委、政府的关心和指导下，在沿途军民的积极热情支援下，车拉船载，冲破敌人的封锁线，躲过敌人的袭扰，艰苦辗转，历经 5 个月时间，终于在 10 月份运回阳城县汉上村。全体职工欢欣鼓舞，开始了紧张的擦洗安装，铸字室增添了新五号和二、三、四号字模，印刷厂增添了新机器，印刷质量发生了根本的变化，印刷数量也成倍增长。在此期间，太岳行署又拨给柴油机、煤气机各 1 台，经老技工郭叔庸的安装调试，并通过自行设计、自己制造、自找代用品等办法，在印刷机房安装了天轴、传动轮等设备，带动起印刷机，代替了人工摇机，大大减轻了工人的劳动强度，提高了印刷质量。与此同时，还安装了 1 台小型发电机组，各工房都装上了电灯，代替了油灯，每到夜晚灯火通明，厂内出现了令人可喜的新气象。

各个造纸厂也在改进设备，改进工艺操作。端氏纸厂、晋城纸厂安装上了骡拉的石碾子碾料，代替了人踩杆打，提高了原材料的粉碎率和质量。修建起室内火墙，代替了院墙上太阳晒纸的干燥法，保证了雨季、冬季的纸张烘干。1948年，端氏纸厂引进河水，提高水位落差，利用水的动力，安装了两台更大的水打石碾和两台打浆机，扩大了使用原料的范围，用上了蓖麻、绳头、破布，改变了单一桑皮、檀皮的办法，纸的产量、质量大有提高。三个纸厂，1948年底的产量比年初的产量增加1倍多，纸张供应除满足自己的需要外，还大批支援了兄弟地区。

印刷设备和纸张生产的问题解决以后，油墨不足成了影响生产的关键问题。1945年曾试用过阳城一位老人自制的油墨，其原料是由松烟和蓖麻子油熬制而成，这些原料在沁源、阳城都有。为解决油墨问题，把善于钻研实干的印刷厂公务员杨德华抽出来，专门制造油墨，经过多次配制试验终于成功，在阳城后沟建起了油墨厂，缓解了印刷用油墨的需求问题。到1946年，太岳日报社的印刷、造纸、制墨等生产环节形成配套，这对太岳区的新闻出版事业是一大贡献。

随着抗日战争和解放战争的胜利，条件好转，太岳区出版物的印刷，也由油印到石印逐步发展为铅印。铅印也由开始的字体、字号不全，没有铸字炉，人工摇机，逐步发展为能自己铸字，使字体、字号和各式点、线较齐全。印刷则由脚踩人工摇机改为电力带动，使印刷设备逐步完善起来，能大量印刷报刊、书籍，极大地促进了太岳区出版事业的发展。

第四节　书报发行工作的建立与发展

发行工作是出版工作必不可少的一个组成环节。报纸、书籍出版后，必项及时发到读者手中，才能发挥它的作用。在抗日战争和解放战争时期，太岳区的报纸、书籍发行工作，是在各级党委的领导支持下，在《太岳日报》社的直接培育下，在广大群众的掩护帮助下，克服重重困难，逐步建立了适应游击环境下的发行网点和投递路线，使发行工作从无到有，由小到大，日益发展壮大起来，发挥了报纸、书籍的宣传教育和鼓舞作用。

一、报刊的初期发行及交通员的英雄事迹

1940年6月，《太岳日报》创刊后，报社经理部设立发行科，负责报纸

的发行工作。当时，日军对抗日根据地加紧疯狂“扫荡”，实行军事封锁，交通阻隔，报纸传递非常困难。为适应战争需要，地方各部门都建有通讯组织，报纸发行就是依托各级党委、部队、地方政府的通讯交通网络捎带、传递和组织群众沿村传送，将一份份报纸送到读者手中。

1940年9月，太行、太岳行政联合办事处改为冀南、太行、太岳交通联合总局，各分区建立交通分局。《太岳日报》的发行工作，从1941年3月便移交给太岳交通局发行。太岳区党委宣传部于1942年1月8日发出《关于推销党报的通知》，3月26日又作出《关于加强发行工作的决定》，指出：“目前太岳区的发行工作是一个最为薄弱的环节，发行速度缓慢，各级发行机构始终没有建立健全起来。没有健全的发行工作，党的刊物与党报（秘密的公开的）就不能有计划地、普遍迅速地散发到广大群众手中，党的宣传工作就不能广泛地开展。”“应予纠正把发行工作与收发工作混同起来的错误观点。并要求各级党委要建立健全公开的与秘密的发行系统，改进出版物的运输，组织读书会、读报会。各级党的宣传部门要对发行工作确实起到领导的责任，定期检查与讨论发行工作。”紧接着于4月2日，区党委宣传部又发出《关于预订报纸的通知》，决定从5月1日起，由太岳书店负责报纸发行工作，要实行预订制度。在环境恶劣交通不便之地区，可由政府或群众团体统计需要报纸的数量，向交通局预订。

交通局是报刊发行的专业机构，各县的宣传部、民教科、武委会、农会、敌工站、情报站都把报刊发行工作当做自己的分内事，都有宣传和征订的责任。区干队、敌工队下去不但打游击、搞情报，还宣传征订报刊，张贴宣传品。1943年晋北县（在晋城的白晋路以西叫晋北县）交通局成立，驻扎在士敏县（今沁水县端氏镇）境内的窦山村一个只有两户人家的山庄——小旦庄，全局有工作人员10人，这个局分发《太岳日报》和太行《新华日报》等几种报纸。他们为了把报纸和小量书籍及时发到订户和读者手中，在全县建立了乡交网络，有5条干线，12条支线，8个乡交站，通过乡交站再送到订户手里。乡交站的交通员多数是地下党员。由于实行了专业队伍和群众队伍的结合，报纸发行数量增长较快，1943年年底这里只订报28份，到1944年年底就增加到245份，还发行了《论共产党员的修养》、《大众哲学》等少量政治理论书籍。在1944年4月以前，石印的《太岳日报》在全区发行3900余份，从4月改为铅印的太岳《新华日报》后，发行量达到6810份。随着陈赓大军挺进豫西，太岳《新华日报》发行量一度达到2万份，但从晋南地区（原太岳三地委领导的地区）划归晋绥解放区后，发行量便减少了一半。

这些报纸，特别是那些配合政治攻势、宣传抗战胜利消息、宣传互助救济、宣传争取伪军立功赎罪等政治口号，在鼓舞斗志、瓦解敌人军心等方面都起到了很大的作用。群众把党报看做黑夜里的明灯，从一个人手里传到另一个人手里，大家争着去阅读。有的伪军借口搜查报纸，实际上是拿回去悄悄地传看，他们还找机会暗地和交通员联系，表示自己"身在曹营心在汉"，想给自己留条后路。

为了把党报送到群众手里，起到宣传群众教育群众的作用，交通员经常冒着生命危险，昼夜兼程，穿过敌人封锁线，绕过敌人的卡子，从这个山庄到那个山庄，将报纸送给订户。太岳区重峦叠嶂，沟壑纵横，交通十分不便，交通员全靠两条腿爬山越岭，穿沟过河，每天一个人要走几十里，进几个山庄。

1945年1月9日的太岳《新华日报》刊登了《交通英雄李培》的通讯，记述了交通员李培从事报纸发行工作的英雄事迹。他经常是深更半夜翻山越岭，插入敌人据点的附近村庄送报，有时将"号外"贴到敌人的碉堡上。有一次李培带着报刊走到贾泉时，忽然与刚出来"扫荡"的日伪军相遇，他急中生智把传递情报的条子咽到肚里，又将报纸扔在地里，敌人将他逮捕并押到贾泉岭南，问他是干什么的。他说，我是放牛的。敌人不相信，对他严刑拷打，灌凉水，打昏后又用凉水浇醒，但他始终咬紧牙关，不改口供，敌人无奈，就将他关押起来。李培宁死不屈，保住了党的秘密。

交通员潘建安每次都要携带大批报纸、公文、信件沿着去往河南方向的路线投递，要越过敌人的封锁线。有一次凌晨5点，他通过封锁线时与敌人遭遇而被抓获，并被带往阳城境内的敌军据点，当走到沁河岩旁的陡坡时，潘建安灵机一动，趁敌人不防，将所背公文包从坡上扔到沁河之中，文件、报纸全部被河水冲走。被激怒的敌人将他捆绑起来，边走边打。潘建安正气凛然，怒斥敌人，猛然向一个日军致命处踢了一脚，日军立刻将他绑在树上用刺刀刺死。潘建安壮烈牺牲后，敌人又将他的尸体扔到山下。

另一位交通员张魁山，在相峪送报时不幸被敌人包围，在向外冲杀时光荣牺牲。

为了中华民族的解放事业和抗日战争的胜利，为了乡亲们的利益，太岳交通局先后有5位交通员献出了自己年轻宝贵的生命。他们的生命虽然是短暂的，但他们大无畏的革命气概和英雄事迹，是永远值得我们学习的。

二、太岳新华书店在艰难中发展壮大

《太岳日报》创刊后，于1941年1月在沁源城内以太岳书店名义开设门市部，承担起报纸、书刊的发行任务。同年3月，报纸移交给交通局发行后，书店就以发行书刊为主了。当时，《太岳日报》还没有出版图书，书店销售的图书，大部分是从太行新华书店、华北书店购进来的。

1942年3月，经区党委批准，正式成立了单独建制的太岳书店，驻地在沁源县史家沟村，受区党委宣传部直接领导，经理姜时彦，副经理魏汉卿，指导员阎子琦。书店内部设立发行科，科长李德元。发行科专事图书的进销业务，并在沁源城内设立门市部，各分区建立了发行点。这时太岳书店在建制上虽是独立的，但书店的工作、生活仍和报社在一起，是一个战斗的整体。书店的领导和工作人员也是报社派去的。

太岳书店的主要任务是：通过发行图书报刊宣传马列主义，宣传党的主张，为革命战争服务，为党在各个时期的中心工作服务，为干部学习和群众文化教育服务。1942年全党开始整风时，书店为配合整党工作，在交通不便、运输困难的条件下，派人去太行等地书店购回《整风文件二十二种》、《思想方法论》、《马恩列斯论共产党》、《论布尔塞唯克的原则性》、《论忠诚与老实》、《反对主观主义、宗派主义、党八股选集》等书籍，及时地配合了全区党员干部整风学习运动。

太岳书店根据区党委宣传部关于《预订报纸的通知》，从5月1日起，又担负起报纸发行任务，在全区范围内依靠交通局的网络进行预订分发。

1942年10月，日军开始对太岳区实行长期的“扫荡”，并占领了沁源城和交通要道，《太岳日报》社和太岳书店随区党委、军区转移。在非常困难的多次转移过程中，书店职工保护财产、保护书籍的办法也越来越巧妙。他们平时在一些被敌人烧毁房屋的墙脚下，先挖好坑，在转移时把书籍、纸张等埋进去，然后把断垣残壁推倒，看起来好像自然倒塌，以此迷惑敌人，保护了物资、书籍，当“扫荡”结束后再挖出来继续向读者供应。1944年4月1日，

《太岳日报》更名为《新华日报》（太岳版）后，太岳书店又并入太岳《新华日报》社，太岳书店同时也更名为太岳新华书店。报社和书店在建制上又成为一个整体。太岳新华书店是报社经理部下属的一个单位，地点在安泽县二道河。书店经理李德元，副经理王克昌。从此，书报刊发行工作进入一个新的阶段，发行网络不断向根据地扩展深入，先后在安泽、岳北、浮山寨圪塔建立了3个门市部。书店建立丛书编辑部后，出版的图书品种逐渐增多，除总经销本版书外，还与太行、冀南、冀鲁豫新华书店建立了图书购进、销售的业务往来关系。1945年8月，抗日战争胜利后，太岳新华书店迁至沁水县郑庄。1946年1月，书店又随报社迁移到阳城县。这一时期，书店的各项工作逐渐恢复发展起来，书店在城内门市部的销售额上升很快。为适应形势发展的需要，从太行区调来10多名发行干部，扩大了发行队伍，使书店总人数达到30余人。由于业务范围扩大，人员增多，也为适应新形势下发行工作的要求，进行了组织机构的调整，太岳区设总店，各分区设分店，各县设支店。总店内部建立健全了相应的机构，设立业务组、栈务组、报务组、门市部、会计组、总务组等。总经理李德元，副总经理郭仰成，并配备了秘书。

1947年2月、3月间，人民解放战争的形势已经向更加有利的方向发展，太岳解放区的形势也发生了根本的变化，在作战上处于非常有利的地位。晋南战役横扫汾河两岸，使晋南大片土地得到解放。太岳新华书店总店不失时机地加强了新解放区书店的建设和领导。这一年先后在鲍店、浮山、晋城、翼城、闻喜、曲沃、新绛建立了新华书店和一个随军书店，其中：沁源为太岳一分店，经理张世图，副经理李新；浮山为二分店，经理张更新；闻喜为三分店，经理张世图（由沁源调来）。各分店、各支店充实了人员，制定了工作制度和经营管理办法，并购置了马车等运输工具，积极开展了农村流动供应、设摊售书和邮购售书业务。1948年运城、临汾解放后，于当年6月前在这两地建立分店以及河南洛阳分店和平遥支店。这时全区共有各级新华书店15个，职工人数达到60多人。图书发行网络进一步扩大后，图书营销逐步走向正轨，各县教育部门、文化供应站均承担起课本发行和图书代销，各分店、支店向个体书贩开展了图书批发业务，整个太岳区建立了以新华书店为骨干的、多渠道的发行网络。

在抗日战争和解放战争时期，太岳区图书发行事业的建立与发展，始终得到各级党组织的支持帮助，并在报社的直接培育下发展壮大起来。在发行事业发展的过程中，培养锻炼了一批发行干部队伍，他们为建立、巩固和发展发行事业，坚持自力更生，克服了重重困难。在频繁的反“围剿”、反“扫荡”中，发行人员一边工作，一边还随时准备战斗，所以一般每人都配有枪支或手榴弹，准备在紧急情况下使用。每当转移时，还要迅速掩埋书籍和各种物资。为给分散在各地的干部、战士和农民送书，经常要身背肩挑几十斤重的书籍，一天走几十里翻山越岭的路程，然后摆摊售书，晚上则住在学校或老乡家。为传播党的声音和胜利的消息，他们以苦为乐，无私无畏，出生入死，努力完成党交给的发行任务。在这支发行队伍中，涌现出许多先进模范人物。

1941 年年末，张更新同志在太岳区党委机关开始做交通员工作，他积极响应党中央、毛主席关于精兵简政的方针，主动要求下基层锻炼，于 1942 年 1 月来到沁源的太岳书店。他生活俭朴，为人忠厚，他到书店时穿一身粗布衣，上面缀满了补丁。没有换洗衣服，往往是晚上洗，第二天穿。做发行工作最费的是脚上穿的那双鞋，他每天要翻山爬坡几十里路，那双布鞋不几天就被磨破了，他就自己动手补，鞋帮破了就用绳子绑着鞋底穿，脚上打起血泡他也全然不顾。1942 年深秋，日军占领沁源城后，书店经常转移，给发行工作带来很大困难，但在更新同志的积极努力下，发行工作基本没有中断，使书店一直活跃在沁水县南瓜沟与桑曲村一带的村庄。为了读者，他主动到远隔百里的太行新华书店购进新书。

抗日战争胜利后，领导派张更新到浮山县太岳二分店任经理，兼管翼城支店的工作，为此他经常奔波于两店之间。1947 年 9 月，国民党军进犯翼城、浮山。张更新为应付事变，预先把一部分书籍藏在离县城不远的韩村和野虎岭。两天后，又取回一部分书，准备发售。这时敌人突然袭击，形势非常紧张。他沉着果断地对同志们说：“宁叫个人财产损失，也不能让一本书落到敌人手里。”边说边挑着重重的一担书带领大家迅速转移。在下着瓢泼大雨和敌人炮火袭击的情况下，走了整整一个通宵，天亮才赶到王村。这时，他又心急如火，带上营业员王军赶往距敌人只有三里路的野虎岭，迅速将埋藏的四担书捆扎好。就在这时，枪声响了，子弹从他们的头顶呼啸而过，他俩不顾安危，冒着敌人的枪林弹雨，时而躲闪，时而疾步，硬是从敌人的枪口下将书抢回来。张更新赤胆忠心的英勇事迹极大地鼓舞了全体发行人员，1947 年 4 月 1

日，太岳《新华日报》发表了何微写的《发行工作的方向——张更新同志的创造》一文，报道了他的英雄事迹，并号召大家向张更新同志学习。

太岳新华书店在党的领导下，在建立与发展的过程中，培养锻炼了一批优秀的发行干部队伍，她们忠于党的发行事业，在残酷的斗争环境中出色地完成了党交给的光荣任务，当北平、太原陆续解放后，他们当中的一些同志进入这些城市，继续为党的图书发行事业奉献力量。

第五节 逐步完善的经营管理

在战争年代逐步发展成长起来的太岳《新华日报》社和太岳新华书店，随着人员的增加、机构的增多和规模的扩大，不断加强经营管理和经济核算，拓宽经营项目，自力更生，开荒种地，发展生产，增加了收入，改善了职工生活，从而保证了报刊、书籍的出版发行。

1. 充实会计人员，加强财务管理。1945 年以来，先后吸收知识青年杜景春、任先泉、张怀安、郭明福、张弘、林旺、李晋文等 20 多人，派到太岳贸易分局会计训练班学习，使他们学得一些基础知识后，分派到会计科实习。经较短时间的实习，能独立工作的就分配到各单位担任会计工作，不能做会计工作的就及时进行调整。在加强财务管理工作方面，首先实行了会计人员垂直管理，全报社的会计人员一律由会计科统一考核、调配、使用，各单位无权调动。

2. 统一会计制度，使会计工作走上规范化。为加强对经济实体单位的财务监督和管理，规定了各单位统一的会计科目，设置了统一的账簿和记账凭证，做到月终月结，半年结算一次，年终决算。月报表、结算表、决算表按时报送会计科。会计科依此表报掌握各单位的财务收支和原材料进出、库存情况，随时通知采购科进行采购，或对各单位物资进行余缺调剂。

1948 年后半年，在印刷厂经过试验，实行了产品直接成本计算办法，改变了平均提摊成本的核算办法，每一种产品经最后一道工序完成后，即可算出直接所用的工时和工资、原材料数量和费用，更精确了各种产品的实际成本费用，为组织生产上的合理用工、用料和改进工艺，提供了依据。

3. 改革预算制度，实行经济包干，促进了生产的发展。在战争年代，根据地的生产建设遭到严重的破坏，广大军民、机关单位的经济、生活很困难。报刊、书籍又是党的重要的宣传教育武器，所以，当时书报刊只能根据形势和需要，确定低微的收费价格。报社和书店的经费是在年初做出出版计划和预算，经区党委审查批准后，按季拨款结算，年终决算。这一办法使资金来源不足，经济上捆住手脚，工作上不能主动，业务不能发展。为此，1945 年贾茂亭提出了年初核准、一次拨给的经济包干办法。经汇报请示，区党委同意了从 1946 年实行年初计划预算审批后的经济包干办法，即年初拨款 40%~50%，6 月份全部拨付，取得了经济上的主动权。领到的经费除保证印刷器材外，也充实了采购处的经济实力。1946 年增设了长治新华商店，用商店所获利润，又开设扩大了造纸厂（三个造纸厂的开办，没有向上级要过资金）。

为扩大经营，增加收入，1945 年还吸收职工股金在郑庄办起了职工合作社，获得较好的经济效益。职工合作社社长由郭仰成担任。1946 年合作社迁往阳城，在长治又开设了几个分社，所得利润，每年年终分红一次。

在战争时期，采取职工入股开拓经营，既给集体增加了经济收入，同时也为职工在经济上取得少许的补助，从而走出了一条在战争环境下促进出版工作发展的新路子。

报社经理部的工作，包括报纸、书籍的印刷发行和报社全部工作的后勤供给，经过 1942 年、1943 年的艰苦创业，1945 年后的发展壮大和充实提高，到 1949 年已有相当大的规模，有完整配套的印刷厂 1 个，造纸厂 3 个，油墨厂 1 个，采购处（站）7 个，新华商店 2 个，职工合作社 2 个，新华书店 16 个，职工总人数达到 680 多人。1948 年报纸发行 20000 份，比 1943 年的 3900 份增加 4 倍多，比 1945 年年初的 6800 份增加 2 倍。印刷书籍 460 多种，其中，1944 年印刷书籍 31 种，计 189600 册，每月平均印刷 21066 册；1949 年上半年印刷 57 种，计 696628 册，每月平均 116014 册，按月平均比 1944 年增长 5.5 倍。1944 年以前，主要是保证印刷报纸，只能印刷极少量配合中心工作急需的一些书籍，无力大量印刷图书和学生用课本。从 1945 年开始，报纸的印刷量迅猛增长，图书的印刷量也大幅度增加，并可印刷大部头的精装本图书，印刷质量大有提高，使战争时期的出版事业不断发展，走向繁荣。

第 四 章
晋豫边地区的新闻出版工作

第一节 晋豫边地区的自然条件和社会状况

晋豫边地区包括山西晋（城）沁（水）阳（城）地区、中条山地区和河南豫北一部。它处于太行山脉的终点，太岳山的南部，中条山和王屋山的南北两侧，东临晋（城）博（爱）公路，西据同蒲铁路，南滨黄河，境内有高山峻岭和起伏的丘陵，有交错的河流和广袤的平原，是华北通向西北和中原的重要门户。

晋豫边地区盛产小麦、谷子（小米）和玉米，经济作物有棉花、烟叶、蚕桑、麻等。中条山、王屋山林业资源丰富。豫北沁阳（怀庆府）生产的山药、菊花、牛夕、地黄等四大名药，驰名全国。山西阳城、晋城的煤和铁蕴藏量很大，采矿业有一定的基础。山西阳城的硫矿，垣曲的金沙、铜矿，平陆的大理石、石膏等都久负盛名。工业、手工业有一定的基础，新绛有山西最早兴办的机械纺织厂，民间手工业织布遍及曲沃以南各县，曲沃的烟叶畅销大西北和蒙古。总之，山西这一带地区的缫丝业、造纸业、瓷器业、农具加工业、竹编业、采煤业、铁业都比较发达。

在抗日战争爆发之前，晋豫边地区的社会性质长期为半殖民地、半封建性质，广大劳动人民饱受帝国主义和封建主义的压迫与剥削。民国以来，军阀混战不休，各级政府横征暴敛，更使晋豫边地区人民处于水深火热之中。

在帝国主义的经济掠夺和官僚、军阀、封建地主的苛捐杂税、高额租息的盘剥下，加上连年战乱和频繁的自然灾害，晋豫边地区广大农村日益贫困，阶级矛盾和民族矛盾日益加深。哪里有剥削、有压迫，哪里就有斗争、有反抗。五四运动以来，晋豫边地区人民进行了前仆后继的民主革命运动。特别是中国共产党诞生之后，晋豫边地区的人民革命斗争走上了新的道路，一些共产党人在中条山、王屋山麓和道清铁路两侧、同蒲线南段的重要城镇，发展党员，建立组织，传播马列主义，启发群众觉悟。在党组织的统一领导下，开展了各种形式的革命活动。发动农民开展反贪官运动和分粮斗争，组织工人进行要求增加工资的罢工斗争，成立红军游击队，坚持游击战争。第一次大革命和土地革命战争时期的这些武装暴动，唤起了晋豫边地区人民的革命觉悟，播下了民族民主革命的火种，为抗日斗争的开展奠定了群众基础。

抗日战争爆发之后，根据国共两党达成的协议，由中国工农红军改编的国民革命军第八路军于 1937 年 8 月底至 10 月初东渡黄河，开赴山西抗日前线。10 月下旬，一二九师转赴正太路南侧，开始创建抗日根据地的斗争，鼓舞了晋豫边地区人民坚持抗战的信心，推动了晋豫边抗日根据地的创建工作。1938 年 4 月，成立中共晋豫特委，聂真任书记，薛迅任组织部长，李哲人任宣传部长。在中共晋豫特委的统一领导下，加强了党的建设，开展游击战争，广泛发动群众，开展合理负担、减租减息运动，使晋豫抗日根据地的各项工作得到全面发展，根据地日趋巩固发展。由于阎锡山发动反共的“十二月事变”，中条山地区的党组织转入秘密状态，中共晋豫特委已无法对全区党的工作实施统一领导。为此，中共中央北方局于 1940 年 1 月决定，将中共晋豫特委改为中共晋豫区党委，聂真任书记兼组织部长，魏晓云任宣传部长。

1942 年 10 月 21 日，中共中央决定晋豫区与太岳区合并为统一的太岳革命根据地。1943 年 4 月，两区合并工作完成。从此，晋豫边抗日根据地成了太岳革命根据地的一部分。

第二节　在艰难环境中创办的报刊

抗日战争初期，为了进行抗战动员，广泛发动群众，发展革命武装，建立地方政权，晋豫区的党组织很快办起了抗日报刊。从 1938 年起并根据区划组织的调整变化，先后创办过《大众报》、太南《人民报》、《光明报》、《岳南大众报》、《晋豫日报》等多种报刊。

《大众报》

1938年2月、3月间，日军向晋南和豫北的进攻，使山西的临汾、侯马、运城、风陵渡和河南的安阳、新乡、焦作相继沦陷，为了坚持晋豫边地区的抗日斗争，中共中央北方局代表朱瑞作出建立以阳城为中心的晋豫边根据地的部署。同年4月，中共晋豫特委建立，并决定创办晋豫边区抗日民主根据地的报纸。经过一段时间的筹备，当年就创办了晋豫特委机关报《大众报》，主编赵培心（原名赵毓良），为油印16开的小型报纸。报纸发行到晋豫边各县的各级党组织，并组织群众阅读。《大众报》于1940年2月终刊。

太南《人民报》

太南《人民报》，是晋豫特委于1940年1月改为晋豫区党委后，于当年5月1日在平顺县源头村创刊的区党委机关报，它的前身是中共太南地委办的《太南日报》，合并有《黄河日报》路东版、太南文化教育出版社。报社社长张向一，党支部书记、代总编辑徐一贯，编辑有杜波、张克仁，记者有肖航、凌前，通联科长倪学慧，印刷出版科陆地，发行科冯秉清、韩飞，事务长吴本信。太南《人民报》为石印，四开，逢单日出版。发行范围主要是太南地区的平南县、平北县、潞城县、壶关县、林北县以及农村包围城市的长治、安阳等县的游击区和边区。地下工作地区限制公开发行。为了领导方便，当年6月，报社奉命迁往区党委机关驻地附近的羊屎场小庄。

为了加强党对太南《人民报》的领导，区党委成立了党报委员会，由区党委书记、宣传部长和报社社长、总编辑等组成。在报社成立了编辑委员会，实行集体领导，先后任区党委宣传部长的张晔、李哲人，经常来报社检查指导工作，帮助编辑部同志提高政治思想水平和政策水平，使大家很受教育。中共中央北方局杨献珍、张友清、李大章也很关心晋豫区的党报工作，提出改进意见，他们的意见由区党委领导及时传达给报社领导。

太南《人民报》是按照列宁讲的党报是集体的宣传者和组织者的指导思想办报的，也就是全党办报，贯彻群众路线。它是党领导群众、联系群众、组织群众的工具。宣传报道的地方性和群众性是这个报的特色。

当时。太南《人民报》的主要内容，是宣传我党的抗日主张，宣传党中央和毛泽东的持久战思想；宣传党的发展进步势力，争取和团结中间力量，打击和孤立顽固分子，以及既联合又斗争的统战方针；宣传抗日民主、“三三制”政权的组织形式，宣传新民主主义的政治和经济的主张；报道群众开展生产活动和实行合理负担、减租减息，以及上冬学等方面的情况。

太南《人民报》由赵树理编辑的副刊《大家干》,深为农村广大读者所喜爱,所发表的文章脍炙人口,深受好评。赵树理被北方局调走后,由徐一贯负责续编。

太南《人民报》创办时期，正当山西“十二月事变”之后，第一次“反共”高潮被击退，第二次“反共”高潮又接踵而至。由于重重封锁，物资非常匮乏。为此，报社干部职工自力更生，不畏艰险，以苦为乐，坚持办报。1940年年底奉命停刊。

《光明报》

1941年初春，在区党委的指示下，又创办《光明报》，刘峰任社长兼总编辑，编辑委员有徐一贯、赵松珍（女）、张克仁、何微。不久刘峰调区党委党校后，由徐一贯接任社长兼总编辑。报社设在区党委宣传部。由太南导报社印刷厂石印和装订，发行对象主要是地下党组织提供的寄赠名单，由区党委交通科送到河南林县邮局，然后投寄到国民党军队的占领区。

《光明报》是文艺形式的政治刊物，也是刊物形式的报纸。其内容有评论、通讯、杂文、随笔、诗歌，办得比较活泼。为办好刊物曾向读者寄发过征求意见表。一次收到过一封反动分子寄来的攻击信，信尾署名“毛泽西”，公然贩卖法西斯的言论，污蔑共产党的主张。这件十分反动的来信表明，国民党特务机关要破坏《光明报》了。为避免特务的破坏，报社编辑部将封面名称改换成“大时代”，同时为保护进步的读者，分发时采用旧的灰色的书报夹寄去。

1941年，抗日根据地进入极端困难的时期，日军在华北连续进行5次“治安强化”运动，频繁进行“扫荡”和“蚕食”，疯狂地推行“烧光、杀光、抢光”的“三光”政策。随着军事形势的变化，驻地不断的转移，《光明报》于当年秋季停刊。

《岳南大众报》

在晋豫区党委转移到岳南地区，准备挺进中条山地区之前，于1941年11

月7日，创办了立足岳南、面向中条山的区党委机关报《岳南大众报》。

《岳南大众报》社的组成人员，是《光明报》的原班人员，有徐一贯、梁涛然、张克仁、张梦龙、马谦、贺挽弓等。报纸为油印，发行由区党委交通科代办。

《岳南大众报》的报道内容，是在新区宣传党的政策；安置和救济豫北林县、涉县等地的外来难民，在本区长期定居，发展生产，以利创建根据地；宣传军民合作，抗战必胜；宣传开展游击战争，报道我军对日伪军反“扫荡”反奔袭的消息；宣传报道党的统战工作，争取留在本区的国民党人真正坚持团结抗日；报道与我军并肩作战的国民党九十八军的战绩（九十八军军长武士敏将军誓死抗战而英勇牺牲，为纪念武士敏将军，将新设置的端氏县一度改称为士敏县）。《岳南大众报》出刊至1942年2月，由中共岳南地委接办。

《晋豫日报》

《晋豫日报》是中共晋豫区党委的机关报。它是在晋豫区党委机关由太南移至太岳区，同八路军太岳支队开辟岳南和中条山区时，于1942年3月1日在阳城县李圪塔村创刊。1942年上半年为油印三日刊，同年9月改为石印间日刊。油印报时，社长兼总编辑徐一贯，副社长梁涛然，编辑、记者有贺笠、张克仁、戈锐、鲁生、荣一农。王恭、陈艾玲（陈采娥）先后任通联科长。总务部长赵万钟，发行科长张秉恭。石印报时期，社长何微，总编辑徐一贯，副总编辑梁涛然，编辑贺笠、张瑾、张克仁，记者荣一农、鲁生、古廉浦。戈锐任通联科长，总务部长赵万钟，发行科长张秉恭。印刷厂有职工30余人，厂长方秉松。

1942年春节前夕，八路军太岳支队以尤太忠十七团、闵学圣十八团为主力，分路越过曲（沃）晋（城）公路的日军封锁线，在中共晋豫区党委领导下，开创了晋豫抗日根据地。《晋豫日报》及时报道了发动群众开展对敌武装斗争、消灭土匪和根据地建设的有关情况。《晋豫日报》根据战时情况，曾一度改称《豫晋日报》。

《晋豫日报》在物资十分困难的条件下，印数有限，油印报有时要重刻，也发不过来，一份报纸经常是多人传阅。为了照顾不同读者的困难处境，《晋豫日报》开始以进步的群众性报纸出现，灵活地掌握宣传策略，适当地运用群众喜闻乐见的形式，引导群众克服悲观失望情绪，提高胜利信心和革命斗志，为建立根据地和开展各项工作，发挥了积极宣传和动员的作用。

晋豫区5月反“扫荡”胜利之后，报社驻在阳南县黄龙村时，晋豫区党委书记聂真为纪念“七七”抗战5周年在报上题词：“为巩固和发展晋豫抗日民主根据地而奋斗!”与此同时，《晋豫日报》作为党报直接面对读者，这就更便于宣传党的方针、政策，发布党的号召，把广大读者群众紧密团结在党的周围。

1942年8月，区党委机关驻在阳南县的兑庥，报社驻在附近的石板窑，派出戈锐筹建石印印刷厂。这时原任晋豫区《光明报》编委的何微调来了，同来的还有何的爱人张瑾。区党委决定何微任社长，徐一贯为总编辑，梁涛然为副社长。在何微领导下，充实了报社内部，健全了工作制度。9月，石印间日刊的《晋豫日报》与读者见面了。石印厂设在阳南、沁南两县交界的深沟高崖下的地名为小圪塔的农家。冬季，区党委机关移驻柴圪塔，报社移驻石板窑附近的尖山渠。1943年春天，报社转移至横河镇附近的下寺坪。

《晋豫日报》报道的内容，包括宣传抗日民族统一战线的各项政策；宣传“三三制”政权的性质、任务和组成，以推进民主建政工作；我军在各个战场上打胜仗的消息；开展减租减息，改善民生，实行民主建政的活动；农村俱乐部和冬学活动的开展；反映敌伪军政人员分化瓦解、反正投诚的动向和事例；等等。由于战时环境，《晋豫日报》时事新闻报道较少较迟，但简明评述的综合报道较多较好，分析政治形势、宣传解释政策，指导当前工作的专论和社论起到了积极的引导作用。

1943年春，太岳区党委宣传部长兼太岳四地委书记李哲人传达了太岳区、晋豫区合并为太岳区的决定（在此之前是保密的）。不久又传达了太岳区党委关于《晋豫日报》停办的决定。于是《晋豫日报》在1943年5月终刊，办报前后历时一年零两个月。

附 录

晋冀鲁豫边区出版史（山西部分）

中共中央关于报纸通讯社工作的指示

（一九四二年十月二十八日）

各中央局、各分局：

最近一时期内，各地宣传曾发生若干不适合目前党的政策的事件，例如新华社太行分社，发表参政会通电主张召集国是会议，山东分社发表东北军一一五师反对国民党人员的通电，苏北分社发表反对国民党的新闻，晋西北分社发表某友军致新军五周年纪念贺电（足以影响友军之地位），均是和我党目前政策不适合的。查各地中央局、中央分局对当地通讯社工作，及报纸工作注意甚少，对宣传人员及宣传工作，缺乏指导。尚不认识通讯社及报纸是革命政策与革命工作的宣传者组织者这种伟大的作用，尚不懂得领导人员的很多工作应该通过报纸去做。西北中央局已经发表了一个关于报纸工作的决定，各地也应仿此办理，改正过去不讨论新闻政策及社论方针的习惯，抓紧通讯社及报纸的领导，使各通讯社及报纸的宣传完全符合于党的政策，务使我们的宣传增强党性，拿解放报所发表的关于如何使报纸增强党性的许多文件去教育我们的宣传人员，克服宣传人员中闹独立性的错误倾向。

中央书记处

（原注：按中央档案电报打字稿刊印）

（原载于《中国共产党新闻工作文件汇编》上册第121页）

中共晋冀豫区委对党报的决定

（一九三八年八月一日）

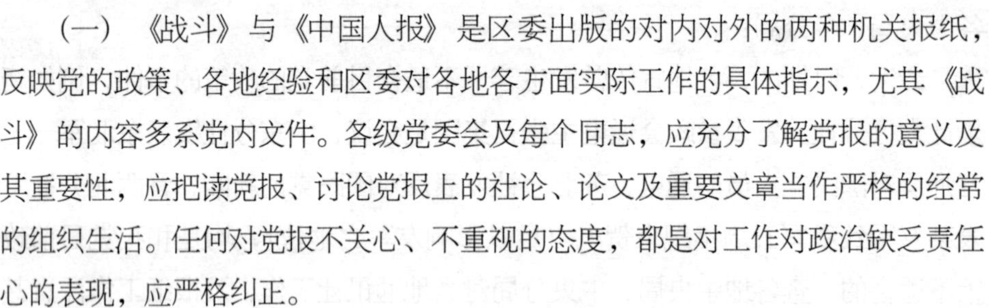

（一）《战斗》与《中国人报》是区委出版的对内对外的两种机关报纸，反映党的政策、各地经验和区委对各地各方面实际工作的具体指示，尤其《战斗》的内容多系党内文件。各级党委会及每个同志，应充分了解党报的意义及其重要性，应把读党报、讨论党报上的社论、论文及重要文章当作严格的经常的组织生活。任何对党报不关心、不重视的态度，都是对工作对政治缺乏责任心的表现，应严格纠正。

（二）要保证《战斗》在组织内普遍读到普遍传达到各个支部各个小组，《中国人报》必须每个支部每个小组都至少订阅一份。要组织读报小组、战斗小组，使每个同志都能与党报共呼吸，以至了解党报的全部内容，并经常注意收集同志和群众对党报的反映与意见，交给报社。

（三）《中国人报》上的社论与区委负责同志或其他领导同志□□□□□□□□□应看作指示性□□文件，必须详读并讨论之。每次社论□带有指示政治形势与工作任务的性质，应特别注意，□□区委宣传部对各级宣传部一般工作的指示要经常通过《中国人报》□□□□要随时由此把握工作的方针与方向。

（四）各级宣传部尤其特委宣传部要对下列工作负起责任。

①负责《中国人报》的推销与发行，该报发行网应是严密的，由各该发行站沿数条发行路线把网络伸到各地的乡村。

②寻求约定与指定《中国人报》通讯员，建立通讯网。通讯员约定或指定后，除与报社直接发生关系外，各级宣传部应经常检查督促执行其任务，并□□□□纸工作的组织系统中予以经常的教育指导，各宣传部长为特约通讯员，

必须经常写通讯。

③普遍组织《中国人报》读者会，建立报纸与群众的密切关系。

④调查动员知识界文化人来《中国人报》社主办之记者训练班受训，以发展该报至各地报纸与文化教育工作。

（原载于《战斗》第4期，1938年12月25日）

（注：原件为油印，因岁月久远，个别文字难以辨认，故以“□”代替）

中共中央北方局宣传部关于出版敌占区报纸《中国人》的通知

（一九四〇年七月二十日）

一、为了开展对敌占区的宣传工作，特决定自八月一日起，由新华日报华北分馆出版对敌占区宣传刊物——《中国人》周刊。

二、《中国人》周刊专门向敌占区发行，执行下列政治任务：

1. 向敌占区人民宣传我党的政治主张，进行抗战教育。

2. 向敌占区人民揭破敌寇汉奸的一切欺骗宣传。

3. 介绍敌后抗日根据地，鼓舞敌占区人民的斗争情绪，动员敌占区人民参加抗战并发动敌占区人民的斗争。

三、华北各地党部（特别是临近敌占区的各地党部）在收到此刊物之后，必须善于运用这一宣传武器，深入对敌占区宣传，并与敌占区日常的组织任务联系起来，进行下列工作：

1. 临近敌占区党部及部队政治机关必须确实负责把《中国人》周刊全部发行到敌占区去，使之深入敌占区广大群众之中。不要使一张报留存在根据地内。

2. 搜集敌占区的一切资料，并根据自己对敌占区进行宣传工作的资料编成通讯，供给《中国人》周刊。

3. 经常向《中国人》周刊提供改进的意见。

四、上述工作，应作为各地党部宣传工作部门的政治任务之一，必须列入每个时期的工作计划之中，经常检查督促。

五、在敌占区进行上述工作之时，必须特别注意保守党的秘密，尽可能采用秘密发行与组织读者方法，使党的组织不致受到危害。

（原载于《党的生活》第18期，1940年8月1日）

关于《胜利报》

（一九四〇年九月二十日）

本社受区党委委托，关于《胜利报》对各级党作如下之通知：

《胜利报》已改为区党委机关报，并由新华报予以工作上之帮助与指导，此后它将不仅反映各地工作情形，交换各地工作经验；党的重要决议，区党委的随时的工作指示，新华报上的重要文章，以及具体实现党的政策之政府法令、实施办法及随时指示等，亦将均以各种方式随时在该报作通俗解释或转载。因此，希各级党严重注意下列启事：

一、各级同志，尤其县委、分委及支部积极订阅，特别对社论、论文及各地工作中的错误之批评等，应该讨论，支部如有自己不便订阅者，亦□经过村公所或民革室就近□□，□□群众，经常有组织地去阅读讨论，务使党的主张与工作指示能深入群众。

二、保证其发行准确迅速，并按期准确的回报。

三、配合新华报读者会工作，组织《胜利报》读者会或读报小组等；并经常组织报道、反映各地工作经验，贡献全区。在支部，尤其□□工作□□，以期充实读报，并深入农村群众。

四、经常注意提高《胜利报》□□的□□，并介绍、组织与引导他们去读新华报。

战斗社

（原载于《战斗》第42期，1940年9月20日）

中共晋冀豫区党委
关于党报——《晋冀豫日报》的决定

（一九四一年六月十日）

一、全区进入民主政治的新时期，敌我斗争将更加残酷，社会进展带着非常急剧和复杂的性质，我们的工作任务加重了，区党委的领导任务也加重了。因此，决定改版《胜利报》为《晋冀豫日报》，扩大篇幅，提高质量，使之成为区党委指导全区实际工作和政治斗争的重要武器。

二、《晋冀豫日报》出版后，凡区党委可以公开发表的文件、指示、言论，均在党报上登载，各地工作中的经验教训及一切不正确的偏向，也将在党报中反映与批判。因此，今后将重视党报、研究党报、掌握党报作为工作的武器，就成为各级党的重要任务之一。

三、过去各地党对于《胜利报》是并不重视的，有的同志认为看了《新华日报》就可以不看《胜利报》。他们不了解《新华日报》与《胜利报》的分工，《新华日报》是着重于政治上的报道，而《胜利报》则着重于本区实际工作的反映与指导。有的同志则一贯的在学习中表现好高骛远，不屑看《胜利报》，以为这是村区级干部的通俗读物，他们不了解要指导区村工作，也必须看《胜利报》。有些文化水准很低的工农同志，也硬看看不懂的《新华日报》，而不愿意看《胜利报》。至于对《胜利报》的发行工作和读者的组织工作漠不关心（特别是党的宣传部门），则更是普遍的现象。这种对党报的忽视态度，是不能容许的，《晋冀豫日报》出版后，我们要求全党同志必须以新的态度来对待党报。

四、各地党对党报是应该负起责任的，因此规定：

1. 必须经常阅读党报，研究党报，凡党报的重要文件必须加以讨论，并深入到群众中去。

2. 各级党的宣传部门，必须保证发行工作的健全和读者的组织工作的建立(每个基点须建立一个读者会)。

3. 各县委宣传部每月至少向《晋冀豫日报》投稿两次（工作通讯、新闻或文章均可)，来稿可以由区党委宣传部转。

4. 各级党必须经常（至少每月一次）提批评意见，并收集各方面对报纸的反映和意见，报告区党委。

这一指示各级党及各个党的组织，必须讨论，并彻底的批评检讨过去。

关于《胜利报》改版为《晋冀豫日报》

（一九四一年七月五日）

随着国际国内形势急剧演变的影响，与根据地建设的发展，使本区今后在对敌斗争上，将进入一个更加紧张与残酷、更加尖锐与复杂的阶段；而根据地在政治、经济、武装、文化各方面建设的发展，特别以边区临时参议会成立为主要标志的民主政治的进一步开展，将使根据地各方面建设，及社会进展——阶级关系的变动，民主斗争的开展，各种社会事业的发展，都带着非常急剧和复杂的性质。

这一切，都加重了我们今后的工作任务，也加重了党在各方面的领导任务。作为区党委领导全区工作主要武器之一的党报——《胜利报》，为适应这一环境的需要，为完成它的严重任务，就必须扩大篇幅，提高质量，使它成为区党委指导全区对敌斗争各方面建设工作和政治斗争的武器，使它成为全党实际进行各种工作、各种斗争与推进根据地建设的有力武器——这便是改版《胜利报》为《晋冀豫日报》，并扩大篇幅的全部意义。

《晋冀豫日报》出版后，党的一切文件、指示、言论，以及各地工作中的经验教训，及一切不正确的偏向，凡可以公开发表的，都将在党报——《晋冀豫日报》中登载、反映与批判。它将与本刊有比较严格的分工，本刊今后将着重于党内问题的反映、研究、批判与指导。因此，今后将重视党报、研究党报、掌握党报作为工作的武器，便成为各级党的重要任务之一——谁不这样做，谁将在工作中碰钉子，谁将重复各地已经犯过的错误，而使党的工作受到不必要的损失，实际造成对革命的罪恶。记得在第一次全区代表大会时，杨西显同志曾号召全党注意读党报，说“不读党报，就要死人”。在今天对敌斗争更加严重的环境下，重视党报应更有其严重意义。

但是我们如果检查一下过去，甚至最近的过去，也可以看到各地同志，对于党报——过去的《胜利报》，是并不重视的！有的同志认为看了新华报就可以了，不看《胜利报》，以为本区有了新华报就完全不必要再出版《胜利报》，他们完全不了解新华报与《胜利报》的分工及其不同的作用，不知道或看不懂新华报是着重于政治上的指导，它的出版发行的范围是全华北的，它的读者对象也是全华北各地区的人士；而《胜利报》则着重于本区实际工作的指导与实际工作上经验教训的反映——表扬与传播实际工作上的优良经验，批判与纠正工作上的错误与不良倾向。它是为了帮助全根据地的各个战线上党的和群众的工作干部进行实际工作的，它的读者对象是整个根据地党员干部以及一切进步群众。它在对工作指导上的具体性更大。又有一些同志，一贯的在学习中表现好高骛远，以为《胜利报》是对区级干部的通俗读物，自己所需要了解的是大的政治问题，不屑去读这类东西，他们完全不了解《胜利报》的通俗，是为了扩大读者的范围，而不是专门为了供给某一级干部来读，他们不知道根据地建设工作大部在于村，而自己作的与领导工作的任务也就正在区村，要使自己在工作指导与领导上不犯可能避免的错误，也必须看《胜利报》。还有一些文化政治水准都很低的工农同志，看不懂新华报，也硬着头皮去看，对自己可能看懂或正可看懂的《胜利报》却不愿看。至于对《胜利报》的发行工作，与组织读者、组织通讯等工作漠不关心，更是普遍的现象——这不仅一般同志和一般党的组织是这样，甚至与县专门工作任务之一的党的宣传部门也这样。

这些对党报的轻视与严重忽视态度，是不应该的，是不允许其继续存在的。在《晋冀豫日报》出版后，我们建议全党同志都应把过去对党报的不正确态度，作一次比较深刻的检讨与批评，我们要求全党同志，今后必须了解目前环境与根据地各种建设工作的发展至现阶段和党报的关系，与自己对党报应负的责任，以正确的新的态度来对待党报！

这就是：全党同志必须首先要经常阅读党报，研究党报；凡党报所载的重要文件，都须加以比较深刻的讨论，特别是对自己工作有关的各项文件和消息，要注意研究。不然，要党报对自己有如何的帮助是不可能的。

其次是不仅要每个党员、干部与党的组织，把党报作为自己指导与实际进行工作的有力武器，同时还必须使党报成为广大群众的精神食粮，应该经常通过它——党报，来教育广大群众，使党的每个主张，成为广大群众的主张，这也必须全党同志自觉的有计划的把党报推广到群众中去，深入到每个群众的精神领域中去。

第三，为了使每张党报能迅速传至读者手中，并发挥更大的效用，各级党的宣传部门，必须保证发行工作的健全，读者组织工作的建立——如组织读者会，每个基点，至少建立一个，并保证能经常按时开会阅读讨论，然后通过他们向群众作广泛深入的宣传。

第四，为了使党报内容充实，并与各地关系密切，各县宣传部，除应经常注意介绍热心负责的通讯员直接与报馆发生关系外，并应保证自身每月也至少向晋冀豫日报投稿两次，内容为：工作通讯、新闻或文章均可（稿可由区党委宣传部转）。

第五，为了使党报逐渐改进，符合实际需要，全党同志都应经常提出改进意见，及反映各方面的意见。特别是各级党都必须至少两月对党报提出批评与意见一次，或收集各方面对党报的反映和意见，报来区党委。

以上数条，都是每个党员和党的组织，对党报所应负的最少限度的责任，希望今后能不折不扣的逐条实现!

（原载于《战斗》第60期，1941年7月5日）

中共晋冀豫区党委宣传部对于各专区地方报纸的指示

（一九四一年七月五日）

一、一年来我党正确政策的实施，根据地已进入了新民主主义社会，和民主政治的新时期。在新形势下，为了贯彻和完成新的任务，各地党加强对各地方报纸的领导与运用，是今天党的宣传、教育工作的重要一环，任何对报纸的忽视和不注意都是错误的，必须加以克服和纠正。

二、检查这一年来各地地方报纸工作，冀西公报、太南导报，已创造了自己某些特有的风格，并在群众中建立了相当的威信。但一般说来，都还存在着许多严重的缺点，这主要是没有明确确定报纸的性质、任务和内容，没有足够的了解到我区有新华报、胜利报的出版发行，而和新华报、胜利报严格分工。因此流于一般化，不具体、不深刻，不能在广大群众中建立自己的威信。

三、为了完成党在新形势下新的任务，克服以往的缺点，特确定今后各地地方报纸：

1. 在性质上是一定地区党领导下而受政府津贴的地方报纸，通过群众的立场，具体深入的指导反映，发挥对敌斗争和宣传教育的效能，其主要对象是村干部和广大群众。

2. 党报的任务，主要是通俗地系统地解释党的理论、党的政策，驳斥敌伪反共顽固分子的理论与阴谋，及时地指导、批判、推动一定地区的工作，动员广大群众，教育广大群众，提高群众的政治文化水平。

3. 它的方针是与新华日报、晋冀豫日报，严加分工，密切配合，更进一步地方化、通俗化、具体化和群众化，做到和群众真正血肉相连，创造一定地区地方报纸的特有风格，纠正过去好高骛远的专仿大报作风，包罗万象抽象空洞的一般化倾向。

4. 在内容上：

A. 每一时期应有一定的编辑方针。

B. 避免用社论、专论等大文章作指导，要善于运用通俗具体的短评、讲话等形式，多提供具体办法，批评缺点，指导工作。

C. 报道敌我斗争，要尖锐注意敌人进攻的特点，研究揭穿敌伪的阴谋欺骗，积极指出对敌斗争的办法。

D. 报道工作要抓紧中心环节，注视工作发展，系统地具体地深入地详尽地反映工作，指导批评工作。

E. 反映新闻变化要深刻具体，地区上要普遍平衡，掌握每一阶段工作中心，注意中心工作的转变，注意社会事业与社会生活的向上发展，杂文本身要加强批评性、指导性。

F. 群众教育，着重于具体问题的解释，中心工作的深入，详尽的宣传政策法令和每一个细节的说明。

四、完成这一新的任务，各地党必须加强对报纸的领导。

1. 组织健全编委会，确定各种制度，确定出一个阶段的编辑方针，定期总结检查报社工作，研究政治及工作问题，此外报社负责人（是党员的话）尽可能参加地委召开一般的工作会议。

2. 帮助建立健全组织机构，对不适合的干部应即时加以调整，并选拔优秀的干部，参加报社工作。

五、各地党接到此次指示后，应详尽讨论，定出计划，并对讨论结果向区党委宣传部作书面报告。

中共晋冀豫区党委组织部加强党报通讯队伍的通知

（一九四二年十二月一日）

一、兹为加强各县党委对党报（新华报）的通讯工作，使党报的党性更加增强，决定下列同志担任各县的宣传干事：

（名单略）

这些同志过去皆是党报的通讯员或对党报经常通讯者。如已任县委宣干或宣传部长时，原职不变，如任其他职务时，应从速调动。在调动过程中，如涉及分会专署干部管理范围时，由地委决定，如涉及总会边府干部管理范围的报告我处。

二、嗣后每个党员干部，应加强对党报的通讯工作，区党委决定凡对党报经常通讯的党员干部，组织上要加以奖励。

中共太行区党委通知各级党委对党报应有之认识与工作

（一九四三年十月二十日）

一、新华日报自十月一日起，改为太行报，为区党委领导下之报纸。今后报上发表之社论，即是区党委指示工作之文件。各级党的组织应切实讨论执行。

二、为及时交流经验，研究工作中实际问题，推动实际工作，特把报纸第四版专辟为编排此类文章之园地。并规定地、县级党委及政权，群团，每月每单位必须就本地区当前工作之经验、问题，写文章一篇，寄送报馆（文章必须共同负责讨论后由一人执笔写）。

三、为使报纸更加和实际工作结合，并指导与推动实际工作，各级党的组织必须依据太行分局关于新华日报工作的决定，区党委宣传部关于对党报应进行的工作的指示，检查近一年来对党报的工作（供给材料，组织通讯，组织发行，反映意见）进行情形，并对缺陷处加以改正。

晋冀鲁豫边区政府通令

——实行逐级检查制度，大量向报纸反映工作

各专员县长、各专管局局长：

建字第二八〇号通令，将《新华日报》作为检查工作检查思想的武器，根据最近情形，再规定以下两点：

一、要把报纸对于一切工作上的偏向与违犯政策原则的事实，实行逐级的负责检查制度，如反映专署的，由边府检查；县的，由专署检查；区的，由县检查；村的，由区检查。各局同样。这种检查制度，必须负责与深入，要将问题求得完全解决，并且在时间上要抓紧。如果在报上已反映三次，仍未引起注意，则应受到行政上的严格处分。

二、从二八〇号通令后，有些地方好像向报纸反映有了戒心，这是不对的，要很快纠正。并且要鼓励大家尽量地大胆地向报纸反映我们的工作的优缺点。只有如此，我们的工作才能贯彻到群众中去，群众才会拥护我们。

以上两点要确实执行此令！

主　席　杨秀峰

副主席　薄一波　戎伍胜

一月六日

（原载于1944年1月13日太行《新华日报》）

胜利的回顾与胜利的期待

邓小平

如果在结束一九四〇年的时候，需要把晋冀豫区（即冀南太行太岳区）全年的努力作一个清算的话，下面的事实，已足以证明我们的成就，是极其伟大的。

在去年内，八路军和决死队打了一千三百多次仗，共伤敌八万五千余名，缴获之多，为空前所未有。其中最著名的是五月间的白晋战役，八月二十日开始的百团大战，和冀南整年未停的交通斗争。至于这些战斗的胜利意义，特别是百团大战的胜利意义，早有定评，毋庸再说，其对全国影响之大，对敌损害之重，以及对根据地的坚持与巩固，对我军民的锻炼，其成果都是不可估计的。

在一年内，我们进行了统一的斗争。过去冀南太行太岳几个区域，缺乏很好的联系，并受到敌人和顽固分子张荫梧、朱怀冰、石友三等的夹击，各种建设无法进行，几个区域有被隔断的危险。经过一度斗争，才打开了局面，才有可能一心一意的与敌人进行交通斗争，也才有可能把几个区域联结成一块合乎战略要求的根据地，顺利的进行各种建设工作，于是冀南太行太岳行政联合办事处应运而生，开始奠定了统一的基础。在“联办”统一领导统一计划之下，根据地的各种建设，显然是进步很快的，混乱现象基本上被克服了。

在一年内，党政军民的工作，都在走向巩固，走向深入。依靠党政军民的一致努力，我们的正规军游击队有了显著的发展，特别是经过五月整编之后，正规化的程度提高了。在全年交通战斗中，证明了群众工作有了相当的进步，冀南民众（自卫队青抗先）参加破击交通斗争的，总计起来，当以百万计。假如没有这种广泛的群众的交通斗争，那现在情况之严重是不难想象的。太行太

岳区的广大民众，参加百团大战，参加平汉正太白晋平辽等铁道公路的破击，参加反扫荡，实行各种帮助抗日军队的参战动员，都是非常热烈而卓著成绩的。抗日民主政权的进步，则表现于政权工作开始走上轨道，三三制的民主制度开始实行，财政经济文化教育等等建设工作，开始了有计划有步骤的实施，特别是在掌握正确政策上，引起了初步的注意，保障人权法令之颁布，合理负担办法之修正，财政之统一，经济建设计划之确立，北方大学和各级正规中小学校之创办，无一不象征着抗日根据地之日趋坚强与巩固。党在自己的巩固工作上和对各种工作的领导上，也有了不少的进步。

在一年内，我们在“面向敌占区、面向交通线”的口号之下，克服了向后退缩的现象，某些地区收到了初步的成绩。有些区域抓住了百团大战的胜利，收效尤大。无论如何应该承认抗日政府抗日军队在敌占区的影响，经过了一年的工作和战斗的胜利之后，有了一个大的变化。敌人曾经拼命造谣说八路军被消灭了，抗日政府被打垮了，现在还有谁相信呢?敌人曾经灵敏地利用了我们某些游击队纪律不好，某些同志到敌占区筹集资财，乱打汉奸，不做艰苦工作，不执行正确政策等等弱点与错误，大肆宣传欺骗，并强迫敌占区同胞与抗战区对立，巩固扩大其伪组织，保护其交通线，以达其“以华制华”之目的。但在我们克服了这些错误弱点的区域，以及在我军不断胜利，敌人弱点愈益暴露之下，敌人的诡计再无法施展了，敌占区同胞对祖国的胜利信念加强了，伪军伪组织的动摇程度增高了，这不能不说是一年内的重大收获。只要我们在正确政策之下努力下去，我们是一定能把敌人缩小于点线之间的。至于对敌伪军，我们的工作显然不能令人满意，但亦收到了部分的效果，十余起伪军反正和五次日本士兵反攻投诚的事实，可以证明这点。

在一年内，在统一战线的工作上，无论团结友军，或团结各阶层，也收到不小的成绩，这是与执行党的政策不能分离的。在文化事业与群众教育上也有了新的成就，这是与华北的党报——《新华日报》的努力，不能分离的。

难道还不明显吗?一年的努力，不是空过的，抗日根据地的基础进一步的打定了，抗日战争的胜利，更加接近了。一九四〇年的成就，给了我们更好的条件，去迎接一九四一年的新的发展与新的胜利!

不可否认的，一九四〇年的斗争，在另一方面也显示出了华北斗争的艰苦性与残酷性，敌人曾经企图在一九四〇年内增筑许多铁道、公路和据点，构成稠密的“囚笼网”，在我们不断打击之下，敌人并未能完成其计划，但是它部分实现了它的计划。冀南已由一九三九年的五十八个据点增加到现在的一百六十二个了，晋东南也由一百九十八个（包括平汉、正太、同蒲线上的）增到二百五十五个了。德石铁路已经修成，济邯铁路还在赶修，公路数目也有些增加。这证明今天的斗争环境较之一年前要严重些了，如果我们没有整个破击交通斗争的努力，那不知还要严重多少倍。敌人在今年曾经进行了对抗日根据地的连续“扫荡”，实行大烧大杀大抢的政策，大肆摧毁根据地的人力物力财力；敌人曾经履行其经济封锁，货币斗争，欺骗宣传，奴化教育，特务活动，设置内奸，制造敌占区与抗战区的对立等等“以华制华”、“以战养战”的政策，所有这些阴谋诡计，曾遭受我军民的严重打击，而敌人之残暴行为，适足以增剧人民之愤怒与抗战决心，但由于我党政军民工作之不足，敌人也是收到部分效果的。

至于党政军民的工作，也存在着许多严重的弱点。以军队言，正规军的补充不够，战术素养不够，正规化程度不够，政策的研究不够，与人民的联结不够。以群众工作言，组织与教育都嫌不够，群众领袖的培养不够，特别是民兵制度自卫队工作不够。以党的工作言，组织纪律性不够，党员的教育不够，特别是政策的教育与掌握不够。

自然，这些仅仅是我们前进中的弱点，发展中的不足，胜利中的困难，用不着大惊小怪。一九四〇年我们是胜利的，只看到弱点，只看到困难，难免悲观失望；只看到胜利，不看到困难和弱点，也会麻木不仁。

一九四一年的斗争，无疑地，比一九四〇年还要艰苦还要残酷，对一九四一年的斗争的严重性认识不足，是极端有害的。敌人的“囚笼政策”必然加紧，连续“扫荡”和对根据地的破坏必更残酷，甚至有由分区“扫荡”变为分区“清剿”的可能。敌人的经济政治文化特务的进攻，亦必变本加厉的施行。而我们亦必进行更坚强的军事、政治、经济、文化斗争，去击破敌人的“囚笼政策”和各方面的进攻，扩大抗战区，缩小敌占区，取得比一九四〇年还要伟大的胜利。

新的困难与新的胜利摆在我们的面前。新的困难，需要我们加强工作去克服。新的胜利，还有待于我们去争取。

迎接一九四一年，一幅严重斗争的场面展开了。

我们要一致努力，加强正规军，充实正规军，发展游击队，健全军区工作，树立民兵制度的基础，动员民众积极参战。我们要用广泛的群众的游击战争交通斗争去削弱疲惫消耗敌人，打击敌人的“囚笼政策”。我们要用正规军的顽强的战斗，打几个更干脆的歼灭敌人的大胜仗。一切党政军民的努力，都是为着战争的胖利；没有战争的胜利，一切都是谈不到的。

我们要加强抗日民主政权的建设工作，保证三三制的执行，切实掌握统一战线的纲领，树立民主政治的基础，以一年的时间首先完成村区两级的民选，进一步的密切政府与人民的联系。一切努力为着团结各阶层的力量，发挥人民高度的积极性，以与日寇汉奸进行艰苦的斗争。

我们要加强财政经济建设工作，保证彭德怀同志提出的“晋冀豫一九四一年经济建设计划”之完成，并进行严重的统一财政、保护冀钞的斗争。一切努力为着打击敌人的封锁与破坏，建立自给自足经济的基础。同时，必须估计到敌人的破坏政策之严重性，而进行充分的准备，以防止敌人的破坏，并且要有破坏了还要建设的顽强性。

我们要加强文化战线，与敌人进行顽强的宣传战。采用一切形式不同的方法，不疲倦的去加强对群众的抗日爱国教育。应当估计到今后战争频繁，因敌人摧毁而可能引起部分群众悲观情绪的增长。要估计到敌人的反动宣传如果不受到我们的揭破和打击，也可能在部分敌后群众中受到若干影响。还要估计到我们过去的宣传工作，是很薄弱的，不够深入的，所以加强宣传教育工作，打破消极情绪，提高胜利信心，是非常重要的。

我们要继续努力于“面向敌占区、面向交通线”的方针，加强敌伪军的工作，我们要与敌伪进行一村一村的争夺斗争，只有这样才能扩大抗日根据地，把敌人缩小于点线之间。

我们要在所有干部中，造成研究政策执行政策的热潮。没有正确政策，一切努力都是空洞的；有了正确政策，我们才能胜利。

党政军民一致动员！我们有足够的力量，我们有正确的政策，依靠于一九四〇年胜利的基础，依靠于不断的努力，我们有着充分的信心，期待一九四一年的新胜利！

（原载于1941年1月1日华北《新华日报》）

对华北《新华日报》的祝贺与希望

彭 德 怀

一九四〇年元旦和一九四一年元旦，是华北《新华日报》创刊的一周年和二周年，当时战斗在太行山上的彭德怀副总司令均发表了纪念文章。

——编者注

一

《新华日报》华北版诞生已经一年了。它在报馆全体工作同志与全体工友积极艰苦的抚育和奋斗之下，在全华北的武装战士与人民爱护之下，已从极艰苦的战斗环境中成长起来。虽仅仅是一周年的历史，可它担负了伟大的使命与创造了光荣的成绩!

《新华日报》华北版是在华北敌后创办的报纸。正由于它处在这样一个特殊的环境里，所以它与一般报纸的不同之点，就在于：它是在敌人铁蹄蹂躏的废墟上诞生的，并且在游击战争的流动中出版；它享有广大群众的热烈爱戴，并能同广大群众的战斗情绪融合起来。它之所以能够同广大群众建立起这样密不可分的血肉关系，固然在于它宣传了抗战正确的理论给民众以抗战正确的启示；同时也在于它是建立在华北敌后一切抗战进步的政权与民众相互支持的基础之上。因此我敢说华北《新华日报》在今天已经成为不可摧撼的力量。虽然敌人与反动顽固力量，企图用各种各样的方法对它进行污蔑、捣乱和破坏，但我想这都是徒劳的。

在一九四〇年到来的时候，正是中国抗战进入了艰苦的时期。敌人灭亡我国的政策，已由以军事为主，而变为以政治为主的阶段。它一方面进行政治的诱降，一方面采用各种奴化、愚民、复古的文化欺骗宣传，以达其亡我种族之目的。同时，我们的内部出于投降妥协危机的加深，也因而发生了某些落后的、反动的、荒谬的理论叫嚣。有极少数人做着敌寇的应声虫，高唱着“复古”、“读经”等谰言，甚至以统治的手段，强横的武力，向全国舆论界进攻，实行封闭、检查、摧残中国抗战的文化运动，不准人民有言论、出版、集会、结社、著作的民主自由。这些事实，实际上就是配合日寇进攻中国的帮凶行为，助长日寇亡华的毒计，这都是今天最危险的现象。

在一九四〇年到来的时候，华北《新华日报》面临更加重大的任务：

华北《新华日报》应该努力成为与敌伪作思想文化斗争的最尖锐的武器。坚决的站在全国人民的面前，揭露敌寇的政治阴谋，彻底粉碎敌寇企图毁灭我国文化与民族精神之迷梦，尤其应当对那些敌寇的应声虫予以严厉的打击。

华北《新华日报》应该努力成为团结与统一华北抗战的思想与文化阵地。现在我们华北抗战的思想与文化还没有团结巩固起来，还不能担负起支持华北抗战在文化思想战线上应有的责任。我们今后只有亲密的团结在一个目标之下共同奋斗，才能得到彻底的胜利。

华北《新华日报》应该努力成为组织与领导抗战力量的中坚。华北的文化还异常落后，华北民众组织还未能广泛与深入。过去的经验告诉我们，报纸还往往缺乏对群众的每个实际斗争进行具体的指导，使他们能够把握着正确的方针。就是说只有通过报纸的生动感人的宣传，真正让群众懂得真理，然后才能使群众行动起来。

一九四〇年是伟大艰苦斗争的年头，华北《新华日报》在过去已经创造了不少光荣的业绩。我相信它一定能够把过去斗争的经验很好地运用在未来的环境中，我相信它一定能够高举起新中华伟大的旗帜，和华北一万万民众一起战斗到新中华的完全实现。

（原载于1940年1月1日华北《新华日报》第5版）

二

一九四一年元旦，为《新华日报》华北版成立二周年之日。二年当中，华北《新华日报》在中国共产党北方局直接领导之下，坚持了中共中央的政治方针，广泛的传播了正确的抗战言论，研究和交换了华北抗战各方面的宝贵经验，严厉的驳斥了日寇汉奸亲日派的荒谬论调。因此，它已经受到了华北广大抗战人民的拥护，虽然处在极其艰苦的环境中，但它不仅没有被敌人所摧毁，反而日益壮大起来了。这一切成绩的获得，固然是由于《新华日报》全体职工努力的结果，但主要的还是与中国共产党改革的正确和它的政治影响的日益增高不可分离的。

根据各方面的具体事实，我们估计一九四一年是国际国内形势重大转变的一年，同时也是抗战空前困难的一年。日寇的进攻，特别是对根据地的“扫荡”烧杀，必然会空前残酷，摧毁和破坏将超过以往任何的一年。国内投降和内战的危险，在一九四一年中可能随着国际国内形势的变动而加剧。各种困难，特别是财政经济的困难，也会更加严重。同时，由于日寇汉奸亲日派的造谣欺骗，人民中某些悲观失望的情绪也有可能增长。但这一切困难，在中国全体人民努力下，在日寇内外困难急剧增加的情况下，在国际形势的有力配合下，都是可以克服的。我们共产党人不隐瞒困难，同时也不怕困难，因为这些困难只是暂时的，一经克服，前途就是光明的。

在克服困难当中，一切抗战工作都必须十分紧张起来。华北《新华日报》更应当继续发扬二年内光辉的成绩，高举真理的旗帜，在艰苦环境中，把自己认真造成为华北人民大众的喉舌，指示正确方向的灯塔！华北《新华日报》不仅应成为正确抗战理论的宣传者，同时要成为华北人民的组织者，吸引千千万万人民在党的周围。我们相信，只要我们的报纸能坚持中共中央的正确政策，经过报社全体同志的艰苦工作，我们对它的希望是一定能够达到的。

（原载于1941年1月1日华北《新华日报》）

阅读党报推销党报应当是每个党员的责任

——为《新华日报》华北版一周年纪念而作

杨尚昆

《新华日报》华北版，是中国共产党在华北的机关报。1940年的元旦，正是它诞生在敌后的周年纪念日!

党报，在党的组织建设上与宣传事业上，都具有非常重大的意义和作用。党报是党的政治路线和工作方针的传播者，是党动员群众与组织群众的一个犀利武器。

中国共产党对于出版党报，历来是很注意的。即使在极端艰难的秘密工作条件之下，也曾用过各种努力，来实现这个任务。比如我党中央曾经以最大努力出版过《真理报》、《红旗》等报纸和杂志。北方局也曾出版过《火线》杂志。这些报刊在党的建设上，在革命事业的发展上，都曾起过不可磨灭的作用。然而正因为当时党是处在秘密环境中，受着技术条件的限制，所以这些党报，都是秘密印刷和发行的。因此发行的范围就很狭小，数量也不大，完全是利用油印，印成蝇头般大的字，在党内及革命者中间轮流传诵着。

随着抗日民族统一战线的实现与发展，我党已建立了全国性的党报（如《新华日报》）和刊物（如《解放》、《群众》）。党的政策和党的工作方针，透过这些报刊，传达到全党，散布到全中华民族乃至全世界上去。在这种情形之下，过去那种不重视党报的观念，必须纠正，“使每个同志应当重视党报，读党报，讨论党报上的重要论文”（中共中央1938年4月2日关于党报问题给地方党的指示）。

《新华日报》华北版在敌后诞生的一年，是艰苦奋斗的一年！它曾克服了不少困难，突破了各种障碍，以坚强不屈的姿态执行着自己的任务。就是在极度困难的敌寇大举扫荡的时候，它也不断努力求得按期与读者们见面。《新华日报》华北版的努力，在我们的新闻史上写下了光辉灿烂的一页，开创了敌后新闻事业的新纪录。当此周年纪念之时，我们谨向华北版的全体职工致以衷心的敬意!

《新华日报》华北版的任务是什么呢?它的任务是：坚持抗战，反对妥协；坚持团结，反对分裂；坚持进步，反对倒退。

它应当成为鼓舞全国军民、全华北军民坚持团结、坚持进步的号角。

它应当成为反对各色各样汉奸理论，反对妥协、分裂、倒退的一切言论和行动的利剑。

它应当成为击破敌寇各种“以华制华”政治阴谋，破坏敌人“掌握人心”恶毒奸计的武器。

它反映坚持华北抗战的事迹，宣扬探讨与交流敌后抗战的各种宝贵经验。

它应该号召全华北军民，在敌后华北的连续苦战后，克服一切困难，巩固抗日根据地。

我们坚信，《新华日报》华北版是能够担负起这一艰巨而又光荣的任务的。

一年来《新华日报》华北版并不是没有缺陷的。这些缺陷最主要的表现是：一、还未能反映全华北的情形；二、还未能完全尽到“集体组织者”的责任；三、发行范围还不广泛；四、在现已发行到的地区内有的地方党组织还未能及时纠正过去那种不重视党报的观念，而未能给报纸以应有的帮助。我们希望：依靠着华北版全体职工的努力，在全华北党的密切注视和努力帮助之下，迅速克服这些弱点，使《新华日报》华北版真正成为全华北的报纸，成为深入到全华北一万万群众中，普及到每个抗日根据地内的报纸。

我们要求各地方党组织，尽一切力量来帮助《新华日报》华北版，以加强它与群众的联系。为此必须做到：

（一）每个党员应该按期阅读《新华日报》，讨论《新华日报》上的社论与重要论文，特别是我党领袖的言论。

（二）团支部应该订阅一份《新华日报》，在支部领导之下，组织读报小组，由文化程度高的同志，诵读给文化程度低的同志听，并作必要的解释。

（三）每个干部必须按期阅读《新华日报》，这不仅可以帮助我们理解党的政策，吸取各地工作经验教训；而且可以帮助在职干部的学习，提高干部的政治水平和丰富干部的工作知识。

(四) 每个同志都应该帮助《新华日报》华北版的推销和发行，使它深入到群众中去。

(五) 每个同志都应该帮助《新华日报》华北版建立通讯工作，组织各地的通讯网，使党报能反映各方面的情形。

(六) 每个同志都应该帮助《新华日报》华北版在广大的民众中建立“读者会”，使党报与广大的群众密切联系起来，达成它应当成为“集体组织者”的责任。

总之，阅读党报，推销党报，应当是每个党员的责任。我们相信，《新华日报》华北版在全党同志扶持与爱护之下，它能成为“抗战建国”的大风箱的一部分，把民族解放的火焰，吹得更大更猛，把日本强盗埋葬在这一火焰之中，而从熊熊之火中熔炼出新民主主义的新中国!

(原载于1940年1月1日《新华日报》华北版第6版)

目前宣传工作中的四个问题

陆定一

历史把最为艰苦繁重的神圣任务，放到华北一万万同胞身上，尤其是放到晋冀豫一千二百万同胞身上。敌人对于华北的“扫荡”已经进行了很久，对晋冀豫的大举进攻也已经开始。我们看到光明的胜利的前途越来越近，但是我们又知道，在到达胜利的坦途之前，还要走过一段很长的艰苦斗争的途径——相持阶段。我们的任务，是不但要在最近将来粉碎敌寇的进攻，而且要在相持阶段中克服一切困难，坚持抗战下去。只有依靠于全民族“一切生动力量的发动”，大家一致起来，热烈参战，热烈生产，我们才能顺利解决这些问题。

宣传工作的重要性，就在于它是发动民众参战热忱和生产热忱的一支重要武器。我们所要解决的任务越是困难与繁重，越是要得到更大的效率，就越是应该发动群众的积极性自动性，越是要加强我们的宣传鼓动工作。

就晋冀豫来说，粉碎九路围攻后一年以来，宣传工作是有了重大进步的。这表现在，许多报纸、通讯社和太行山青年记者协会的创立，许多剧团和太行山戏剧协会的创立，乡村中民革室工作的建立，学校的开课，新教材的出版等等。应当说，我们的进步，不但要表现在质的上面，而且也在量的方面有其表现。更好地运用我们这些宣传机关，不断改进其质量，将会保证我们顺利解决“动员一切生动力量”的巨大任务。

在许多问题之中，我想谈谈其中的四个：

第一，是报纸。报纸在平时是重要的，在战时尤其重要，这是已经周知的事实。在今天，我们需要解决的任务是：在地方上，做到每县有一个报纸，在军队中，做到每团有一个报纸，并且保证所有的报纸，在战时能经常出版，经常发行。尤其是几个重要报纸，如《战斗日报》（将改版为《黄河日报》）、

《新华日报》、《胜利报》等，必须解决战时出版与发行的艰巨任务。这几个较大的报纸，以及一切报纸的出版与发行，绝不是一个报纸自己的工作与他人无关的事，而是每一个关心救亡事业的人，人人应当负责的事，是每个救亡团体和军队及政府机关所应当关心的事。因此，展开一个广大的报纸读者联合会的运动，来具体解决帮助报纸平时战时发行与推销工作的任务，是必要的。

估计在作战最紧张的时候，铅印甚至石印都将没有可能。因此，一切报纸，应准备在最困难的时候，用油印来出版。我们提议，现在就应预先准备这种环境的来到，青年记者协会应预先计划好，在这种最严重的情况之下，把整个晋冀豫区分成若干地区，在每一个区域中，几个报纸联合起来出版一个油印报纸，或者由某一报纸在该地分设一个临时地方版，其发行工作，则主要的依靠于当地各村的读者联合会。

第二，是民革室。民革室的内容，需要大大的充实，和采取更多的民族化、地方化的方式方法。我们提议，民革室的内容，千万不要千篇一律，有所谓"十一栏"，而应依照具体情形，来作布置。民革室第一个任务，是读报和讨论报纸上提出来的问题。每天读报。读报的人要事先准备好读什么，用那些图表，提出什么问题来讨论（注意联系到当前任务）。民革室第二个任务，是组织演讲。讲民族英雄故事，抗战故事，历史故事，讲科学常识，讲生产经验，讲参战工作经验，讲政府法令，讲些浅显的世界大势中国大势，讲卫生常识，防空防毒。还可以组织许多特殊的演讲，如家庭常识，育儿常识，不识字的苦处，缠足之害等等。民革室第三个任务，是娱乐和体育。这方面要尽量采取民族化、地方化的方式方法，如打拳，唱上党戏，练习丝竹音乐，下象棋围棋等等，新的娱乐和体育设备，则应逐次增添，勿求急效。体育娱乐的方法，还应估计节气，随季更换。民革室第四个任务，是提倡识字，消灭文盲，特别在妇女青年中进行此项工作。同时，设立小规模的读书室，陈设通俗报刊，供民众阅读。民革室第五个任务，是出版墙报，发动大家写稿，一则反映群众意见，二则提高文化程度。

这样做去，就能使民革室的工作活泼有趣；真正完成其民众教育机关的总任务。目前把民革室健全起来，实为迫切的工作。

第三，是戏剧运动。自从戏剧协会成立之后，戏剧运动已有了相当的基础。但目前戏剧运动还有两个最大的缺点：第一，还不够民族化地方化；第二，还不能完全抓住民众风俗习惯的需要。严重的现象，表现在今年的春节，那时各地都大唱其旧戏，其中好的固然有，但大多是毫无一点抗日的内容，而且还有许多诲淫诲盗的成分，以及迷信的说教。我们的戏剧运动，还没有能够以有内容的东西，来代替这种无内容的甚至恶劣的东西。现在，我们要把戏剧提到新阶段，提到动员一切新戏旧戏一致为了抗日建国而实现大团结的阶段。我们的目标，应放在联合一切新的形式的戏剧，来为一个目标——抗战建国而奋斗，而对于有害抗战建国事业的一切戏剧，不论其形式如何，应毫不容情地加以排斥。为了达到这个目的，第一就需要我们的戏剧运动者们，充分研究民族化地方化的问题，创造一种主要给农民看的，人人看得懂、人人有兴趣的戏剧；第二，要求我们的戏剧运动者，还要更进一步把戏剧运动深入民间，在每个编村组织起剧团来；组织各村之间的轮流表演，抓紧民众的风俗习惯，如在元宵、端阳、中秋、重阳、庙会等节日，发挥其积极的活动。新的内容的戏剧，比旧的内容的戏剧，是要好得多的。因为，第一，这是抗日的；第二，建立一个新的剧团，所费的钱，比演旧戏一次所费的还来得少，而一个新的剧团，建立起来之后，当然不止演一次戏就完了的。

我们希望我们的政府，对于戏剧运动的抗日统一战线，给以有力的帮助。一方面，帮助戏剧协会，开展抗战的戏剧运动到各编村去，并办理一切剧团的登记（完全免费），另一方面，审查剧本，对于内容恶劣的若干剧本，应下令禁止其出演，并按时审定若干最好的抗战的新旧剧本，大量印发各剧团，限令所有各剧团，在上演时必须演出其中的一个以上，否则不准出演。关于编辑与审查剧本的工作，政府可以委托戏剧协会，而戏剧协会必须尽最大的努力。比如，政府与剧协通力合作，才能把戏剧运动提到新的阶段。

第四，是对于伪军与沦陷区民众的宣传工作。在抗战的新阶段中，敌人兵力日益不足，因而将更加着重于利用我国人力物力以灭亡我国之毒计，即所谓“以华治华”之毒计。敌寇陆相板垣，已毫不掩饰的把这个毒计说出来了。事实上，如和辽之战，敌寇盖驱使平定同胞约三千人为其先锋，浮山安泽翼城诸役，皆有同样现象，在冀中冀南各地的“扫荡战”中，日寇甚至把伪县长也带着随军同来。从敌人的报纸中，及敌人的宣传品中，可以看到敌寇正在疯狂挣扎，用尽一切方法，麻醉我同胞，诱惑我青年，把我们的儿童运往日本等等。在抗战的新阶段中，对于坚持敌后抗战的我们，“争取与瓦解伪军，以孤立日寇，是非常重要的任务”（毛泽东《论新阶段》）。毫无问题，瓦解伪军，是与对沦陷区民众的宣传工作不能分开的。

为了坚持持久战，目前必须严重的提出对伪军与沦陷区民众的宣传工作问题，要我们各政府各军队各团体联合一致的来做。

在这里，敬向读者报告一个消息：八路军政治部准备在粉碎敌寇九路围攻的周年纪念日（四月十五日）举行展览，并召集座谈会，具体讨论如何加强对沦陷区同胞和伪军的宣传工作问题。我们希望党政军民各领导者，都能在这次座谈会上，贡献出宝贵的经验。并动员全体军民，一致为实现这一重大任务而努力。

（原载于1939年4月9日华北《新华日报》）

祝《新华日报》华北版成立周年纪念

李大章

一九三九年的元旦，正当抗战向着新阶段过渡时，你在华北诞生了！

你是华北人民的聪耳。一年以来，华北人民凭仗着你，听到了世界的，听到了敌国内部的，听到了我国全国的，特别是听到了华北各地的一切；不管敌寇汉奸如何封锁消息，淆惑听闻，你都能听得清楚。没有你，华北人民将是“聋子”；没有你，华北人民将在这种胡说八道中不知所从！

你是华北人民的慧眼。一年以来，华北人民凭仗着你，看见了世界的光明与黑暗，看穿了敌国的内幕，看到了我国抗战的全面，更看明了华北的每个角落；不管敌寇汉奸如何障碍你的视线与玩弄花样，然而你有“显微镜”能辨到细微处，你有“望远镜”能看到远大处，你有“照妖镜”能使一切妖魔鬼怪真相毕露。没有你，华北人民将是“盲人”，是“近视”，或者像看“万花筒”一样莫名其妙。

你是华北人民的喉舌。一年以来，华北人民凭仗着你，向世界，向中国人民，向全华北，说出大家内心所要说而一向无法说出的真话；不管敌寇汉奸如何武断宣传，任意曲解，或花言巧语的狂吠，但是你都可替人民申辩、抗议，揭穿了敌伪的一切胡说。没有你，华北人民将是“哑巴”。没有你，敌伪将随便狂吠！

你不只正确的反映与解释了战争，而且正确的指导了战争！

你是华北各报的大哥，你是华北文化界的巨垒之一。一年以来，在你的扶植与团结下，产生了数十个兄弟——华北各地的小报与文化机关。依赖着你的烛照，他们找到了好的营养（内容），也换上了漂亮的新衣（形式）。你总是走过，不管敌伪如何挑拨离间，而他们都是绕在你的周围。没有你，他们也许根本不会产生。没有你，他们将更感到孤单。没有你，他们中间很难个个经得起艰苦风霜而幸免于“夭折”!

一年以来，你主要的在布尔什维克党的领导与全华北人民爱护支持之下，赞扬了苏联社会主义伟大建设与和平政策，传播了国际和平，革命大众及被压迫民族的正义反抗，打击了国际法西斯战争制造者与发动者，斥责了英法美“民主”国家及第三国际的叛变和平，以马列主义民族解放的真理，与真三民主义的骨髓，武装了全华北人民的抗战头脑，以华北人民坚决的实际行动，兴奋了全国抗战的决心，坚定了全国最后胜利的信心，揭穿了出卖民族投降妥协的阴谋诡计!

正因为这样：一年以来，你曾屡次遭受到敌伪汉奸汪派托派顽固分子对你的各种各样攻击与迫害；但是你有着布尔什维克党的正确领导与全华北人民的爱护，一切困难与危害被你克服了，而且你在战斗中锻炼了自己。

一年以来你的任务艰巨，你的功绩伟大!

一年以来你的处境艰难，你在艰难处境中锻炼得更结实!

一年以来你在你慈惠保姆抚育之下，使你发育的更壮大!

庆祝你在满一岁生日的时候，你翱翔在愉快的广大读者面前!

庆祝你在满一岁生日的时候，你将与华北抗日根据地之巩固与胜利齐名!

但是在你二岁开始的今天——一九四〇年元旦，又正是国际国内刚刚走上新阶段的时候，随着元旦而来的光明的一面，虽然更加壮大起来，发展起来，然而黑暗的一面却更要来得卑鄙，花样也正是百出不穷。

这里更需要用你的聪耳，用你的慧眼，明辨世界革命的实际利益，与国际反动派的阴谋诡计，透视敌国内人民的正义行为与军阀资本家的没落及其政治诱降，揭穿国内投降妥协的丑态!

这就需要以你的喉舌作用，说给华北人民一切应付艰难事变的准备，驳斥一切动摇妥协的企图! 号召人民加紧团结，号召人民加速进步!

这就需要你团结与领导你的兄弟们! 报界及整个文化界，结成更坚固的精神堡垒，粉碎敌寇汉奸的主要进攻——政治进攻!

目前敌寇汉奸的政治进攻，使你成为主要的对手之一，你所在的敌后根据地也成为日寇汉奸进攻的主要地区。这就是说，你的任务，自一九四〇年起将更加艰巨，你的处境也将更加困难了。但是一年来你已有了丰实的战斗经验，已准备了更好的战斗基础，你的保姆——布尔什维克党与爱护你的华北人民已经有更雄厚的力量。

庆祝你二岁的开始，负起新的任务，克服新的困难!

庆祝你二岁的开始，以布尔什维克党精神粉碎敌寇的政治阴谋，阻止民族败类的投降妥协，巩固抗日根据地，抗战的胜利将随着一九四〇年而努力向前迈进!

（原载于1940年1月1日华北《新华日报》）

祝《新华日报》华北版诞生二周年

张友清

在纪念《新华日报》华北版创刊两周年的今天，我们共产党员，应该用实际的工作来帮助《新华日报》华北版，使它在今后更艰苦的环境中，担负起更重大的责任。

第一，要经常阅读《新华日报》华北版。要在经常读报工作中，了解党的政策，了解国际国内的政治情势，了解我党目前的战斗任务，只有深刻了解这些问题，才能够把自己的工作真正做好。

第二，要善于运用《新华日报》华北版，去开展自己的工作。每一个共产党员必须了解，党报乃是战斗中最犀利的武器，能够给予实际工作以极大的帮助。应该把各项组织工作和报纸宣传工作密切配合，才能够使这个武器的效用更有力的发挥。

第三，要广泛发行《新华日报》华北版，使之深入穷乡僻壤之中，使之家喻户晓。这就是说，要使《新华日报》成为群众自己的报纸，使党与广大群众密切联系起来。如果真正能够做到这一点，党是一定可以胜利完成自己任务的。

第四，要经常向《新华日报》华北版投稿，提出建议与批评，以便使我们的党报内容日益充实，以便使党报真正能够反映党内各方面的意见，这一点我们过去做的极其不够的，今后必须特别加紧。

第五，要在物质上资助《新华日报》华北版。要像过去俄国工人资助列宁的《火星报》、《前进报》与《真理报》一样，要像现在法国工人资助《巴黎人道报》、英国工人资助《工人日报》、美国工人资助《每日工人报》一样，使党报依靠党员与广大群众的资助而日益发展。特别是在华北敌后物质条件艰苦的环境之中，这一工作更是十分重要的。

依靠党的资助，《新华日报》华北版前途是伟大的。

（原载于1941年1月1日华北《新华日报》）

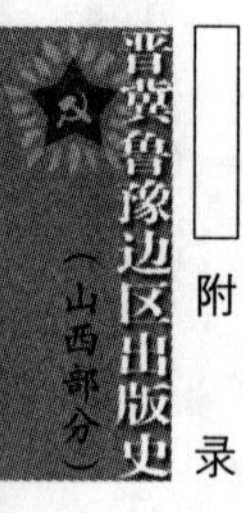

纪念《新华日报》华北版三周年

罗瑞卿

时光流逝，一九四一年已从艰苦胜利的斗争中过去了，战斗的一九四二年随着灿烂的晨曦而来临！值此万户更新之时，也就是华北《新华日报》创刊三周年纪念之日，爰书数语，藉资祝贺，并聊以作为岁首之辞。

过去三年的岁月，委实是多事之秋。尤其是去年一年，国内外政治形势的变化与推移，更为空前的急剧而巨大。在过去许多曲折而重大的事变当中，在近三年的华北敌后抗战中，华北《新华日报》在我党中央北方局的直接领导之下，基本上是尽了党报所应有的宣传、鼓动、报道、批判与指导之责的。它及时地敲响警钟，吹起号角，根据我党的政策与政治方针；给全华北军民指示着胜利斗争的道路。近三年来，我们继续胜利地坚持了华北敌后的抗日战争，在建党、建军与建政各方面，都获有显著的成果。而这些成果的获得，当然与华北《新华日报》之舆论指导工作有着不可分离的关系。

在战争频繁物资困难的敌后环境中，在日寇汉奸的仇视与暗算之下，华北《新华日报》并没有被摧折，反之在全华北广大军民的爱戴与帮助之下，它已满三周岁，并日益生长、茂盛，由两日刊而变为日刊。这说明《新华日报》所拥护、宣扬而为之奋斗的是真理，而真理是不可战胜的。在此，敬祝华北《新华日报》如松柏之青春！

回溯既往，展望来兹，我们固未敢满足于工作现有之成果，更当深自警惕于今后任务之重大；一九四二年将是环境更艰苦、斗争更紧张的一年，也是我们更接近抗战最后胜利的一年。我神圣抗日民族战争已进入第六个年头，日寇又在太平洋上挑起了新的战火，全世界侵略与反侵略两条阵线的斗争是愈益明朗而尖锐了——我全国现在正要积极准备大规模的战略反攻。在这个新的政治形势之下，我们坚持华北抗战的任务是更益艰巨而重大了。目前，摆在全华北党政军民前面的中心任务是：（一）坚持根据地，加强政权建设，更进一步的充实与丰富三三制抗日民主政权的内容，使之在敌后战争环境中更能发挥政权工作的功能。深入群众工作，加强武装建设，要将武装和人民更密切地接合起来，建设起千百万与人民血肉不可分离的地方武装与群众武装，展开无边广泛的游击战争，忍受艰难困苦，坚持敌后抗战，粉碎敌人“扫荡”，大量牵制敌人。（二）开展敌占区接敌区工作。号召、宣传与组织敌占区和接敌区的中国人民，反抗敌寇的压迫、奴役、掠夺与榨取，粉碎敌寇“治安强化”的政治阴谋，巩固他们对抗战最后胜利的信心，燃烧起他们身受敌寇之蹂躏摧残的民族仇恨！将敌占区和接敌区的广大同胞，在抗敌爱国、保卫身家性命的口号之下团结起来。使他们能够对敌人进行适当而有效的斗争，对抗战尽可能的贡献自己的力量。（三）争取敌伪军的工作，以敌人方面去生息我们的力量。现在日寇业已陷于多面作战的困境，敌伪军厌战、反战与动摇的情绪，无疑是会更加增长，我们必须把握这个良好的时机，加紧开展争取敌伪军的工作，切实执行敌伪军工作的政策，抱着“七擒七纵”的宽大精神，运用一切的方式方法，去感化、瓦解与争取敌伪军。

这三个任务是三位一体的，其间具有密切的有机关联。换言之，也就是我们执行坚持华北抗战这一总的基本任务之目前努力的方向。战斗的一九四二年已经来临，我全华北党政军民务必把这三大任务勇敢地肩负起来，切实地执行起来！我希望而且确信为我党出色党报之一的华北《新华日报》，一定能够保持光荣的传统，发扬艰苦奋斗的精神，围绕着这三大任务，而尽其集体的宣传者、鼓动者和组织者的责任！虽然环境将更加困难，任务是愈益重大，然而，目前整个国内外政治情势是更加有利于我们而不利于敌的，在今后华北敌我的斗争中，在执行上述三大任务上，我们具有更充分的胜利条件。同志们，大家努力，愿共勉之！

（原载于1942年1月1日华北《新华日报》）

加强报纸的战斗力

李 大 章

一九四三年，在我们党报——《新华日报》的建设事业上，是在逐渐走上了健全的道路。最显著的是党报与党的关系一天比一天密切，报纸的地方化、实际化，已经获得了进一步的改善。报纸对于实际工作的指导和批判性，也已经大大地加强起来。最近根据毛泽东同志在延安文艺座谈会上的讲话精神，更明确的确定了报纸为工农兵服务的方针，并正在努力朝着这个方向前进，这是完全正确的。

一九四四年，是国际反法西斯战争进入决定性胜利的一年。一方面是国际形势于我们空前有利，一方面是我们的困难也大大增加。我们党报在今年所负担的任务——即为着指导克服目前困难，巩固与深入工作，积极准备反攻力量的宣传任务，是更加复杂而繁重了。因此今年党报所努力的方向应围绕着下列几个方面：

第一，继续加强与提高报纸的指导性和批判性。

所谓报纸是否有坚强的指导性与批判性，首先应表现于报纸是否能经常站在每一工作、每一运动前面，及时正确的宣传党对于每一工作、每一运动的决定与指示。其次，还要看它是否能从每一工作和每一运动的发展与变化中，细心加以研究和分析，及时发现问题，并根据问题及工作情况发展的需要，进行有计划的指导与批评。第三，当每一工作或每一运动即将结束的时候，应迅速总结经验，组织比较全面的工作的交流，以推动其他工作的进展。根据以上三方面来检查我们的报纸，第一方面是比较做得好些，第二、第三方面则做得较差。为着要把报纸的指导性和批评性更进一步的提高，必须还要向着以上三个方向努力。

第二，坚决贯彻报纸通俗化、地方化的方针。

为着要把毛泽东同志在延安文艺座谈会上的讲话精神，贯彻与运用到我们的报纸中去，使得我们的报纸通俗化、地方化，能确实为工农兵服务，首先一个问题，即必须打破我们一切从事党的新闻事业的同志，认为党报是带有很浓厚政治性质的报纸，无法通俗化的旧观念。必须要叫我们的同志能眼睛向下，虚心学习与体会工农兵的情感和语言，将我们的政治宣传任务，通过他们的日常用语和习惯，密切的将他们结合起来。其次是必须培养与改造我们的通讯员，使他们能深入工农兵，了解与学习工农兵，使得每一消息和每一通讯的反映，都必须以工农兵的身份、工农兵的立场出现，老老实实地说工农兵的话，办工农兵的事，少描写少形容，这样来自工农兵，又回到工农兵的指导，一定就比较易为工农兵所接受。再次，除了我们在文字方面应力求通俗外，在形式上还应去大胆创造许多生动活泼的新花样，新形式，这对于推动报纸的通俗化也有帮助。总之，我们的报纸越能通俗化、地方化，即越能接近群众，越能使党给予党报的任务更好完成。

第三，为要达到以上加强报纸的指导性、批判性及通俗化的目的，光依靠报馆少数从事新闻事业者的同志是十分不够的，而是必须依赖我们全党同志的更加关心与帮助。报纸的直接领导机关，必须将党的新闻事业，真正当成党的宣传工作的主要部分，更进一步的与党的工作密切结合起来，运用这一武器去推动工作。各级党组织，除应很好的执行党有关党报的各种决定，更加重视党报对于实际工作的指导外，各级党委负责人，应亲自动手为党报经常撰稿，以便使报纸的内容更加充实。此外帮助党报组织和培养通讯员，特别是注意帮助培养工农通讯员，使我们的党报在通俗化、群众化上能够获得更多保证，这也是非常必要的。在报馆本身，应更力求与现实结合，所有工作同志，必须加强自己的群众观念，密切联系群众，研究群众，了解群众，多多倾听群众的意见与呼声，这对于改造自己，改造报纸，也是有帮助的。

(原载于1944年1月1日太行《新华日报》)

明确为工农兵服务的基本方针

磐　石

五年以来，新华日报在北方局与分局正确领导下，对于坚持对敌斗争与深入根据地建设上，都曾尽到了它集体宣传与集体组织者应有的作用，成为干部与人民在政治上、思想上，最日常的武器之一。在一九四三年中，由于执行了分局关于树立“全党办报”思想的指示，使报纸在与党的实际工作的结合上，更加向前推进了一步。

自改为太行版后，报社人员重新配备了，大家都感到工作生疏，困难很多。但最近三个月来，由于同志们的努力，报纸不仅能以发扬以往一贯的优良传统，而且还有不少新的创造。比如：为克服平均主义的铺叙，采取了对中心工作的集中报道，根据一般号召与个别指导结合的原则，随时抓紧典型事例，进行具体的指导与批评；打破版面上老一套的呆板形式，采取了混合编辑；初步尝试了更进一步的通俗化，开始建立工农通讯网等等。这些都是很好的。

然而，严格说来，今天我们的报纸，对于客观现实的“不熟、不懂、英雄无用武之地”的情形，仍然严重存在。这就是说，报纸与党的实际工作的结合，特别是与人民的结合上，仍然不够密切，这是我们报纸今天的一个最重要的缺点。这其中的原因：除了全党对于中央指示“全党办报”的精神，还认识得很差，执行得非常不够外，最主要的，是我们对于党报“为谁服务与如何为”的问题，一直是了解的非常抽象，或者说是还不够明确，不够深刻。

关于“全党办报”的思想，在这里用不着再加以解释了。同志们可以把去年元月十日分局关于新华日报工作决定，及大章同志在元旦特刊上的那篇文章，都重翻一下，并根据那两篇文章，检查一下自己去年一年中执行的情形。对于边区一级，一般的知道帮助报纸与运用报纸，特别是政府方面多次通过报纸来检查工作；对于某些县委亲自动手给报纸写文章；对于四百多个干部，自愿担任业余通讯员，以及许多社会人士关心报纸与帮助报纸的情形，我们都应该奖励他们，并对他们表示热忱的感激。但是那些从来不给报纸写文章，不供给材料，不提意见，也不领导自己范围内的通讯工作和发行工作，甚至有意无意地对报纸说风凉话的领导机关和党员，必须予以批评。因为他们在客观上隔离了报纸与党的工作的联系，也隔离了报纸与群众的联系。中央曾不只一次的指出这是党性不强的具体表现之一，在此全党整顿三风、增强党性的时候，是值得这些同志考虑的。

关于党报是“为谁服务与如何为”的问题，这在我们有五年历史的党报来说，应该是早已解决了的问题。但是，有些同志对于中宣部关于报纸“目前的方针，应该特别着重普及”的指示，却仍有不少糊涂观念。某些同志以为，我们报纸要在下层读者中普及，就不能照顾上层读者；与此有关的是，我们党报机关中有一种传统的糊涂观念，认为我们党报政治性浓厚，普及性有限度；其次就是他们认为工农兵文化水平低，再通俗他们也读不懂，发展他们为通讯员也不会写；再次就是他们认为报纸通俗化固然好，他们这些知识分子干不了等等。

根据这些同志的说法，似乎我们报纸的读者对象，并不是如毛主席指出的“不但是为了干部，主要的还是为了群众”的方针。不能仅仅为了照顾少数上层读者；他们似乎以为群众只能了解低级趣味的东西，以为“政治性浓厚”，只是少数上层读者高贵的专利品，不了解越是把最广泛的群众革命思想武装起来的东西，其政治性才越浓厚；他们看不见我们根据地群众的政治文化水平已在逐渐提高，他们也不屑于从普及中去提高工农兵的文化水平；他们自己不愿向工农兵学习，不以对于工农兵的“不熟、不懂、英雄无用武之地”为可耻，反以此自满，处之泰然，企图以“照顾上层读者”、“政治性浓厚”、“工农兵文化水平低”等等，来掩盖自己不愿“放下架子”的实质。这是某些文化人知识分子三风不正的特质，在我们党报机关中的一种反映。倘对这些糊涂观念，不能加以很好的清除，报纸的真正大众化，是难以想象的。

为了我们的党报今后真正成为群众性的报纸，除了继续认真实现中央指示的“全党办报”精神外，今后必须把报纸“为工农兵服务”的方针更加明确起来，并且要坚决的实现这一方针。不能仅仅在原则上对这一方针表示同意，而在具体执行上表示任何怠工推诿的现象。在具体执行的办法上，还更有赖于全党同志的共同努力，各级党的领导机关和党员不仅要对党报更多的提供材料和意见，运用党报来指导与检查工作，而且要大力帮助报纸在我们农村党员中建立工农通讯网。我们的记者、访员、通讯员们，也不能仅仅满足于上层人物的访问，而是必须深入群众中，进行实事求是的调查研究，以克服自己对于实际工作和群众生活情绪的不熟、不懂、自以为是的情形。必须培养一定数量的工农通讯员，并鼓励与帮助他们学习写作。应当虚心地学习群众的语言，了解其情绪，在采用工农来稿，需加以必要的修改时，只能把他们粗糙的原料，使之更加艺术化，而不应把他们质朴可爱的字句改为洋八股。一切文字上与版面形式上，要决心打破老一套的呆板、沉闷，而力求简明、活泼，使群众易于了解。至于报社本身应当加强思想上、政治上的领导，加强对政策法令的研究，以及政治上的预见性，对敌斗争的敏锐性，与在指导批判上的具体性和明确性等等，都是应当经常努力的，这里不再多说了。

为着更加改进党报，以期在今年残酷的对敌斗争，大规模的生产运动与深入思想教育中，更好的担负起集体宣传与集体组织者的伟大任务，希望同志们为坚决实现“为工农兵服务”的基本方针而奋斗。

（原载于1944年1月1日太行《新华日报》）

请检查自己对党报的态度

磐 石

任何党员干部，对于党报的文章和消息，都应当细心研读，应当拿到群众中去讲。有些县份的负责同志有这种精神，是很可宝贵的；某些地区，自以为是“先进区”，觉得报纸上“没有什么”，“不值得看”，这种老大自居的态度，应当力戒；而某些人以为报社工作人员不比自己高明，因而看不起某些人编的党报，这更是对党报的一种庸俗了解。

应当把报纸当做一面镜子：报上登了自己的优点，就应当更加努力，不应高兴一下就算完事；登了别处的优点，应当好好学习人家，不应仅仅当热闹来看。某些县份热烈研究延安生产展览会特刊，来检查自己对生产的领导，这是很对的，可惜这样的县份还不多。另外报上登出自己的缺点时，就应当警惕，应当迅速纠正。某些地区的同志对此反生恶感，对记者更加戒心，这是完全不必要的。难道自己一脸灰尘而不知，别人用镜子替你照出来还不愿意吗?至于报上屡次指出他们违反政策的地方，却竟置之不理，以为报纸奈何不得，这个仿佛自己满脸灰尘，决心要肮脏到底，真是恶劣之至! 今后自己有了经验，应当自动介绍到报上供各地参考。报上指出自己的缺点，倘与事实有不符之处，可以来信更正。如果确有其事，则应当用如何纠正的具体事实来回答。否则，报上应当继续指责，并责问其上级何以不加检查，直到要纠正为止! 每一领导机关都应当注意“冯进泉事件”发生在自己头上。全党对于地方工作中的官僚主义倾向，不仅应当从思想上予以教育，同时应当从纪律上、舆论上，予以无情的制裁!

要想真正做到中央指示的“全党办报”，首先各级党就要帮助党报的通讯工作。《新华日报》元旦特刊上登载了《谈谈〈晋绥日报〉通讯工作的几点经验》，各地应当用来照照自己，书记是否那样组织过通讯工作?宣传部长是否亲自改过稿?领导同志是否检查过稿件?给自己做个自我检查也在报上登一下，说明我们为什么没有能那样做。关于此，武乡、涉县等县委，应当受到奖励，但也还需要继续努力。而像黎城县委，只顾自己办油印小报，不积极帮助《新华日报》，就应当受到批评。报社今后应将各地对党报帮助情形加以登记统计，做为检查的标准。

党报的通俗化，显然不仅是用群众语言，主要还是要反映群众的感情意志。这就需要从群众中去收集意见，把它集中起来，并依据群众接受程度，把它坚持下去，基本上是一个群众观念的问题。如果把通俗化仅仅了解为技术上的问题，不认真发展工农通讯员，或者只要工农的“语言”而抛弃了他们的感情意志，结果仍不过是把自己主观的了解用土语写出来罢了，这和为工农兵服务的方针有什么相干呢?

诸如此类，重视党报是表现在各方面的，这里不过仅就目前常见的现象列举几点；今后不论报社同志与各地党员干部，都应当从各种具体事实中检查自己实际对党报的态度如何。

（原载于1944年1月11日太行《新华日报》）

反省一下党报的建设过程

磐　石

在贯彻分局一九四三年“全党办报”决定的基础上，我们在一九四四年元旦又提出了“明确为工农兵服务的基本方针”。翻阅了一九四四年全年报纸之后，虽然从一年以来的报纸版面上，已可看出在执行“全党办报”和“为群众服务”这两个基本方针上，确有了非常显著的进步；但我觉得这两个基本观点，在今天说来对我们仍是新鲜的，应当继续认为是党报今后建设与改进的基本关键。

为了说明这点，首先引起了我对于党报建设过程的一个历史回忆。不消说，既是党报，便应当动员全党之力来办理它；而且党既是为群众服务，党报也必然是为群众服务的。翻阅党报出版以来，历年党的指示和领导同志的文章中，都已一再说明了这些道理及其具体做法。但无论各级党的同志或报社同志，都长期的对此不甚了解，或者自以为了解，但却表现的各行其是。譬如在各级党方面：有些同志以为党的工作各有专责，党报应由报社负责，或由直接领导报社的上级机关负责。因而对党报不能多提意见，供给材料也不够或不及时，组织读报组特别是对于组织通讯网做得很差。主要原因是在于不了解运用党报来推动自己的工作，反而觉得是一种“额外负担”，在投了稿不登时，则更为不满。又如在报社方面：单纯的埋怨各地党的同志配合帮助不够。有些同志还自以为自己是上级机关，记者有时像“钦差”。实际上报社同志多数由于实际工作经验差，既未能很好地将上级机关的指导方针明确地反映下去，更对各地具体情形不甚了解。记者知识分子气味浓厚，不善于接近群众，对于通讯员来稿不能很好处理（不登或登错），这就更引起了各地党同志的不满。无形中互相埋怨，产生许多不应有的误会。这些纠纷大体上一直继续到一九四二年底，使党报的建设与改进上终于不易大步前进。

一九四三年一月分局“全党办报”决定后，各地党有些同志在思想上有了新的认识，主动配合党报；有些同志则是被迫的进行了这些工作。在报社有些同志则主要由于群众观念不够，不肯低首了解下面情况，很难与实际工作相适应。十月改版后，区党委向报社提出为群众服务的方针，在做法上要求通俗、实际、朴素，以求普及。总之，一九四三年由于从上而下的这两个指示，无论各地党的同志和报社同志都有了新的部分改变，报社获得了一些改进。但在今天看来，当时双方的改变大都还是被迫的，思想上都还未得到基本解决，特别是报社有些同志对于报纸通俗以求普及这一为群众服务的观点，仍然存在着严重的抵触情绪。我在去年元旦写的《明确为工农兵服务的基本方针》一文，正是针对着那种被迫而引起的思想斗争而言的。

党报建设在一九四四年一年中的变化是很大的：一方面由于我们全区工作的前进与一部分干部已经整过风，新的作风已部分的滋长，因而通讯工作也得以在各地大大开展起来，并且有了很多新的创造，打破了报社组织通讯工作的老一套；另外在报社方面，则由于几乎全部工作同志都参加整风，没有一个记者，事实上全部本区新闻都不能不依靠于通讯员来稿来支持，也由于新换了一批整过风的同志来坚持报社工作，对于各地热心投稿的通讯员能以很好的培养，对于通讯员的来稿能以较为合理的处理（采用或提意见）。在编辑工作上也有很多新的改进，如在形式上新闻与标题方面的通俗（主要是内容上而不是单纯的技术问题），排版的朴素（采用方块的少拐弯子），特别是在内容上，报道一般较为实际、及时与具体，善于选用典型来掀起运动，连续报道来检查与推动运动，善于以一个运动转折到另一个运动，经过积肥春耕夏耘秋收秋耕与全年生产总结各个运动，大大地推动了实际工作，使各地党的同志清楚了解到给党报组织通讯和运用党报推动工作的好处，大大的开展了通讯工作和通讯网的组织。特别是经过通讯员大会和群英大会中，报社同志和通讯员互相探讨研究了经验，合作进行了关于群英大会的报道，报社同志在相形见绌之下（由于联系群众差，不熟不懂），得到很多宝贵的经验与教训，对于党报今后的改进上有很大意义。总之，一九四四年是党报建设过程中重大转变的一年。它的最主要标志，就是我们发展了一千五百四十多个通讯员，其中有七百五十个是区村干部。他们绝大部分是工农通讯员，而且发现了不少的模范通讯员，若干模范的通讯员已经“组织起来”成为坚强的通讯小组。这些都是我们党报今后建设与改进中的宝贵财产，经过这些同志做引线并与报社同志从思想上互相帮助打通，将使我们的党报飞跃的前进，并和实际工作更加密切的结合起来。

从党报建设过程的历史回忆中可以看出，要想把党报办得更好，必须从为群众服务为推动实际工作这一基本观念，来贯彻“全党办报”的方针。但经验又证明：仅仅领导上有这个思想还是不够的，必须干部从逐步的实践中一步一步地认识这个思想的正确，体验到这个思想对自己的工作有好处才行。一九四四年北方局不仅从思想上，而且从实际工作上帮助我们干部打通思想，这点是我们应当深深体会与学习的。

目前我们的党报工作中还存在着一些什么问题，和应当如何解决呢?陈浚同志在《把我们的报纸办得更好》和群英大会采访总结两文中，已经说得很详细。这里我只主要提到的，就是对于已有通讯员要“组织起来”，并加以巩固与提高。从地区与部门上来看，通讯员的发展还很不平衡，这就说明若干地方对于“全党办报”思想还认识的不够明确。这些地方的领导者（经验证明领导者关系最大）应当引起注意，特别应以这次群英大会为教训（平时通讯工作不好的地区就不易参加运动），至于距离远近、工作发展先后、会写不会写、登不登等，都不是主要的（固然有些影响）。近地区未必登的多，远地区亦未必完全过时（这次英雄归去二、七、八分区都反映很快），全区是完整的，报社不能因各地工作发展步骤的不同而不登，多登的未必都会写，少登或不登地区未必都不会写，不登的现象，报社应加克服，写稿人也不要灰心。在报社方面要耐心的帮助通讯员，和各地领导同志商量办法，反对以“全党办报”为借口推卸报社自身责任，主要的是加强群众观念，现实观念，利用新年假期反省党报建设过程中报社与各地工作同志的关系。

另外，从一九四四年报纸报道的内容上说来，军事报道是最薄弱的一环。这点主要是在部队发展通讯网的问题，希望部队领导同志今年要多多帮助。毛主席在《一九四五年的任务》中，提今年要把文教工作做好，报纸本身是其中的一个。因之，我们今年把报纸办得更好，并大大推动文教工作的开展，乃是一件不可分离的任务。

（原载于1945年1月1日太行《新华日报》）

华北《新华日报》发刊词

本报于国家危急之秋，民族自卫战争怒潮高涨之际，创刊于武汉，秉精诚团结、共赴国难，贯彻抗战到底、争取最后胜利之初衷，在民族解放之伟大战斗中，鼓励前线战士，英勇杀敌；在抗日高于一切之原则下，号召广大民众积极参战。为扩大全民团结，已将自身成为全国各抗日党派，各抗日团体，各爱国同胞之共同喉舌；冀巩固抗战阵线，曾无情抨击一切有害抗日之谬论，及汉奸敌探，托洛斯基分子之阴谋挑拨。虽自知绵薄，缺陷难免。然以政府之赞助领导，全国先进志士之爱护备至，虽为期未及一年，已博得全国及全世界广大人士之多方奖掖，万分热爱，发行遍全球，销数达巨万，欣慰之余，实使同人等愧感交集!

兹者华北之英勇抗战，坚持已达年余，以国民党、共产党、牺盟会、公道团及各抗日党派各抗日团体之亲密合作，以各当局及一切抗日武装之浴血奋斗，以全华北民众无分老幼男女之英勇参战，恢复了广大的土地，创造了广大的抗日根据地，建立了足为全国模范的崭新的抗日政权——晋冀察边区。民主与改善民生的运动，正在日益开展；群众组织与人民武装，正在日益增强；游击战运动的广泛开展，使敌人遭受极大的打击与消耗，遭受极大的威胁与牵制；使敌人不能利用华北的人力物力来继续加紧进攻。坚持华北抗战中的成就，变敌人后方为前线之口号的实现，使敌寇丧失了吞并华北征服整个中国的自信；鼓励了全国人民的勇气，增强了胜利是我的信心！——这一切在敌人后方艰苦奋斗的成功，已构成中国抗战中伟大的特点，已成为争取最后胜利，建立三民主义共和国的主要条件之一，已引起全世界人士之极大注意与景仰。反映华北抗战之曲折经过，发扬与探讨华北抗战中之宝贵经验——尤其是关于建立抗日新政权，建立抗日根据地的经验教训！——报道与记载华北抗战中一切可歌可泣之伟大史迹，创造华北抗战中民族英雄之典型，此不仅足以激发儒顽，且可尽其模范作用，以鼓励与推动全国之更益团结与进步。此本报之所以不避艰辛，于极度困难中创刊华北版，愿追随者同道之后，互相勉励，共冀完成者一。

然而抗战虽多有成就，而国家破碎更甚，日寇猖狂未已，它正图进兵华南华西，它正企图进攻大西北。目前抗战，正处在第一阶段（敌进攻，我防御）到第二阶段（敌停止进攻，造成相持）的过渡期间，在不远的将来，当我主力军争取到相持的时候，敌寇将会转兵“扫荡华北”，使华北转入苦战时期。本报愿在这困难阶段中，为鼓励前进的号角，号召广大英勇军民，巩固团结，坚强斗志，以最大的果敢与毅力，克服一切困难，坚持作战，创造巩固和扩大抗日根据地，作为反攻收复失地时的我军据点。此其二。

敌人后方，都市沦陷，交通被截，我于文化粮食之供给，文化教育之进行，大非易事，而敌寇汉奸，亲日派及托洛斯基分子之荒谬言论，到处荼毒民心。本报愿作文化粮食之供给所，愿作华北文化抗日统一战线之创导者与组织者，将全华北文化战士，紧紧团结在本报周围，为开展敌后之文化运动而与敌寇们苦斗到底，此其三。

发刊伊始，正值新年元旦，正值晋东南数千万民众举行拥护蒋委员长的空前盛会，除以最真挚的热诚向民族领袖蒋委员长致最崇高的敬礼，向华北局及全体英勇军民致最崇高的敬礼外，深愿当局，与广大民众与读者诸君，对本报力加扶持、赞助、栽培与指导，使华北《新华日报》在坚持抗战，坚持统一战线，坚持持久战中，更尽其积极作用，能与我们光明灿烂的新中国同时生长、发育、进步与向垂永久！

（原载于1939年1月1日《新华日报》华北版创刊号）

告别读者

——《中国人报》终刊致读者的信

亲爱的读者：

本报自五月一日出版到今天适满八个月，由油印改为铅印，由几百份几千份以至现在数达一万二千份。这点成绩都是在读者的爱护与协助之下获得的。但是为了集中宣传力量，统一抗战宣传，本报今天已经是最后一期。自元旦起即与《新华日报》华北版合并了。这是本报进一步的发展，深望读者诸友以比爱护本报更大的热忱，来爱护《新华日报》，并盼给本报赐稿的同志，更努力为《新华日报》源源写稿，共同为开展敌后的文化运动而奋斗！临别依依，不尽欲言。谨致抗战胜利的敬礼！

中国人报社全体职工敬启

（原载于1938年12月29日《中国人报》终刊号）

热情的期待

——为晋东南全体同业进一言

我晋东南抗日根据地，经过全体同胞一年多的奋斗，已经获得了许多重大的成绩，就以新闻报道工作方面看来，这种成绩也非常明显。远在青年记者学会太行区分会成立之前，晋东南就已经有了五六十种报纸，在坚持华北抗战中起了极大的作用，一直到今天为止，仍然成为晋东南宣传群众与动员群众的主要力量。

这种成绩，是晋东南报界先进同人努力的结果。太行区青记分会的成立，更为我们晋东南新闻事业奠定了稳固的基础。嗣后各地报纸不断发刊，新闻人才大量出现，通讯报道工作日益改进，即本报亦深受其惠。本报于发刊伊始，即深信先进同业的提挈与指示，能给本报以极大帮助，本报今日在抗战中微薄的贡献，得力于先进同业者尤多，本报同人深切表示感谢!

今当敌寇向晋东南大举进攻，我全体军民，正为粉碎敌人进攻而进行各方面的动员。在军事政治机关中，正在发动一切力量来服从战争的需要。在工人、农民、青年、妇女以及各个民众团体中，已经掀起一个广泛的运动，这个运动的普遍与深入程度都是空前的，人无分老幼，地无分南北，都要求反对日寇的侵略，都要求粉碎敌人的新进攻。这种形势，赋予我们报界同人的责任却是更加重大，更加艰巨。使报纸成为真正“指导战争”、“反映战争”的工具，新闻事业必须服从于“指导战争”、“反映战争”的政治目的，这是我们报界同人所不容推诿的神圣责任。

为了完成上述重大而又艰巨的任务，晋东南报界全体同人应该更加紧自己本身的团结，这是由于：第一，晋东南新闻界的更加团结，将使新闻事业取得更有力的配合与更合理的分工，而能够最大限度地发挥自己的力量；第二，在执行新的任务时，不免会遇见一些新的困难，如物质上、技术上、人力上的困难，只有集体的力量才能把这些困难更快地克服；第三，晋东南新闻事业一年多来的努力，已经积累了异常宝贵的经验与教训，这些经验与教训，不但是晋东南今后新闻事业发展的重要依据，而且也是敌后方各个区域进行新闻报道工作的宝贵收获，应该有经常的交换、整理与总结的机会。

本报同人愿追随同业先进之后，致力于新闻事业的进步，自当知无不言，言无不尽，仅就管见，略进一言，谨以热情的期待，深望晋东南全体同业团聚一堂，对战时新闻工作，作一详尽之探讨。

（原载于1939年4月3日华北《新华日报》）

纪念“九一”记者节

（华北《新华日报》社论）

自从民国二十二年九月一日国民政府颁布保护新闻从业员及保护舆论机关的命令，和翌年八月间全国新闻界响应杭州新闻界以是日为记者节的提议以来，“九一”便成为全国新闻记者检阅自己、改进自己的节日。

抗战四年，我们新闻战士，也正和我们整个伟大民族一样，树立了许多光辉的战绩，写下了无数可歌可泣的史诗。曾经挥动自己的笔杆，宣扬了全民族的团结抗战，揭穿了日寇汪逆及暗藏在抗战阵营内的民族败类的阴谋诡计，曾经动员和组织了广大人民，坚持抗战团结进步，努力进行各种新的建设，给新民主主义新中国奠定了光辉的基石。但也正因为我们新闻记者有了这些成绩，发挥了强大的力量，遂使日寇奸徒无时无刻不在阴谋暗算，企图诱杀这一支笔的队伍；——我们新闻战士，无时无刻不在与寇奸进行残酷的搏斗之中；在上海孤岛上，许多正义的新闻同业者，惨罹日寇和汪派汉奸的百般奇虐，可是我们新闻战士并没屈服，张似旭、朱惺公、程振华，许多烈士的血，已经和前方殉国将士的血交织起来。当武汉失守的前三天，本报留汉职工搭乘新升轮船撤退时，途径嘉鱼附近，突遭敌机袭击，潘美年、李密林等十六同志乃为民族国家流洒了最后一滴鲜血。在敌后，新闻记者的笔杆，更是经常和战士们的枪杆紧紧结合在一起，同生死共进退，终日出没于枪林弹雨之中，和寇奸顽强地展开白刃战斗，创造了新的记者典型；当十二月政变时，王良同志惨遭民族叛徒的活埋，本年三月二十二日，陈宗平同志被日寇和它的走狗割掉了头颅，挖去了心肝；他们的死，是光荣而有价值的，他们不仅显示了新闻战士忠贞不贰的伟大气节，也向全世界控诉了日本法西斯强盗及其走卒的空前残暴。

虽然如此，但我们新闻战士，在全国各个地区里并没受到同样的待遇。除了在陕甘宁边区以及敌后抗日根据地内，新闻记者呼吸着真正的民主空气，受到各界人士的尊敬与爱护外，在某些逆流横决的黑暗区域里，新闻记者的命运是悲惨的。

至于日寇统治下的沦陷区，那情形当然是更为黑暗了。强盗们一手握着钢刀，一手挥动刀笔，钢刀用来屠杀中国无辜人民，屠杀为真理正义而苦斗的战士；刀笔用来制造谣言，散播奴化的毒素。有时钢刀和刀笔并用，便更为凶残。虽然敌占区广大同胞并没有因日寇钢刀与刀笔的同时兼施而屈服，但不可否认的，在日寇两把刀子下，也出现了一些新闻走狗，如各种汉奸报的“新闻工作者”，不正是这类走狗吗?

当兹纪念“九一”七周年的今天，正是国际局势展开了历史的新阶段。“全世界反对法西斯侵略的伟大战斗阵线，已经在政治上完成”，而且行将在组织上完成。有利的国际形势，正给中国以千载难逢的机会。如果说中国人民当前的任务，在于坚持团结抗战，肃清亲日亲德派第五纵队，积极组织对敌寇的反攻，那么我们新闻记者的任务，就得为坚持团结抗战而吹响号角，为深刻的反映团结抗战之模范地区的各种建设而挥舞传神之笔；就得无情地揭露国内第五纵队虐杀言论出版自由，破坏团结抗战的滔天罪行；就得以笔尖锋利地刺向为敌寇所豢养的新闻走狗，粉碎敌寇奴役的文化政策；就得以动人之笔，鼓舞、指引、动员、组织广大人民，为克服抗战阵线内部企图破坏团结抗战的反动因素，为积极准备反攻而斗争！而这要求我们新闻记者更益提高自己！从一个文化人士提高到能掌握革命策略，洞悉国内外形势，能深刻了解各种具体建设，真能尽指导之责的政治家！从一个文艺青年提高到能深入民众、组织民众、经常和人民一起呼吸的组织家!

新闻界同志们，新的形势，给予我们以更重大的新的任务，一致起来，为完成这任务而百倍努力!

（原载于1941年9月1日华北《新华日报》）

展望前程

——纪念本报三周年，迎接一九四二年

（华北《新华日报》社论）

展望世界，在苏德战场上，英勇红军已由局部的战役反攻，走向全面的战略反攻，克复许多要地，歼灭德寇巨万；在北非战场上，英军攻占班加西，使德意法西斯望风披靡，墨索里尼之“非洲帝国”，显然已被摧毁。然而这并非说，德意法西斯强盗已再也没有进攻力量，相反的，希特勒魔魁，正图“巩固”占领地区，搜刮苏联沦陷区之资源，正图挥师他向，另辟战场。在太平洋战场上，日寇正疯狂得意，占领英美若干属地。而ABCD当局，也正在分头进行军事重要会议，准备统一指挥，集中力量，给日寇以痛击。在中国战场上，我国军向广九线出击，策应南洋战事，配合友邦作战；而日寇则发动湘北的攻势，图再犯长沙，以牵制我国。在敌后华北，我八路军为声援英美及南洋诸友邦，在平汉同蒲各线，大举出击……总之，反侵略阵线与侵略阵线，正在全世界展开紧张而尖锐的大决斗，而一九四一年便在这紧张而尖锐的斗争中过去，一九四二年便在这紧张而尖锐的斗争中到来。

一九四二年的到来，正是本报第四个年头的开始。回首去年，在我党中央北方局正确领导之下，在军政民当局与广大读者爱护与帮助之下，我们对国内外大小事变，——自茂林事变直到太平洋战争——曾迅速及时的报道其动向，曾对每一个变动，给予分析与解释，这在指引华北敌后军民上，曾起了若干组织作用。在反映华北抗战方面，较去年也大为增强。对晋察冀、冀中、冀南、冀鲁豫、山东、晋西北，直至平西，都给予普遍而全面的反映。尤其在七月扩大篇幅以后，对本区的实际情况和各项具体工作，反映更为详尽。对各种具体建设工作的批判，也较去年大有改进。曾经在社论、通讯和新闻中，诚恳坦白的指出若干弱点，纠正某些偏向，总结了各种经验教训。我们曾大声呼吁，号

召群众更要爱护军队，为战争胜利而奋斗，我们曾在民主建设、经济贸易、文化运动……各方面的建设中尽了自己推进的作用，并在这些方面和敌寇展开了尖锐的斗争；同时还进行了学术探讨，从而展开了理论研究的高潮；在文艺领域中，提倡了自由讨论的优良风气，给敌后文艺运动以某些推进。

在宣传方法上，我们相当做到了集中火力，突击一个时期中的中心问题，譬如宣传反对新的东方慕尼黑，报道晋冀鲁豫边区临参会，号召反“扫荡”等，都搞得比较突出，起了强烈的宣传和组织的作用。

然而我们非常惭愧，在反映指引全华北各根据地的抗战工作这方面说来，反映既不平衡，有系统的介绍各根据地以求得经验的互检交流也十分不够。同时，又因为各根据地联系困难，各个地区的具体材料来之不易，在提供意见上，未免一般而空泛。一般的原则，空泛的号召，在今天各根据地各种工作正在巩固与深入的时候，帮助自然是不够的。从反映指引本区各种建设工作来说，一方面因为时时顾到全华北性，另一方面也因为深入的发掘具体材料，进行细密的调查研究均十分不够，所以也难免粗枝大叶。总之，一句话，对全华北、对本区各种工作的反映和指引，都没有做到理想的境地。在对敌斗争这方面来说，我们还不够锐敏。敌寇有所谓一期二期“治安强化”运动，均未能引起我们应有的注意。不能及时敲响警钟，指引广大军民和敌寇展开广泛而尖锐的斗争，而对敌寇继续展开第三期“治安强化”运动，未给予应有的揭发，号召军民一致奋起，和敌寇进行坚决的斗争。

此外，三年以来，由于主客观许多条件的限制，深感到我们的报纸，还不免有些杂志化。报道的时间性既不够迅速，范围既不够广泛，新闻内容也不够多样，甚至连篇累牍的文章，比重有时超过了新闻，使读者未免有沉重之感。按理说来，一个政治性的新闻纸，应该是政治嗅觉最锐敏、最迅速，形式最短小精悍，而且应该是利用客观的事实、具体的材料，来进行批判（就是说，应该多利用短小的新闻、通讯，从反映客观现实中来进行批判的），而我们主要的还只能在长篇大论的文章中来进行批判，这就难免单调而沉重。

“前事不忘，后事之师”。检讨过去，即所以确定将来。正当一九四二年开始之日，正当本报改隔日刊为每日刊，真正走向正规化的政治性的新闻纸之日，我们谨将我们的任务与方针露布于此，深望各界先进和广大读者，共同帮助，共同督促：

第一，我们的任务，将是：①及时报道和分析国内外时局动向；②具体解释党政军民各方面的政策；③及时反映和指引本区的各种具体情况和实际工作；④加强对敌斗争。

第二，本报的性质，有所改变，如果说过去是反映指引全华北，那么今后的中心将是反映指引本区的各种具体工作，但同时也并不放弃在一般大问题上，反映与指引整个华北。

第三，将努力克服一切困难，摆脱杂志化的现象；要提高时间性，扩大报道性，多反映新闻消息，少登载长篇大论，要在短小精悍的电讯、消息和通讯中，来完成指引和批判的任务。

一九四一年，在整个世界高度剧烈紧张而又使人兴奋的情况中过去。一九四二年，将是接近胜利的一年，将是有决定意义的一年。日德意法西斯死亡的迟早，将决定于我们反侵略阵线中各个组成部分今年的努力如何。由于日寇挑动太平洋大战，和英美荷以及南美二十多个国家为敌，不管从经济、政治以及军事各方面看来，日寇最后必然失败的命运是已经注定了。而德意法西斯魔鬼，经过苏联红军六个月的英勇抗击，经过最近的胜利反攻，经过北非英军的胜利攻击，凶焰大灭，将不可能对日寇有更多帮助。这种情况，不能不使日寇陷在孤立无援的两面作战之中，因之日寇从中国抽调若干陆军到南洋作战的可能，在现时虽然不大，但至少，对中国再度增兵的可能已经不多了。同时，它对在华军队的物质补充和给养等，必将大大减少，这一结果，必然使在华日军，更感到前途渺茫，反战厌战情绪，必将更益高涨；伪军伪政权也必将更形恐慌；而我国内部亲日亲德分子分裂投降的阴谋，则更将无所售其狡计！同时，另一方面，我全国军民尤其是沦陷区同胞，则必然更益增强抗日胜利的信心；在国际上，中英美苏及其他各反侵略国家的合作，必将更益亲密。这便是太平洋战争爆发对中国抗战的有利形势，也便是我们中国积极准备大规模战略反攻的有利时机。

但是千万不要忘记，正由于法西斯巨魁的未消灭，苏联还不能不身担击溃希特勒的最重任务，美国还不能不顾到欧非的战争，而对太平洋作战，不能不有所牵制，美国也既不能不牵制于援助欧非之战，而自己也还不能在短期时间内将国力全部动员；也正由于太平洋上的地理形势，对日寇道路近便，力量集中，而对英美荷则路程遥远，兵力分散，大为不利，所以日寇在初期作战必将获得若干暂时的胜利；它可能掠夺一批南洋资源，可能切断我滇缅路交通，同时也正由于日寇要支持和供应太平洋战争，敌后及沦陷区域，势将成为日寇的后方，它必将更益加紧控制伪军的政权，必然加强其特务活动，必然更益残酷的加紧破坏与掠夺，因而对敌后根据地的扫荡，将依然凶残。因之，我们的困难仍然有增无减，胜利也决不能在短期间中从天而降！我们必须更加警惕，更加百倍努力。必须响应彭德怀同志的号召，要咬紧牙关，和敌寇展开比较以前更有决定意义的尖锐的斗争，要咬紧牙关，渡过我们接近胜利同时也是最艰苦的难关!

只能不松懈，不怠慢。那么将使我们想起斯大林同志所说的话："再几个月，再半年，也许一年，希特勒德国势必葬身于自己的重重罪恶之下"；那么在法西斯巨魁希特勒被击溃之后，那时在中苏美等反侵略各国共同合力之下，在相当时间之内，是不是也可以说："日本法西斯强盗，势必葬身于自己的重重罪恶之下"呢?那自然是一定的了！那么，同志们！咬紧牙关，胜利决不是无边辽远的了！本报同人愿与全华北军民共同努力，跟着新年的到来，展开我们新的对敌斗争，展开我们新的各种工作!

（原载于1942年1月1日华北《新华日报》）

华北《新华日报》编委会对读者意见的答复

自本报公开征求读者意见以来，承各地读者、各界人士，提出许多宝贵的意见及具体的希望，对本报今后的改进，贡献良多。这里我们除表示诚挚的谢意以外，谨将各方意见，加以整理研究，择要答复于此，并决定根据大家正确的意见，力求报纸的充实与改进。

综合各方面的意见，除大家公认的优点（如时论、短论的及时解释及三言两语点滴的正确的批评等等），今后当尽量予以发扬外，各方所指出的缺点及提出的希望，可综合为如下十点：

（一）指导性不够强。一般社论多嫌空洞，一般化，对掌握各时期的形势的演变与工作发展的特点，而予以具体的指导上，做得不够。对某些新闻，没能很好地掌握其意义与中心，对某些中心工作的反映则不够突出，因之也削弱了新闻的指导性。

（二）新闻的真实性不够。有些新闻与事实有出入，个别新闻甚至与事实完全相反。因之，一致要求：采访与选稿上要更进一步的深入与审慎。

（三）新闻的范围不够宽广。就地区上说，每个分区每个县反映的不平衡就新闻的内容上说，对群众生活、根据地建设、妇女问题等新闻反映的不够；就新闻来源上说，直接由群众反映的新闻，采用的不多。

（四）对各方面解释的不够。使水准低的读者，读报如看“天书”，因之要求多刊地图，多登解释性的文章，对国际新闻，除按时登载半月国际述评外，还要求有一个时期的综合报道。

（五）通俗化很差。不仅一般小学教员看不懂，即许多中级干部也不能消化。因此要求对新闻通讯与文章的写作上，都须进一步的通俗化与群众化。

（六）新闻的估价上欠正确，有些“桃色新闻”反映的太强调。

（七）要求增加如下的内容：1.经济、妇女、文化之类的专刊。2.学术性的文章。3.木刻插图。

（八）新闻的编写上不够系统、简练，有些零乱，太冗长，尤其是通讯要求更加简练。

（九）编写与校对上均不够细腻。时有错字、别字与不通的句子出现。

（十）发行迟缓。有些村里一月以后才能看到报纸。

上列意见，除下面提出商讨解释的几点外我们都全部同意，并据以切实检讨自己，从下述几方面，来改进我们的工作：

第一，强调调查研究。加强对各个根据地实际的调查与了解，加强各种政策、法令以及新闻政策的研究，密切与实际工作的结合，以求掌握实际，加强指导。这里就要求各级党委与广大读者，给我们以调查研究的帮助，多供给我们以各种材料，尤其是关于对敌斗争、群众运动及各个地区情况变化的材料。

第二，扩大与健全通讯网。从各方面来扩大报道的范围，力求反映的真实。这里就要求大家多给我们记者、访员以实际帮助，各部门顶好有专责的通讯员，经常为报纸撰写新闻、通讯与文章。

第三，尽我们所有力量来帮助广大读者了解各种问题及形势。如多登时评短论，多刊地图材料，介绍各国的动态与敌伪动态、国际述评、半月军事动态等，保证经常。在写作上力求通俗，部分地采用方言口语，尽量避免用冷字与不常见的成语。

第四，力求细腻仔细。尽量消灭错字别字及其他错讹，克服粗枝大叶的作风。

第五，关于发行问题，希望交通局与各县交通部门，今后特别注意改进。

最后有几个问题提出解释与商讨：

一、由于贯彻精兵简政，节省民力，我们工作范围有一定限度，因之增出经济、妇女……专刊及增刊木刻等，只好留待将来办理，敬希谅察!

二、由于材料、人力等等的限制，对新闻的解释，也是有一定限度的，今后除按时刊登“半月国际述评”外，对某些重要事件，我们准备以问题为中心，作一些综合报道，其他一般问题，我们认为不必再重复和综合反映。

三、对于新闻估价，我们过去确有不当之处，但对于几个妇女问题的报道上，我们认为还无大错误，因为我们今天既要反映广大人民的生活，反映群众的疾苦，反映社会问题，而妇女问题便是今天很大一个社会问题。因之，今后我们准备在保持一定的政治严肃性原则下，继续强调反映批判这类的问题。

四、关于通俗化、群众化的问题，我们认为不仅是个写作技术问题，而且是一个内容问题，就是说，只有反映广大群众所日常见闻的事情，才能为大家所欢迎接受。因之，我们准备从这两方面加以努力，但由于各种条件的限制，今天通俗化、口语化是有一定限度的（当然，我们应当尽可能争取最大限度的应用）。

以上各点，是否适当，尚希批评指正是幸!

（原载于1943年2月3日华北《新华日报》）

本报更加地方化讨论意见

太行新华日报社

中央局大报出版后，本报改出隔日刊，内容要更加地方化，讨论意见如后：

一、性质　区党委领导的战略区地方报，但与群众报有所区别。

二、任务　它的任务主要反映、指导本区各项实际工作，特别是每一时期的中心工作，并照顾时事教育。

三、篇幅与内容　篇幅分配，在一般情况下，八分之七应刊地方性稿件，八分之一刊国内外大事。

在内容上，应加强指导性与批判性，扩大新闻范围，多刊一些指导性与批判性的文章。除社论外，可发动县委以上同志写一些文章，经过党委批准，刊在社论地位；或县以下的实际工作同志写一些工作讨论的短文，不单靠编者自己所写的短论以指导工作。其他如引古比今的杂文（如水淹长城），反映中心工作侧面与歌颂解放区的文艺，以及切合实际需要的介绍、解释国际、历史、地理等的常识，农业上的科学知识与改进技术等的经验与办法的文字，都需要多多刊登。对于工农的写作，应注意发表。此外，地图、参考资料、小报头等均须配合报道尽量设法用。

四、编写与排版方法　在编排方面，要注意通俗化，既要比过去通俗，又须与《盐阜大众》不同。所谓通俗化，即是：在内容上，要切合实际需要，生动具体，突出一个问题、一点经验；在编写上，要注意简练、短小、通顺，避免冗长、繁复、千篇一律，最好是经验与动态结合，不可能时，报道动态消息，配以经验通讯；一般字数，最好是：经验千字左右，动态越短越好，甚至多用综合，以达到重质不重量；在用词上，要注意口语化，不要以为方言土话就是通俗化；在标题上，也要力求具体性与口语化，避免一般化与用文言；在表现形式上，要注意多样化，除新闻、通讯外，可创造各种形式，甚至让通讯员同志采用写信办法；在排版上，要注意打破多拐弯、不要通栏等，但须力求活泼。总之，通俗化是要从内容到形式来改造，并不是只仅仅形式上的“通俗”就算。

至于国内外大事的编写方法，一方面要求通俗化，另方面要求用加以简单分析与说明的综合报道。一般说来，有三种办法：一是同一性质的两个新闻，对比起来，如国民党区经济危机与解放区和平建设的对比；二是一个问题的各个方面，如东北问题的军事斗争与政治谈判以及当地的民主运动等；三是一个事件的系统报道，如国民党二中全会从开会到闭幕。篇幅不宜过长，最好是千字以下。

此外，要培养工农兵通讯员，在发表工农兵通讯员来稿时，可加编者按语，或如《盐阜大众》不定期的出刊“工农兵习作”。这种加编者按语的方法，也可用在一般消息上，以便使读者的理解与编者的意图结合起来。

五、单元与版面分配　目前报道内容，概括有九，即：大生产运动中的新老区农业生产、副业手工业生产、城市工矿经济建设、新区群运、新老区文教、本区政治军事斗争、社会杂稿、文艺、国内外大事。

在版面分配上，一版还是首页版，即上述九个单元中重要的、有决定性的、有指导意义的消息在一版发表，但它的主要基础是本区中心工作，如大生产运动的农业生产。二版可为生产经济建设版，包括农业生产与群运的次要消息，副业与手工业生产，城市工矿经济建设。三版可为国内外大事与本区政治军事斗争版，同时包括文教与社会杂稿。四版可为文章版或副刊版，刊载经验、通讯、文艺、信箱以及常识等，有时可出副刊如“工农习作”、“通讯工作”等，但在组织版面时，要发挥机动灵活，一版作到名副其实的首要版，其他单元的通讯等，也可以放在二、三版上，不能拘泥于某一版，以致影响到整个报道的指导意图及其作用。

至于外区电讯，有经验而与本区工作密切结合的，可与各个单元一起发表，如系工作与建设的动态，可在一定时期综合起来发表在三版上。

六、人力配备与业务学习　人力配备，是以单元编辑法来划分，但不能平均使用力量。就现有编辑力量共六人，具体配备是：新老区农业生产与新老区群运三人，副业、手工业生产与城市工矿经济建设一人，本区政治军事斗争与国内外大事一人，文教、社会杂稿与文艺一人。

由于总结长稿较多，国内外电稿每天万字左右，加上本区政治军事斗争，编辑有稿编写比较繁重，所以典型县的总结与一部分电稿须由资料员协助。就现有地方资料员二人、国内外资料员兼图书馆员一人的力量来说，是不够的。但由于增加编辑困难，可以增加地方资料员一个，国内外资料员不兼图书馆员（图书馆亦有一些对外事宜要作，另有一人比较合适），这样可以集中力量为报纸服务。资料员在看资料发现问题后，即在业务学习小组提出讨论，如有可以发表的，则由资料员整理成稿发表。如需要某种材料时，写信通过通联科向通讯员同志要。

业务学习方面，原分群运、生产、国内外三组，以编辑为骨干，结合广播、通联、资料员进行研讨，今后群运可能减少，则改为两组，一组为生产，由编辑农业生产的同志为骨干，结合生产经济建设编辑、广播、通联、资料员进行研讨；一组为国内外与政治军事斗争，由这一单元编辑为骨干，结合文教单元编者、资料员并吸收校对、电务各科爱好研讨政治问题的同志参加。这样，用加强业务学习来加强报纸的指导性、批判性与研究性。

（一九四六年五月四日整理）

一九四六年的“全党办报”

太行新华日报编委会

一九四六年已在努力“翻山头”、打败卖国贼蒋介石的紧张关头过去了。这一年，是国内外充满迂回、曲折、复杂的重大事变的一年，也是全区贯彻全年的超过以往任何一年的大生产运动的一年，更是新解放区千百万群众摆脱几千年封建束缚大翻身的一年，特别是我全区军民由庆祝政协成功转向爱国自卫的一年。本报在党报委员会直接领导下，随着国内外事变的进展，本区各战线上斗争与建设的发展，基本上完成了思想战线上的斗争任务，一般地报道了这一年的国内外重大事变与全区军民建设与保卫革命大家庭的运动，而以突出连续的报道坚决反对蒋介石包办“国大”与本区二届群英大会欢送了紧张的一九四六年。

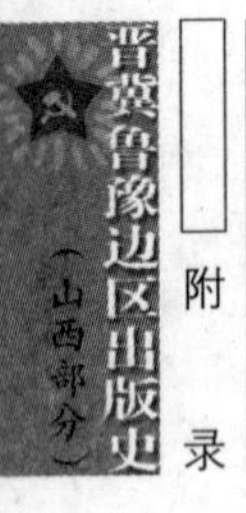

一年来，在“全党办报”的方针下，使本报在全区各个战斗岗位上的五千五百多位通讯员同志十一个月一万九千五百余件来稿中，虽限于篇幅，未能更充分的及时发表，以更有力而普遍的反映与指导全区实际运动，但亦采精用宏，勉力综合与示范的发表了两千六百五十多件，得以对全区各条战线的斗争发挥了一定的推进作用。因此，本报在感谢之余，更以高度的热情，谨提出一年来通讯报道中著有功勋的各条战线的领导同志与通讯员同志及其来稿，藉表敬佩而与各条战线的领导同志与广大通讯员同志共勉。

一年来，通讯报道工作所以开展得迅速而广泛，实由于各条战线领导同志的亲自动手，爱护培植，各级联合办公室与骨干通讯员同志的努力带领，热情写稿，发扬了“全党办报”、“为人民服务”的真诚精神。二专员樊雨生、获鹿县长张香楠、前和顺县长冯铁诚与县委李修仁、武乡县长李玉田、黎城县长董富彦与县委刘健夫、长治县长侯国英与县委王宗琪、武安县委王庭栋、三地委兼安阳县委何高民、辉县县委杜野萍与白涛等诸同志，经常来稿，组织通讯报道，培养通讯员，都是亲自动手、爱护培植的模范。史平涛同志曾叙述过樊雨生同志帮助他成为本报一个好通讯员的过程。王宗琪同志曾将长治群运的经验，王庭栋同志曾将武安群运的经验，连续报道，进行了大胆放手，思想发动，全区千百万群众大翻身运动。张香楠同志不疲倦不松懈的经常来稿，董富彦、刘健夫两同志发展巩固了黎城通讯网，使每月来稿均为全区之冠，五月份竟达八百四十五件，每期平均在五十件以上。

各级联合办公室一年来为本报经常寄小报、通讯、工作总结，并在一定时期作综合报道或及时作示范报道，增强了本报贯彻报道方针与推进全区各项工作的具体性与指导性。二专署办公室按期惠寄《通讯工作》，能以将工作研究与经验传播全区交流，八月份的《参战与生产结合经验》，十一月份的《组织冬季生产的几点意见》，都对全区大生产运动以有力的推进。黎城办公室实是各级联合办公室的典范，值得提出的是每一运动于告一段落时，必有综合报道与总结寄来，报道了黎城各项工作的进展，也推动了全区工作，七月曾有《春耕生产成绩及经验》，八月曾有《黎城合作运动飞跃发展》，十一月曾有《黎城总结全年生产》，十二月则有《申玉芹队折工分红办法》，这些仅是下半年中较突出的稿件，但亦可见一斑。此外，井陉、和顺、涉县等办公室亦经常惠寄小报，提供材料以及及时报道各项工作。

至于骨干通讯员的努力带领，热情写稿，更是难能尽述，谨就荦荦大者举例一二。行署杨尚枫同志有《黎城冬季生产的几个问题》，张岷山同志有《学习杨春堂为群众服务的精神》，范履端同志有《对今年总结生产运动的几点意见》，内邱孙成文同志有《内邱群运重新吹火》，高邑耿文彦、宋淑华两同志的《河头民兵壮烈不屈》，邢台昌言同志有《拆虎村纺织改造妇女》，平定郝蔓明同志有《边沿区组织麦收经验》，与《×村爆炸》，长治马逢顺（野草）同志有《长治人民眼中的毛主席》与《西庄村的新面貌》，黎城马友芹、崔世芳两同志的《石寸金翻身发家》，刘东生、范仁卿两同志的《王逢奇领导全村发家致富》与《黎城一区翻身检查经验》，王松青同志的《黎城二区检查与改造作风》，壶关王飞同志的《周里有夫妇推动全村运输纺织》，武安李耀南同志的《武西互助工作几点经验》、《郝何廷小型纺织工厂》与《开展郝何廷运动》，涉县郝银锁同志的《召开春耕调查会》，博爱郑丙昌同志的《从群众中生长起来的人民武器》与《博爱人民奋战一月》，李平同志的《我是怎样积极斗争起来的》，武陟县独立团崔殿宸的《保卫人民利益的堡垒》，二分区部队刘志同志的《战斗英雄褚占彪》，三分区部队李导民同志的《胡上士》、《不打走反动派不回家》与《人民的军队》等等，或则鼓舞士气，激励斗志，坚定与发扬了爱国自卫斗争的信心与勇气，或则打开群运局面，提供翻身经验，推动了实现耕者有其田的土地改革运动；或则对大生产运动提供改进意见、办法及介绍组织领导经验，具体、生动，作用颇大。尤以《学习杨春堂为群众服务的精神》、《长治人民眼中的毛主席》、《西庄村的新面貌》、《郝何廷小型纺织工厂》、《胡上士》等通讯更是生动活泼，感人很深，发挥了启发、组织广大人民行动的效力。骨干通讯员同志中，特别是平顺王巨林同志，涉县段鹏翔同志，太武陈新同志以及豫北广泛开展游击战争形势后的博爱王进文同志与焦作王汝珍、浩东两同志，连续的、综合的、示范的及时报道当地运动与斗争，实是起了本报报道上地方兵团的巨大作用，深愿我广大通讯员同志都能以王巨林同志等对党报负责的精神为楷模，“干什么写什么”，及时作典型示范或综合报道，以增强本报对当前各条战线上英勇的军民创建与保卫革命大家庭的伟业，能以迅速反映，并以之交流经验，推进运动。

一年来，本报虽由于各条战线上五千五百多位通讯员同志经常来稿，诸领导同志的亲自动手，各级联合办公室与骨干通讯员的带头写稿，报道了相当数量的典型示范与综合的新闻通讯。但贯彻全年的弱点是不够深入具体、生动活泼、多种多样，以及普遍报道全区各县还差。而在通讯工作上则是不够平衡。一、四分区相当薄弱，临城、沙河、邢台市、寿阳、汲县、辉县、磁县、温县、泌阳等县都是很少报道的县份，特别是部队通讯工作始终是很薄弱的，而致本报对军事报道与杀敌英雄介绍极少。过去一年中，本报在通讯工作上贯彻全年的一个很大弱点，则是对广大通讯员同志关心、爱护与帮助很差，因之通讯员同志经常来信要求提供意见与寄给写作方法的材料。本报当于一九四七年力求改进联系，并将《通讯工作》改为小册子出版，以冀密切与通讯员同志的关系，把通讯工作提高一步，把党报办得更好。

一九四七年元旦已经来临，充分准备反攻力量，翻过山顶打败卖国贼蒋介石是一九四七年的总任务，各条战线上的英勇军民当有更光辉而伟大的创造，更丰富而宝贵的经验。本报在此岁序更新之日，谨以崇高的敬意、万分的热诚、无限的期望，要求全区各界与广大读者以及党政军民诸领导同志，特别是五千五百多位通讯员同志，一本“全党办报”、“为人民服务”精神，经常提出改进意见，提供宝贵材料，写作典型与综合的新闻通讯报道，使本报得以比过去一九四六年更好地完成我党给予本报的思想战线上的战斗任务!

（原载于1947年1月1日太行《新华日报》）

太行新华日报社、新华社太行分社给全体通讯员的一封信

各办公室各政治部及全体通讯员同志们：

今年以来，我们几乎就没有派出过记者，太行《新华日报》和太行分社对外广播的稿件，基本上靠你们的供给。在纪念九一记者节的今天，我们特向你们致最亲切的谢意和敬礼!

然而，我们还不应满足。为了把我们太行区的通讯报道工作做得更好，特再向你们提出几点要求：

一、自冶陶会议以来，区党委对报纸和对外广播更重视了，已经实行亲自审稿和看大样。同时，由于人民日报和新大众迁离本区，新华日报和太行分社的任务也更重大了。因此也要求我全体通讯员同志，更重视通讯报道工作，更多的供给好稿件。

二、《中共中央关于一九四八年土地改革工作和整党工作的指示》中有一段话是："同时充分利用通讯社及报纸，密切地互相联系起来，掌握运动的动态，随时互通情报，交流经验，及时纠正错误，发扬成绩。"这一段话是要求各级党委的，然而，也更确切地规定了我们报纸通讯社和通讯员的重要任务之一，不正是报道运动动态、交流工作经验、表扬工作成绩，以及用批评和自我批评的武器纠正工作中的错误吗?我们希望通讯员同志们今后写稿子，把中共中央这一段话，当做一个重要的衡量标准，尽量做到合乎这一标准。

三、在写作技术上，诚然我们还须作最大的努力。不过，我们必须注视下面的事实，就是：几年以来，由于我区干部有大量输出，因此我们的老通讯员变动也很大，但老通讯员调走之后，迅速即有新通讯员起而代之，并且很快就提高了写作技术。这个事实告诉了我们：只要同志们认识到通讯报道工作的重

要，热心写稿，就会写出好的稿子。这一铁的事实，希望能鼓励起自认为“不会写”的同志们来。新通讯员同志写稿的秘诀，大概有三个：一个是“做什么写什么”，这就是说，要写你最熟悉的材料最明确的问题。一个是“话怎样说稿子就怎样写”，这就是说，只要说的头头是道，也就能写的原原本本（这是指会写信、记笔记、写汇报的同志而言的，至于不会写信的同志们，只要能与会写的人互相合作，也就能写）。一个是多写，写得多了，就会有好稿子。当然，这并不是说我们在写作技术上不需要提高了。相反的，如前所云，我们还须作最大的努力。

我们太行区通讯网的基础，是比较雄厚的，我们应该在过去基础上提高一步，使它在今后各种工作中、运动中，发挥更大的作用。愿我们共同努力!

（原载于1948年9月1日太行《新华日报》）

太行新华日报社、新华社太行分社给各级党委宣传部、各办公室及全体通讯员同志们的告别信

各级党委宣传部、各办公室暨全体通讯员同志们：

华北区划重新调整，本报及新华社太行分社奉命结束了。这一胜利的变化，使我们回溯自新华日报华北版于一九四三年十月改出太行版后，由于我全区通讯员同志积极热情地为党报写稿和供给材料，报道与反映了抗日战争、人民解放战争，以及土地改革、大生产运动等各种斗争，使党报与实际斗争和广大群众建立了不可分离的关系，具体体现了党在各个时期对人民的实际斗争指导。我们在与全体通讯员同志告别之际，谨致以亲切的慰问和敬礼!

亲爱的通讯员同志们! 由于你们认真执行了全党办报的方针，逐渐学会了运用实际工作的经验来指导实际工作，学会了把党的宣传工作与组织工作紧密结合进行，并使宣传工作真正成为一切组织群众工作的开路先锋；特别是近一年来你们对党的政策思想的逐渐成长，使党报的战斗性与批判性更加提高。这就使党和人民，经常保持紧密的联系，同时有不少稿子，通过分社向外发稿，进行了对外宣传。这里，除了广大的通讯员同志的努力以外，应特别提出来的就是有不少负责的同志，以首长亲自动手的精神，组织、撰写新闻通讯，通讯工作不论在质和量上均有显著提高。如五地委李琦同志，前六专员侯国英同志，前和顺县长冯铁城同志，以及现任潞城县委书记王定谟、副县长李时哉等同志，都为党报办好尽了很大的努力。各级宣传部、办公室更是报纸通讯工作的依托。同时，近一年来，银行、实业公司、贸易公司、轻重工矿工业等国家企业部门通讯工作的开展，特别是有不少工人同志的积极写稿，从农村到城市，自上而下构成了通讯网，使党报内容经常保持着相当的水平。

亲爱的全体通讯员同志们：当我们在结束的时候，我们不能不想起在抗日

战争及人民解放战争中，英勇牺牲的本报通讯员宋洁冰同志（太行军区政治部宣教部干事）、张俊同志（武陟县委宣干）、李玉生同志（温县二区支书）、翟章云、王学风同志（获鹿二区干部）等。光荣负伤的有张启五同志（太谷四区财粮助理员）。张同志在进行抢收斗争中，曾身负重伤，当他被同志们及群众扶上担架的时候，对党报的写稿仍念念不忘，并忍疼将边地麦收斗争的情况及经验告知思杰同志，代笔整理后速转本报。这种为了党的新闻事业而流血牺牲，我们永远不能忘记。已在人民新闻事业的史篇上写下了不朽的一页！

亲爱的通讯员同志们！太行建制虽然结束了，本报亦终刊了，但新的区划与新的党报，将担负更艰巨伟大的任务，这就需要大家发挥更高的积极性，创造更多的经验，检查总结通讯工作的成绩与缺点，把通讯工作开展的更好。

谨致

革命敬礼！

太行新华日报社

新华社太行分社

（原载于1949年8月19日太行《新华日报》）

太行《新华日报》终刊启事

本报及新华社太行分社奉命结束，本报于八月二十日宣告终刊，今日是与读者晤面的最后一次。本报自一九四三年十月一日，由《新华日报》华北版改版以来，在太行区党委直接领导下，又得各领导机关、全体通讯员同志之热忱写稿与帮助，以及广大干部群众之关怀爱护，出刊至一千四百九十期，完成了它所担负的历史任务。当本报终刊之际，特向各领导机关、全体通讯员及广大群众，致以衷诚的慰问和敬礼!

（原载于1949年8月19日太行《新华日报》）

团结一致 虚心学习

（太行《新华日报》终刊社论）

随着华北全境解放，为适应大规模生产建设的需要，华北人民政府发布了重新调整行政区划的通令，太行行政区则从此结束，本报亦奉命停刊。在此终刊之日，特向全区人民及干部告别，并谨致数言。

在抗日战争与解放战争中，由于党中央及毛主席与华北局的正确领导，全区军民的艰苦奋斗，发挥高度的积极性与创造性，在被迫的分割的环境下，曾克服各种困难，直接参加与支援了分散的、大规模的战争；同时进行了土地改革与大生产运动等各种建设。终于战胜了日本帝国主义与国民党反动军队的进攻，全区获得解放，与各兄弟解放区完全连成一片，进入和平地大规模生产建设的新时期。因此，行政区划的调整，正是我党政军民十数年奋斗的光辉成果。全区干部群众，应以万分兴奋愉快的心情，拥护这个决议，迎接与担负新时期给予我们新的伟大的建设任务。

现在太行区已分别划归河北、山西、平原等省。整个地区的人民与干部，曾在党的集中统一领导下，相互支援配合，和敌人进行了胜利的斗争，今天得以胜利的会合。但也由于敌人的分割，不论在工作作风、工作制度与经验、生活习惯上，形成了与其他地区不够十分一致的地方。因此，在划区后，我全区干部群众，应自觉地与其他区的干部群众团结一致，相互尊重，取长补短，做好工作，即是一个非常重要的问题。

首先必须发挥高度的团结精神。十多年斗争的经验，反复地证明了，凡是地区与地区之间，甚至于县、区干部之间，在党的集中统一领导下，团结一致，相互学习，任何繁重的任务，任何巨大的困难，都能完成，都能克服。团结就是力量，我们曾依靠全党团结一致，粉碎了日寇残酷的扫荡与国民党反动军队的进攻，并战胜了四二、四三年的严重灾荒，取得了胜利。这一点，全区干部群众均有深刻的体验。反之，哪怕是一件小事，亦会事倍功半，甚至弄坏，这个教训犹应鉴戒。一切只看到自己的成绩和优点，看不到别人的成绩和优点，自满骄傲和盲目的山头主义情绪，必须克服。应以谨慎谦虚的态度，取人之长，补己之短；即使看到别人的缺点，或者有不相同的意见时，亦应站在党的正确立场上，开诚布公，以党的原则与利益，求得统一的意见。任何背后议论、旁敲侧击、骄气凌人的态度，都是极端错误的。凡是有上述倾向的同志，应该了解，假如没有党的正确领导，没有同志间的一心一德，通力合作，任何个人都会是一事无成的。

其次，必须虚心学习，提高自己。毛主席教导我们，“我们的事情还很多，譬如走路，过去的工作只不过像万里长征走完了第一步”。因而许多新的问题摆在我们面前不熟不懂，需要我们“恭恭敬敬地学，老老实实地学”。这就是说，必须力戒满足于已有的经验，既不刻苦地虚心学习，又不研究当地的具体情况、历史条件，一味搬弄自己的狭隘经验，到处去套，听不得、看不惯别人提出的反面意见，狭隘固执，裹足不前。或者，由于不了解区划的调整，是由分散到集中进行更大规模的生产建设、支援战争，取得全国最后胜利的重要步骤，只看做是一个简单的“分”家。经验是可贵的，但如果与实际情况不相结合，灵活运用，不吸收新鲜的血液加以补充与提高，都会变成阻碍工作与个人前进的绊脚石。

最后，我们号召全区干部与群众，应坚持服从新的省委领导，发扬艰苦作风，积极负责的完成当前一切工作任务，不因区划的关系，给予工作上任何的损失。当前正是准备种麦、秋收紧迫的农业季节，实际工作一松懈，都会造成不可挽救的损失。

（原载于1949年8月19日太行《新华日报》）

一年来的本报

何　云

> 没有报纸，就不能系统地进行原则坚定的各方面的宣传鼓动……可是，报纸的作用，还不仅限于传布思想，限于政治教育和吸收政治上的同盟者。报纸不仅是集体的宣传者和集体的鼓动者，而且是集体的组织者。
>
> ——列宁

按照伟大的列宁对报纸作用的正确估价，你就不难想象报纸对坚持敌后抗战是何等重要的工具之一。因而在去年十月间，中共中央和本报总馆，便决定在华北出版《新华日报》，并将坚持和发展这份报纸的任务托付给我们。感谢华北党政领导、广大军民、千万读者给我们亲切的指导与帮助，使我们在战斗激烈的一年中，克服了困难，走向发展的大道。

创建与奠基

一九三九年元旦，我们《新华日报》华北版和华北千万军民见面了。在敌人后方，这样一个正规报纸的诞生，是世界新闻史上的创举。当群众拿到了我们第一张报纸时，热烈爱护的真诚是无法说明的。在一次我们招待各界的茶话会上，一位农民代表说："我虽然识字不多，但我能看懂报纸上的重要消息，我相信这张报纸一定能替我们农民说话。我代表晋东南八十万农救会员，愿以全力维护华北《新华日报》。"有位救亡团体的代表说："中国没有一个报纸能够像《新华日报》那么有远大的眼光、伟大的魄力，深入到敌人后方来反映抗战，组织抗战，指导抗战。"华北军民在艰苦战斗中觉悟的提高，给我们打下了广大无比的群众基础。因而《新华日报》华北版的发行量，一开始就不是以千计算，而是以万计算的。

但是，在敌后特殊的环境中，创建这样一个报纸，在我们也还是一个新的尝试，有许多问题，需要我们解决。

首先是“干部决定一切”。人才的问题，这在我们并不是轻易的事情。当初来山西时，有相当新闻工作经验的同志，只不过有三四个。为着解决缺少新闻干部的困难，乃在报纸未出版前就招收青年，举办新闻记者训练班，只训练了一月之后，便挑选使用。

这一批青年和以后从延安抗大、陕公、鲁艺等处来的一小部分年轻同志，便成为开创《新华日报》华北版工作的基本队伍。他们有着满腔热忱，对抗战有高度的信心，大部分不怕艰苦，不辞劳累，为着坚持敌后抗战，为着改进与开展“新华”工作，他们可以赴汤蹈火。所不足的是，他们缺乏应有的政治与文化修养，缺乏办报的能力与经验，工作又这样的浩繁，而且丛生的困难是你所想象不到的……因之，组织他们、培养他们、爱护他们的责任，就落在我们肩上了。我们定出一个民主集中制的工作制度，规定了不同性质的各个部门的工作法规，定得非常详细；规定每种工作的具体任务，完成各项工作的具体计划。如果有人以为这是“文牍主义”的官样文章，那便是有害的误解。对于这些年轻热情，然而缺少工作经验的同志，这样做是万分必要的。他们可以按照这些法规和计划，逐步前进，不然便会觉得无从着手了。可是仅仅有了这些，还非常不够，必须经常征求他们在工作中的意见，问他们有什么困难。他们的意见也许并不多，但他们的困难却一定得帮助解决。每天必须有一定的时间进行教育，一发现分配工作有什么不合适的地方，便应该马上重新调整；在工作中发生了什么缺点和错误，应当耐心细致地进行帮助和教育，如果只对他们疾言厉色，便是一种罪过。要常常关心他们的生活，顾及他们的心理和情绪。这样，在二、三月间，同志们都初步熟悉了工作之后，便在一个大会上经个别同志提议，得到全体同志响应，开展了工作的竞赛运动，推进了全报社的全面工作。

我们全体职工同志，来自南北东西。因为历史和地理的关系，有着不同的生活感情，但他们在不同中却有着一个共同之点，他们都是抛妻别母，不远千里来参加敌后抗战，对国家民族，对《新华日报》都怀着无限的热爱。我们了解这个共同点，便是建立全馆精诚团结的真实基础，在二三月间工作的初步活跃中组成了新华职工救国会。职工救国会成立之初，即订立了共同遵守的合同，规定了劳动纪律，建立了各种文化娱乐。全体同志，乃在融洽的空气中，走上了生活感情与思想的相互一致，逐益巩固了团结。

扎根群众之中

当时敌寇正回师华北，加紧“扫荡”敌后，企图进攻西北，而晋东南军政民各界，正日益走向团结与统一。所以那时报纸的基本方针，就是号召军民扩大团结，巩固统一，迎接战斗，保卫西北。我们不但在论文中这样宣传，并且组织了青年、妇女、工人、农民、青年记者，尤其是回教同胞的各种特刊，我们切盼着各界民众都联合起来，组织到抗战中去。

为着具体帮助敌后各报纸和通讯社，我们还特别出版了一种油印刊物，叫做“新华电讯”，赠送各报章杂志各通讯社。经常的和他们交换稿子，交换工作经验。在四月初，我们邀集了晋东南各报纸各通讯社同人，举行座谈会，提出了一个报纸反映战争、指导战争的任务，贡献了战时新闻工作上的具体意见。我们的努力，并不落后，蒙各界领袖、民众代表，都重视《新华日报》的意见，作为他们行动的参考。回教同胞，看到《新华日报》披露了他们的意见，登载了他们的文章，均鼓舞欢欣，他们说道：“只有《新华日报》才会这样注意我们。”各地新闻界，单从各种报纸的形式，都一律仿照“新华”的格式这一点看，也足够我们欣慰了。

“好好的分配宣传品，就是做了革命工作的一半”。我们当时就在这种思想指导下，建立了发行交通网。在六个中心地点成立了办事处，各县均设立了分销处，各编村中设立了分订处，我们努力把本报，分送到晋冀豫区以外去，把报纸散入冀南、豫北、晋察冀及晋西南，深入敌后区域。

以六办事处作为依赖，我们的交通员同志，就每天肩负着报纸，日行六十到七十里的崎岖山道，到了一个站，转交给另一交通同志接替前进，就这样的每天把数万份报纸分送给每个读者。

发动读者积极参加自己的报纸工作，也正是我们的基本原则。因而我们在当时就充分注意发展通讯员和组织读者会。经过广泛号召与努力经营，我们很快有了一百多个通讯员，几十个读者会。

如果认为对通讯员，只要寄去一张聘书和几份工作条例就可以源源寄给你所需要的稿子，那也是有害的空想。对于通讯员，需要的是密切的联系，经常的督促与鼓励，不厌其烦的耐心教育。我们的工作是每稿（不管可用的不用的）必详细答复，仔细解释每一时期的编辑中心方针，细心的帮助他们克服困难，解决各种各样的问题。一百多个通讯员，就是这样的从一个两个，逐步发展起来了。

读者会这完全是一种群众性组织，和我们的报馆并没有总的领导关系，只取得密切的联络。他们的工作，简单说来，1.经常阅读与讨论本报；2.集体写稿；3.帮助发行；4.组织读报小组；5.提供各种意见与批评。他们的权利则是：买书报可打折扣；提出一切理论上的疑问，由我们详细解答；来稿优先登载等等。到三四月间，因为这方面工作已相当开展，我们乃在编辑部特别设了一个通讯联络科，专门处理通讯员与读者会的工作。

克服各种困难

然而巨大的困难又发生了。

原有的铅字，每天都在巨大的铁滚筒底下滚上几万次，从一月起滚到三月底，全部都损坏了。我们又没有新五号的铜模，眼看着这有关报纸之生命的工具，逐渐消磨无法挽救。到了四月初，的确不能再勉强支持了，不得已乃改用老五号仿宋字印报，但仿宋铅字笔画甚细，更经不起巨大的铁滚筒的猛滚，不上几次，也磨损得模糊不清，每天浇铸新的补充也来不及。加以机器是破旧的一架，以致当时报上，重要的文章都看不清。同时，又因为骤然从新五号改为老五号，每版几乎减少了一千五百字左右，内容就显得不如以前丰富。大家都为我们担心了，董事会不断地给我们鼓励与支持：“党报技术困难，启发全馆人员的创造热诚!”每天总要收到读者的来信，他们关切地说道：“你们从前的报纸是那么精美漂亮，而现在简直不能看了。”实际上，我们的焦急是超过任何关心我们的同志的，上自本报的各部负责人，下至工厂练习生，都在想尽方法，努力克服这技术上的困难，藉以达到董事会与广大读者的殷切希望。在王显周同志、周永生同志、张建功同志共同设计与督促之下，我们创造出“半铅凳”，手制了打版纸的大刷子，发明了用土纸打版纸的土办法。经过这一努力，到五月十三日这一天，我们把技术上的困难克服了，土制的新五号铅字从此完全有了保证，不至于很快被滚坏，报馆从此才奠定了初步基础。

“四月份是你们最不精彩的一月，但五月十三，却是你们新生的日子。”我们的董事会这样鼓励我们。第二战区朱副司令长官是异常关怀敌后抗战文化工作的，还远道赐奖了一百块钱，并且鼓励我们：“继续提高创造热诚，不断克服可能到来的任何困难，使敌后抗战的文化工作，更益前进!”全馆职工都异常兴奋，在全体大会上，我们曾经说：“我们能够克服任何困难，因为我们全体职工都有高度为民族解放而奋斗的热诚。”我们向朱副司令长官致敬，向董事会保证以后不再有铅字模糊的问题，并且担保以后不断的发明，不断的克服困难。就在这个大会上提出了继续发明、加紧生产、高度节约、自力更生等口号。一切都紧张起来了。

那时正当敌寇加紧政治进攻，汪逆党徒活动甚烈，山西有倒退现象，河北问题异常尖锐，到处逆流横生，摩擦四起；我国内部发展着投降妥协的危机，英法美等帝国主义在策动东方慕尼黑的阴谋。我们的中心方针，便是向广大军民敲响警钟，反对投降妥协，反对东方慕尼黑，加强反汉奸汪逆的运动。这些任务，在基本上是全部完成了的，当时我们不少重要社论和重要的文献与资料发表后，引起了敌后军民极大的警惕，推动了反汉奸汪派的运动，使以后敌人伪装着汪精卫队伍向白晋路沿线进攻时，民众都坚壁清野，不为所骗。

在编辑方面也有很大的改进，尤其是国际新闻，我们完全改变了旧的方式，每期找出一个中心，加以简明的分析与注解，将全部消息完全联系起来。这些简明的分析与注解，深得读者的赞许。

我们的销数增加了，但是我们有一架老病的机器，却在此时根本不能动弹了，只好去长期“修养”。生产力便不免降低，使我们不能不限制每期报纸的数量。

我们改进了交通制度，建立二三十里处距离的交通站，昼夜接替兼行，竟造成了沁县到长治（相去二百余里），往返只需二十六小时的速度。

为着继续发明，单独成立了制造科。由王显周同志装制造油墨的简单机器，油墨全部制造。设计用轮子拉印刷机器，已装了一个大木轮，我们叫它做“照远”。大胆尝试着自造活用的铜模。

通讯员读者会增多了。读者写信来庆贺我们报纸的“新生”。是的，我们新生了，我们正向前发展。

在反"扫荡"中

"七一"前后，敌寇已决定大举"扫荡"晋东南，集中六个师团，分六路出动，把长治作为进攻中心。这样大规模的一个"扫荡"计划，摆在我们面前，威胁着我们的全部工作。但我们知道，在战斗经常剧烈的敌后，这并不算稀奇，如果当时新华日报有什么轻举妄动，中途停顿出刊，那就会影响局面，因而坚持到最后是我们的应尽任务。我们很镇定，布置了"七一"到"七七"一周间的工作竞赛，发动各个部门将生产的成绩绘制成图表，举行展览会，检阅半年来的工作，使年轻缺乏经验的同志们，学习经营事业的科学方法。我们当时的口号是：提高技术，改进制造。要做到从"七一"到"七七"的报纸上，找不到一个不清楚的字迹，油墨要造得又黑又亮。随着敌人的"扫荡"逼进我们，三日董事会用电话召我们商议移动。临行时报馆举行会议，决定坚持出版到最后一刻，如何搬迁，听候电话通知。四日晚，我至董事会，即决定留少数机器与工具坚持出报，其余大部分机件及重要资材，迅速移动。我乃用电话通知留馆的韩进同志等，他们便昼夜动员，五日即由周永生同志率领另一部机器铅字等开始移动。

固然，敌人以后方交通有所部署，前进时未遇坚强阻击，便改变了进攻方式，虽然主力还是不离交通要道，慎重推进，但却分派快速部队与便衣队，连同汉奸武装，轻装前进，远出袭扰。五日沁县即告失陷，六日敌寇兵袭占虒亭。攻占沁县之敌于六日以骑兵袭取虒亭，而分兵于同日向西南进占故县镇。白晋路上，敌八日进占夏店，十日陷长治。

当时克寒同志和我已与韩进、漠野诸同志隔离了。他们率领留馆的大部分同志坚持出报，印发了七月三日五日的报纸，并且印发了"七七"的纪念刊，还排好了九号报纸的一、四两版。这几天中曾有不少军队与机关，行军过报馆驻地，他们看到《新华日报》还在那里安然出报，心里便更坚定了。我们站在帮助军队的立场上，设法招待他们食宿。到了七八两日，我们的前面已经没有军队和机关了，我们差不多已站在离敌人最近的前线，有些军队与机关，都用电话向我们探听前线事情。我们知道这已经到了最后一刻，即将留馆人员组织成为"第七连"，以韩进同志为连长，其任务是游击敌人，输送全体干部及资材到新选地点。这个第七连，打了十多天的游击，终于冲破重围，到达新地点与全体大会合。

为着保持本报与读者的联系，向千万读者报道战争消息，七月十八日起我与克寒同志等就编印油印的《新华日报》，每天一期，一直出到七月二十九日，至“八一”才恢复铅印。总计自“七七”纪念刊到“八一”，中间铅印报停顿了十一期。

当时战斗紧张，而投降妥协危机不但严重存在并且发展着，我们的编辑中心方针是加强反对投降妥协倒退的运动，坚持抗战团结与进步；改善民生，实现民主，巩固抗日根据地；深入动员，开展民众武装；鼓励与发扬反“扫荡”之英勇战绩，揭露敌寇汉奸之阴谋政策，开展敌占区工作等。

晋南东被割裂了，各处的联络均被截断，当报纸“八一”复刊之初，我们被迫减少了发行数目，而广大的读者却期盼着《新华日报》早日到手。为了及时把重要新闻告诉读者，我们乃决定出东南西北四线的号外，由记者林火、贺义彬、朱玉宾诸同志负责。南北号外，是石印的，一直发行到四千余份。据各办事处报告，当时各地读者，久未看到《新华日报》，大家都感觉到挺茫然。待八月中旬，交通全部恢复，报纸送到以后，大家均欢天喜地，满意本报对各种重要问题的解答。我们很欣慰于报纸在反“扫荡”战中尽了些力量；但我们很抱歉，在敌人“扫荡”最残酷时报纸被迫中断十一期。到九月底因物质条件的困难又使报纸停顿了数期。

我们在胜利前进

克服了这次战争中遭受的挫折，我们又走向新的进展，干部经过了炮火的锻炼，工友的政治觉悟也大大提高了。陈燕、王剑萍、彭立成等同志，自动提出减薪。我们英勇的交通员同志，并不因敌人严密的封锁线，而阻挡了他们按期送达报纸；他们会很机警的辨认汉奸，加以无情的打击（有一次我们三个交通员打死了一个汉奸，缴回日本旗子一面）；寒风大雪，高山峻岭，自然更不足阻止他们迅速前进。我们报纸的发行，已经达到几万份了。其中散入敌占区同胞手中的约有三千余份，使我们高兴的是我们的报纸到了那里，那里的敌占区工作便容易开展，通讯员已发展到五百，读者会已有五十多个，其中也同样有敌占区的。我们为着密切联络这些通讯员与读者会，增进对他们的教育，出版了一种《通讯与读者》，按期分赠。感谢华北军政民当局给我们的帮助与指导。我们正在走向巩固，但是讲巩固却还有着距离，还需要我们去战胜可能到来的新的困难，我们还须百倍努力。

以上是我们一年来的工作的概括。我们深知道无论在执行政治任务，在克服困难各方面，都没有惊人的成就与出奇的创见。但我们已尽了最大的努力，坚持并且发展了敌后为国家民族争取独立自由的文化工作。也许我们在鼓舞军民，坚持敌后抗战，保卫和巩固抗日根据地方面；在坚持前进方向，和广大军民一起，与密探、汉奸、汪派、托派、投降妥协派……无情的斗争中，在揭穿敌寇“以华制华”的阴谋与糖衣毒药的怀柔毒计方面；在打击敌寇汉奸各种无耻卑鄙的欺骗宣传方面；已经尽了一些力量。或许在列宁所指示的教育和组织民众，作为各城之间，甚至作为全国全世界的实际联系的这些任务上，有了些贡献。

在一年战斗中，我们锻炼了自己，但深愧没有值得宝贵的经验，贡献于广大读者与先进同业者之前。然而，我们以为团结是万事之宝，正确的把握每一时期中的政治方针，正确的解释每一事变，了解广大人民的要求，成为民众的讲台，依靠广大的读者与民众，是一个报纸所万分必要的。

我们感谢华北军政当局及广大民众与读者一年来对我们的爱护、帮助与指导。但我们的面前，还拦着不少艰难，首先是物质与技术条件的不够，我们还要求军政当局、广大民众与读者继续给我们以更亲切更伟大的爱护与帮助，我们深信华北军民的力量是大海般广大与深厚，依靠它是足以克服任何困难的。

（原载于1940年1月1日华北《新华日报》）

华北“新华”第二年

何　云

> 我们可以拿将造房子之周围的木架等作比喻：这木架指出建筑的规模，促进各建筑工人的联络，帮助他们分配工作，并考察有组织劳动所达到的总成绩。
>
> ——列宁

（一）

我们绝不想把列宁创办《火星报》写《做什么》这一篇名著时俄国情况拿来和我们目前情况相比拟，但正因为一年来巩固华北各抗日根据地，加强敌后抗日根据地的各种建设任务，不仅在全华北各地着重进行，而且成为中心，所以列宁上面几句话中的全部意义，以及使《新华日报》华北版真正成为“建筑”整个华北的“引线”和“木架”的构成部分，这就成为我们一年来的中心方针。

历史是连续的，没有去年，不会有今年，而明年将更不可想象。正因为去年一年，使我们的工作已走上初步的巩固，今年便要求我们有所发展。所以当去年总结报纸工作的时候，中共中央北方局就指出：“应该努力使报纸真正成为全华北性的机关报，帮助各地报纸，与全华北加强联系，使报纸成为华北新闻文化事业的中心。”而在具体任务上，从一月开始，直到三月为止，是反对华北某些背叛民族国家的行为，克服投降分裂危机。此后不久，党又着重提出深入研究政策的问题，要求我们深刻细腻的反映与研讨巩固抗日根据地的各种具体工作。待八月间，八路军决死队在朱彭总副司令领导下发动了空前伟大的“百团大战”，于是几乎有四个月的长时间，我们应该去反映“百团大战”的辉煌战果，鼓励人民踊跃参战，展开空前的交通网破攻战，粉碎敌寇的“囚笼政策”；号召军民乘“百团大战”不断胜利、敌伪动摇之际，深入敌占区，开展敌占区工作，以缩小敌人占领地，扩大我们的根据地。

以上，成为全华北性的机关报，是我们的总的方针，而三大中心任务，就是本报一年来的努力目标和特点。至于及时打响警钟，传达我们党中央的正确主张，团结和号召一切抗战党派抗日军民，克服不时要高涨的投降分裂危机，和敌寇汉奸展开剧烈的斗争，以及解释国际间每一重大变化，这已是我们经常的任务了。

根据总的方针和三大任务来检讨本报，我们觉得这一年来我们对全华北抗日根据地各种工作的反映，较去年有了进步。从地区说，自太北、太岳、太南、晋察冀、冀南、冀鲁豫、山东直到平西、平北与冀察热，在若干重大事件上都有了新闻报道，尤其是对模范根据地晋察冀的工作，我们曾特别加以注意。同时，对华北各抗日根据地全盘工作的研讨，显然也有若干成绩。如果说过去一年，我们的社论专论，大半还局限于晋东南的问题，那么今年的社论专论所讨论的范围，是比去年略有扩大。我们除经常发表中共中央领导同志和北方局负责同志的言论外，尤其多方面努力邀请军政民各界负责人为本报撰述，发表宝贵的言论，这些重要文献，对于全华北的抗战建国事业都有着非常宝贵的意义。此外，我们广播了许多重要文章，荷蒙华北各地报纸经常采用，这在加强联系和“引线”、“木架”的作用上，或许也尽了些绵薄。

在反对某些华北背叛民族国家的行为和克服投降分裂危机方面，我们是极尽了努力，使团结更走向巩固。

关于巩固抗日根据地基本政策的宣传与研讨，也有了某些贡献。首先，在论文方面，我们对各项政策，曾作了若干较有系统的介绍和研究。同时并努力于政策实施状况的反映，发扬了敌后第一次大规模的生产展览会，发扬了劳动英雄与卓绝的发明家，冀希从这来推动全华北的生产建设。也曾经常的反映了各种具体工作中的经验教训，提供了某些浅陋意见。

在“百团大战”中，我们是曾经站在自己的岗位上尽了自己应尽的力量。我们曾经搜集一切捷报，重新写作与编排，务使新闻精彩壮丽，不致埋没了这些辉煌的战功。我们曾派若干记者同志，随军行动，深入敌占区，务使真正能够反映这一历史的伟绩。我们曾不厌其烦的解释“百团大战”空前伟大的意义，不断鼓励人民武装，一致配合军队，参加华北交通总破击，摧毁敌寇的“囚笼政策”和“堡垒主义”，同时并号召军民，深入敌占区开展工作，争取敌占区同胞，扩大抗日根据地，缩小敌占区。我们曾经发扬了“百团大战”中的英雄，发扬了他们令人感动的壮举和伟绩。我们正把这一“百团大战”的伟大战绩，迅速的散发捷报，以期飞快的深入民间。写作了不少通讯，介绍到大后方，介绍到国际间去。

我们常常接到中央军、决死队、八路军及各界关心我们的许多读者的来信，他们说：“你们的报纸特点，就在于：每到时局严重的关头，一定吹起号角，打响警钟，唤醒千百万军民，为克服时局危机而奋斗。就在于：每每碰到国际局势有大大小小的变化时，一定能详细加以分析，并指出了中国应采取的方针。”这自然是一种过誉，但我们相信，在这方面，我们的确在按照我党中央的正确指示，尽可能正确而迅速的传达党的主张。同时我们对狗彘不食的汪精卫与敌寇的一切欺骗宣传，确曾不惜宝贵的篇幅，极力剥露和揭发他们的妖形怪相与卑鄙阴谋。在敌寇这次“毁灭扫荡”中，我们又将其空前暴行，向全世界作正义的控诉。

（二）

在我们本身工作方面，第一件事情，就是我们曾经培养了若干编辑人员，文化战线上的战士。我们曾经选拔了若干优秀的编辑人员，贡献于华北各新闻同业，去帮助各地方报纸的工作，加强了与全华北各新闻机关的密切联系。第二是除承印了《抗战生活》等杂志以外，还单独出版了《中国人》周刊，专为开展敌占区工作，专供敌占区爱国同胞阅读。同时，印行了四十五万册的社会科学，马、列名著，以及学校用书，五十万份的传单和布告。自然这区区之数是万分不够的，但在敌后物质技术万分困难的条件下，这一部分的书籍和印刷品，多少足以供应敌后广大人士的精神食粮，和对敌伪展开了宣传战。第三，我们曾自己发明用芦苇、废纸、破鞋、木屑、山草等制造了八种纸张，我们建设了利用水力的水碾，而油墨几乎全都是自造的，我们冀希着渐次能求得生产资料的自足自给。第四，改进了工厂的管理，发扬了民主，让工人自己选举代表组织厂务会议，自己来管理工厂，因而建立了新的制度，改进了管理的方法，使工作效率提高，生产量几乎提高了百分之五十，消耗量从千分之三十减低到千分之六，而工资则提高了百分之三十到四十。

在敌寇这次残酷的“扫荡”中，摧毁这个中国共产党领导的新闻文化机关，是它的主要企图之一，在东京《朝日新闻》、天津《庸报》、北平《新民报》、山西《新民报》各色各样的敌伪报纸上，曾大肆“宣传”，说华北《新华日报》在“扫荡”中已被“毁灭”。同时把“毁灭”华北《新华日报》，竟列为这次“扫荡战绩”的第二大“成绩”（第一大“成绩”当然是“消灭”八路军了）。然而，正和八路军并未被“消灭”，反而歼灭了大量敌人，根本粉碎了这次“扫荡”一样，《新华日报》华北版，在“扫荡”的炮火中始终坚持了工作，当“扫荡”还未完结，炮火依然猛烈的时候，我们就立刻恢复了铅印报纸，根本粉碎了敌寇汉奸的“毁灭”“宣传”。

以上就算是我们一年来给敌后抗战和新闻文化事业的一些小贡献。而这些成绩，应该归功于中共中央北方局诸位负责同志的正确领导和无微不至的具体帮助，应该感谢各军政首长各界人士与千万读者的关切、指导与爱护!

我们还应该万分感谢晋东南、冀南以及敌后各根据地前线将士和各界人士，响应我们捐募基金的号召，节衣缩食，慷慨捐输，使我们集有成数（约计万元），增添了无限力量。

我们还应该万分感谢敌后军民，响应我们将报纸阅后传送别人，传播到敌占区去的号召，使我们的报纸深入穷乡僻壤，深入敌伪心脏，传播得更远更广。

（三）

但是，正由于本馆同人的力量绵薄和客观上某些存在的困难，我们还是缺陷很多：在宣传与反映全华北的抗战建国事业这点上，我们实在异常不够，某些社论专论，还只能是特别适用于某一地区，而不能适用于另一地区，更常常不能适用于整个华北，且传播的还嫌太少太慢，新闻通讯的反映，也不能做到每个地区普遍的经常都有。同时，和全华北各地各新闻机关文化团体的实际联系，还很不够，与大后方文化界的联系，则更其不够密切。

在反对华北的某些背叛民族国家的行为，克服投降分裂危机这一点上，我们也还有不够之处，还没有做够思想上的深入的教育。

在深入宣传巩固抗日根据地的各项政策，以及对各种具体工作的考察，我们还只能够对若干问题提供原则的意见，我们还只能够对一个抗日民主政策的问题，对每村或每一件具体工作，提示深刻而具体的意见和实际的办法；还不能够对每一个政策的实施，每一村每一件的具体工作，有细腻而深刻动人的反映。总之，我们还不免于粗枝大叶，还不能“在建筑一座非常巨大而前所未见的建筑物的时候”，真正完成列宁所指出的一个机关报的任务，使全华北的“泥水匠”遗憾良多！尤其是在指明“整个活动中，那些缺点表现得最利害”（列宁）这点上，就是说，在批判工作上，我们还做得太少。

就连对于“百团大战”’的反映，我们也还不能全部满意，虽然在第一阶段中颇为热心，但在第二阶段与第三阶段中却显得迟缓而不够，同时，对于英勇战士的描绘也很遗憾。在狮脑山的战斗中，我军有五位英雄，在敌寇陆空配合，“展开”所谓“立体攻击战”的猛烈炮火中，竟坚守阵地达五昼夜之久，终于胜利地完成了任务。像这样的伟绩，而我们竟未有一篇描写民族英雄的史诗，这是愧对五英雄的。

（四）

一九四〇年在残酷紧张的搏斗中过去，新的一年将是战斗更残酷的一年。检讨过去，我们今年的方针应该是：

第一，完成一九四〇年未全部完成的任务——真正使本报成为全华北性的机关报，深入到每个地区甚至每个村子的下层，去考察研究各种政策的实施状况，发掘各种具体工作中的实际问题，甚至是细节问题，和全华北各新闻机关文化团体更益加强联系。为着完成这些任务，我们将组织一考察团，到华北各抗日根据地去。我们的记者及通讯员同志将深入乡村的下层去发掘。我们将更加深刻更加具体的研究政策问题，和执行政策的方式与方法。我们将加强对实际工作的批判性。

第二，我们也要“面向敌占区”，更益改进《中国人》周刊，开展敌占区的通讯员工作，与敌占区同胞更益加强联系。

第三，我们将更益发扬工人的积极性，要更益改进工厂制度，走上按件计值，以改善工人的生活和增加精神食粮的生产。

第四，估计到物质困难将更增加，敌寇封锁破坏会更加紧张，我们的一切纸张材料将努力求得自给自足。

第五，估计到敌寇的残暴“扫荡”将更频繁，“扫荡”的间隙会更缩短，我们将更益严密我们的机构，更益加强战斗性，迎接日寇的进攻，不仅要在紧张战斗中使工作绝不中断，还更要求得工作的扩大。

愿各军政长官及各界人士与广大读者，更益关切、爱护、指示我们，愿我们全馆同志更加百倍努力!

（原载于1941年1月1日华北《新华日报》）

祝《太岳日报》创刊一周年

薄 一 波

记得《太岳日报》创刊的时候，正当十二月政变之后不久，根据地的一切都带着草创的性质，危机四伏，呈现着异常混乱的状态。投降派配合敌寇进攻，和破坏根据地的危险，从外面袭来，违反政策的严重现象由内腐蚀根据地的危险，从内面袭来。不打退敌寇和投降派的进攻，根据地固然不能巩固，而不纠正这严重的违反政策的混乱现象，根据地之巩固，亦无从说起。

为了完成这一任务，当时都感到创刊一种政治上工作上能指导建设一个巩固的能执行正确政策的根据地的报纸，是非常必要的。《太岳日报》遂应运而生。一年以来它光荣的担负起了这一任务，做出了辉煌的成绩（虽然它还有许多不够的地方），它无情的及时的揭露了投降派配合敌寇进攻的每一次的阴谋，在太岳人民大众中间敲起了警钟。因此，我们在投降派配合敌寇进攻面前，非但未曾遭受失败，每次均以胜利者的姿态挺身走出来，它及时的、恰当的告诉给人民敌寇每一次所布置的“扫荡”和“治安强化运动”的内容和阴谋，指示给人民以对敌斗争的方向和方法：在什么时候、什么情况下，如何去空室清野；在什么时候、什么情况下，如何去快收快打快藏；在什么时候、什么情况下，如何去进行缩小敌占区，反对维持会、反对奴化毒化政策、开展交通斗争……细致的、有系统的给太岳人民以巩固与扩大根据地的政策的教育，应如何扩大武装，扩大青抗先自卫队，如何开源节流量入为出繁荣根据地，如何开展民主建设民主政治，如何解决根据地中的土地纠纷问题，如何进行敌伪工作与锄奸工作……这是党政军民的路标。它公正的、铁面无私的、真实的反映出根据地建设过程中每一战线上、每一部门内、每个角落的好的、坏的、平常的例证来，使“贪夫廉，懦夫有立志”。它在文化教育……方面亦有无限宝贵意见的贡献。

我们庆祝它以往一年的成功，我们同样热望今后一年更大更多的成功。这些热望是：（甲）在政治上工作上的领导作用应认真加强，过去在这方面，已做出成绩，但今后根据地建设任务更其加重，环境更其复杂与困难，因此，要求《太岳日报》的地方亦更多，这特别在政策的指导上更重要。（乙）多作各个地区的具体的反映与指导。过去在这方面，也已做出成绩，但太岳究还算是一个新建设区域，诸凡幼稚而且发展极不平衡。所以指导愈具体、愈地区化愈好，经过各特殊发展的道路走上平衡。（丙）要做一个铁面无私的“言官”和人民监政的模范。过去这方面已做出成绩，但太岳区今后仍需要这样做，要用笔杆做到明是非、别善恶、奖有功、罚有罪，借以推动全盘工作。

（原载于1941年6月6日《太岳日报》）

对《太岳日报》的三点希望

安 子 文

六月七日是《太岳日报》创刊的一周年。一年以来，《太岳日报》正如同太岳根据地各方面的建设一样，也是在极端困难的环境中建设起了自己——一个为太岳区广大群众所热烈拥护的战斗的地方报纸。

在《太岳日报》周年的纪念时候，愿提出以下三点简单的希望，作为贺礼。

第一希望《太岳日报》能够更加群众化。这就是说，在社论、新闻、副刊的内容上，材料的取舍上，更多反映群众的生活、群众的快乐与痛苦、群众的创造成绩与群众的要求；在社论、新闻、副刊的形式上，更加通俗具体与生动，使群众真正喜闻乐见。

第二希望《太岳日报》更进一步加强对每一个时期中心工作的指导与反映。这就是说，在某一中心工作任务尚未到来之前，就能预先准备这方面的材料，组织有指导性的社论、专论与专门问题的文章，以至杂文等写作，以帮助下层干部与每个抗日人民顺利进行这一工作，在工作进行中，还能及时反映下边的生动消息、模范例子，以推动大家更好地完成这一工作任务。

第三希望《太岳日报》能发挥更高度的批判作用。这就是说，经常有系统地向根据地内每一种违反政策的现象作斗争，向实际工作中的每一种错误倾向作斗争，向每一种谬误的思想、言论作斗争。

以上三点就是我简单的希望。

（原载于1941年6月6日《太岳日报》）

把我们的党报办的更好一些

赵守攻

经过将近半年的努力，我们的党报终于改成铅印了，这是技术上的一个大进步，对广大读者和报纸工作者是一个大的鼓励。随着报纸的改版把报名也换了一下，名称的变换也正与技术上的变换一样，它告诉我们应当加倍努力，向一个党性坚强的党报方向——《新华日报》前进，同时还说明了我们太岳根据地的建设，也正在逐渐一步一步地向着新中华的道路上迈进！

的确几月来我们的报纸有很大的进步，全党同志、广大群众对报纸的关心和爱护也有很大的转变。比如报纸的指导性加强了，下层工作的同志可以从党报上看到工作的方针方向和步骤。报纸上即时反映了我们各种工作，尤其是中心工作的情况。使领导机关可以借报纸来了解下情。报纸与工作的结合更为密切了。这就是我们报纸党性增强了的具体表现。又如，报纸的新闻、通讯空前增多了，最近每天可以收到七十到九十几件稿子，稿件又大多是我们各个工作战线上的负责同志、党报通讯员所写的，“全党办报”的作风逐渐树立起来了，这也是我们报纸党性增强的又一个表现。在通俗化大众化方面也有显著的进步。

但这些进步不能使我们自满，我们的报纸工作中还有很多缺点，必须克服。故愿趁报纸改版的时候，提出一点意见与大家商讨研究。

我觉得我们（上自领导机关，下至党员群众，从办报的到读报的）对于党的报纸的重视是不够的。我们还没有了解到在今天敌后这样的环境中报纸的重大作用。中央曾明白的告诉我们，“报纸，是今天根据地干部与群众最主要最普遍最经常的读物”。从我们的切身体验中也完全证明了这一点。在今天困难而紧张的生活中，我们没有更多更好的出版物（书报杂志）。我们虽有不少的宣传工具，但缺乏更好的宣传干部和文化人才，所以报纸就成为今天最有力的宣传工具，成为指导工作、培养干部、教育群众、团结群众的最好的武器。运用报纸可以把党的主张、口号随时传播到党的各个环节，传播到农村、工厂、学校、部队的广大群众中去。运用报纸可以进行各项工作的指导与经验的交流，可以培养干部教育党员。运用报纸可以向广大群众进行时事、政治与文化教育，提高群众文化政治水平。运用报纸可以团结与培养文化工作者，培养工农兵作家等等。同样经过报纸可以反映广大群众的生活、斗争和群众的呼声。经过报纸可以使我们和广大群众的呼吸汇成一流。我们的报纸就是这样一种生动、活泼、丰富、现实的反映党与广大群众斗争生活的园地。设想如果没有这样一个报纸，我们的工作会遇到多少困难！我们的生活会多么枯寂。我们就会变成为一个半聋半哑，过着与世隔绝的生活。报纸对我们已经成为时刻不可分离的良师密友了。我们应当深刻体会到这一点。

现在我们进一步来研究一下，如何爱护与关心党报的问题，不论我们的领导机关与党员群众，对党报的关心为党报工作还须进一步的努力，甚至少数做党报工作的同志还有不安心的现象也必须克服。比如我们各级领导机关及负责同志，应经常为党报写文章，供给党报机关干部，帮助购买东西，特别是随时检查报纸，提出意见，这些方面是我们应尽的社会责任。（以下字迹不清。略）

关心党报，为党报工作，这是每个共产党员的责任，党报机关工作的同志更应当努力，同样全党同志也必须努力。相信随着党报的改版，我们的报纸就会办得更好起来。

（原载于1944年4月1日《新华日报》太岳版）

进一步联系群众与实际

——为纪念党报改版三周年而作

李 哲 人

一年来，太岳《新华日报》在联系群众与实际方面，有了显著的进步，这是一个正确的方向。由于报纸反映了实际，发扬了一些群众的创造，广大的群众便跟着这些创造方向一同前进，从而使党报的指导性日渐加强。这是全报社及全区新闻工作同志，在党的新闻工作上为人民立的功劳，应当受到表扬。但根据我这次在临汾、洪洞两县检查工作的结果，又深感报纸在联系群众与实际方面还很不够，即远远落后于丰富的实际，特别是与群众、干部、党员，在每个关节上的一般思想实际相结合更差，如同蒲前线人民对敌斗争的英雄气概，及其伟大成绩与创造，许多可歌可泣的事迹，很多都被湮没无闻，或只反映出些东鳞西爪的片断。因此，进一步联系群众与实际，仍然是我们报纸今后需要大加努力的一个基本方向。

为什么要进一步联系群众与实际呢?因为我们的报纸是人民的报纸，如不很好联系群众与实际，便不能很好的了解人民革命事业发展的实际情形，便没法知道广大群众的真实心事与迫切要求，便不能发扬群众功绩与创造，就没法成为人民的新闻事业。这就是我们再三强调要联系群众与实际的主要的理由。

这里所谓联系群众与实际，是具体的，不是抽象的，即要联系太岳区三百万军民打自卫战、闹翻身、搞生产、行节约等等革命实际。因为我们的报纸不是别的，是太岳三百万军民的报纸。

怎样来进一步联系群众与实际呢?因为我们的报纸是太岳人民的报纸，也是太岳共产党的党报，它的任务是在于宣传党的方针政策与主张，发扬群众创造，表扬典型模范，交流各地经验，打通思想，统一认识，统一力量，一致对敌斗争。这样大的任务，仅靠几个编辑与记者是不可能完成的，如同蒲与黄河沿岸，在上千里的战线上，无日没有战斗，无处没有英勇的场面，那么没有各该地及部队党委的组织报道，要想将这些惊天动地的事迹反映出来，永远是不可能的。故全党办报，应是报纸进一步联系群众与实际的一个关键。怎样才能做到“全党办报”呢?

第一，每个干部与党员，必须了解为党报写稿、关心党报，是自己光荣的义务。有的同志说：为报纸写稿是出风头，工作做了何必再说。这种态度是不正确的，与“全党办报”的方针是相违背的，应该得到纠正。

第二，亲自动笔。各级党委与各级系统的负责同志，必须亲自动笔，为报纸写稿。写什么呢?写中心工作进行的情形，写典型模范，与工作经验与总结，写英雄故事……这样，由做实际工作的同志，写自己实际的经验，那么党报自会日益接近实际与群众，自会对全区的工作起一个推动的作用。据各地经验，这样做并不很费劲，只要各位负责同志能够注意起来，在工作中就可以附带的办理。如有的同志不善于写文章，可自己口述，让能写者笔记寄报社亦可。我希望各位负责同志能亲自动笔干起来，影响所及，大家就都会改变以往某些不正确的观点，随着都会为党报来写稿的。

第三，要动员帮助别人来写。各级党委与各系统负责同志，不但自己要亲自动笔，而且要动员帮助别的干部与党员也来写。不要发愁没写的，要提倡做什么，写什么，怎样写，有什么问题就写什么问题，简单通俗，说清一个问题就行。不要怕写不好，永远不写，永远写不好，多写几次，不会写的会学会，不好的学会好的。

第四，要有计划的发展培养工农兵（正规兵、游击队员、民兵）通讯员，各级宣教工作同志，必须把发展教育通讯员当成自己经常工作之一去做，要不怕麻烦的帮助他们改错字，整理材料，鼓励他们写作的热情。

第五，开展写作上的立功运动。“行行出状元”，写作上也应涌现出无数的英雄来，为党报写稿，也是为人民服务。没有无数的写作英雄，不但报纸会大闹稿荒，而且我们的文化食粮更会贫乏起来，那就更谈不到进一步联系群众与实际了。

为什么报纸要为大家服务呢?各级党委与各系统负责同志亲自动笔，是实现“全党办报”的一个关键，同时，报纸也得积极地为大众服务，使大家感到党报对他有所帮助，有好处，他就会更加关心报纸，自觉的为党报写稿。如去年报纸比较注意了军事报道与写兵问题，因而部队也就比以往关心报纸了，部队的来稿也就比较增多了。同样，因为记者恰当介绍过几个县的土地改革的成绩与经验，并提出了适当的批评，有助于他们的工作，因而那些县的稿子也就源源不绝。

报纸为大家服务，实际上就是报社同志如何联系群众与实际的问题，怎样去联系呢?

第一，确认联系群众与实际是报纸进步的方向，全体新闻工作同志必须坚定不移的继续朝向这一方向自觉的前进，这是首要条件。

第二，不论编辑或记者，都要轮流下乡，参加实际工作，并加紧理论学习，在不断充实改进提高自己的基础上，去改进提高我们的报纸。如果新闻工作者自己不进步，要想报纸进步是不可能的。“干部决定一切”，新闻工作干部进步与否，这是很明显的道理。

第三，要抓紧中心工作，参加中心工作，一面做，一面想，想成熟就写。这样看得准，认识得深，写成稿子，自会具体、中肯、生动而有力。但不论编辑或记者，下去参加工作，都需虚心接受当地党委的意见，都须以学生的态度去采访，都须提倡“不耻下问”的精神，反对“好为人师”的态度。只有这样才能尊重实际，取得各方帮助，研究问题，将群众的思想与工作的实际正确的报道出来。

第四，既要抓紧工作典型与英雄事迹、模范人物的报道，又要定期有综合报道，这才能使读者从这些实际材料中看出一个地区工作的发展过程、现状与今后的动向来。

以上是我对报纸进一步联系群众与实际的一点粗浅意见，谨此提出，以作“四一纪念”的贺礼。如有不周，尚望指教。

(原载于《新华日报》太岳版1947年4月1日增刊)

进一步贯彻群众化的方针

太岳新华日报编委会

第一，什么叫群众化？

报纸的群众化，就是报纸要满足群众的要求，使群众感到你是在为他自己办报纸，感到报纸是他自己的。

满足群众要求要从两方面去做：一方面是要反映群众的疾苦，群众的意见，群众的生活、斗争和经验创造；一方面是向群众宣传解释党的方针、政策和各种主张，去提高群众，组织群众，领导群众。这二者是不可分离的，因为党的政策，就是群众意见和要求的集中表现，并不断根据群众新的意见和要求，来补充修正政策。因之，这两方面不可缺一，缺了前者，就会脱离群众，成为官僚主义的报纸，缺了后者，就会跟上群众跑，成为尾巴主义的报纸。

第二，群众化的具体内容

群众的要求，虽是各色各样的，但在一定时期，就有一个或几个共同的重心。如纠正"左倾"偏向，就是目前群众共同要求的重心。在正常状态下，党在一个时期的中心工作，就是这一时期群众要求的重心。所以在每一个时期，报纸必须抓住一个或几个问题，集中报道。这种集中指导的办法，我们过去在执行上，有些过分，有些单调，所以引起一部分人的不满；但不抓住中心环节作报道，群众化就会变成空谈，所以这种办法，今后还应发扬。所谓集中报道，当然需要一定的数量的集中，但不是单纯数量的堆集，更需要深入的反映。不仅要反映表面的现象，还应反映到事物的本质；不仅报道出结果，还要报道出过程；不仅要报道行动的过程，还要报道思想的过程。接触到群众的思想实际，就是深入的标志之一。

另一方面，我们过去报道面的确太窄了，群众的要求既是各方面的，不能从各方面满足群众的要求，就不能彻底的群众化，故报道的范围，今后一定要扩大，要做到：

（一）除着重报道中心工作外，还要从各方面反映群众的生活和要求。比如翻身或纠偏后，农村新的气象，群众生活习惯的改变，迷信问题，卫生医药问题，婚姻问题，家庭问题，等等，从这方面解除群众的困难，表扬积极的因素，批评落后的东西。

（二）除着重报道农村外，还要报道城市中的各种状况和问题。反映工厂中，矿场中，商业中，学校中……的工作、生活和各种问题，如工厂的增产，商业的繁荣，教育的发达，和工资问题，税收问题，师徒问题，教学问题，店员问题等。

（三）除着重在政治上、政策上教育提高群众外，还应从技术上、自然科学上来满足群众的一些要求。如农作技术，工业技术，医药知识，自然常识等等。

第三，形式上技术上的几个问题

（一）应当发扬和改进的几种形式

1.问事处。事实证明，这是联系群众的最好形式之一，是报纸和群众结合的一个桥梁，值得发扬。过去的缺点，是区村干部和小学教员提的问题多，真正老百姓提的问题少，今后应力求改进，在这方面要做些具体组织工作。

2. “群众呼声”。这是群众直接表达自己痛苦、意见和要求的最好的形式，也需要提倡，过去在这方面反映的面较窄，差不多都是对干部的诉苦，今后应将范围扩大，如对蒋阎匪，对封建势力，对封建思想，封建家庭和对各种工作等。

3. “大众话”或叫“群众意见”。它和群众呼声的区别，就是不限于自己的问题，无论对任何工作，任何问题，都可提出意见，系统的固然好，三言五语的也可以，要有计划的组织这些东西，重视这些东西。

4.韵文（如快板，小调等）和木刻。是容易为群众所接受的形式，今后亦应尽可能多采用。

5.小辞典。也是群众所欢迎的，我们过去不经常，今后应尽可能每期有，不要拿自己的水平，来衡量群众的需要。

在这方面，需要创造一些新的为群众所欢迎的形式。

（二）写作上

对于通俗化，我们成绩很有限，当然，我们已习惯于那一套了，语汇贫乏，改变上确有困难。但基本问题，还是努力不够，有些很容易改的也不改，或不彻底改，追根到底，还是一个群众观点问题。我们有时简直是诚心不让群众看，死字连篇；应从是否有决心为群众办报上加以检讨，大大改进。

首先是口语化问题，要尽可能消灭死字死词。当你写稿时，就以为是在给群众讲话，而不是在写文章，以做到群众能听懂为原则。

其次，短的问题，还须要重新提出来。近来一个版，往往只装三两个新闻，必须改进。要求一个版一般要装六七个单元，一条新闻，一般最好是四五百字（特殊的例外），这就要求一个新闻（文章）顶好写一个问题，要在关节处多说几句，即主题明确，一般处，尽可能简略。反对在一个新闻内什也提到、什么也不深刻的“杂货摊”的写法。

（三）在版面的安排上，决心打破大报派头，如一定是新闻大文章才放头题，快板、木刻就不放头题。如一定是新闻标题字大、文章标题字小等等一套，都要打破，主要从内容上政治上着眼，从群众喜见乐闻上着眼，大胆改造。

第四，组织上的几个问题

新的政治任务，就须要有新的组织形式，据已想到的，须有如下的变更和增添：

1. 通采科须要有三个人左右，成一小单位，专门组织问事处、群众呼声，负责解答问题，接待找上门的群众，调查附近群众提的意见。并将上述这些报上不用的，写成公文，送交各有关部门参考处理。

2. 发展城市的通讯组织，在工厂、商店、学校、城市贫民中建立起来通讯小组。

3. 聘请专门顾问。如医药顾问、农业顾问等，以备咨询和解答问题。

1948 年 6 月 10 日

关于改进党报和全党办报问题

——顾大川同志在太岳新华日报编委会上的讲话

一九四八年九月一日，太岳新华日报编委会讨论改进党报工作时，区党委顾大川同志亲自参加，并针对报纸存在问题作了具体指示。对如何克服党报中的孤立片面，零零碎碎，作有系统的全面指导。大川同志指出：首先要将中心工作报导好，因为中心工作就是群众中的中心问题，应成为报导的重点，但怎样报导中心工作呢?

第一，要不断地连续报导运动发展的各个过程。运动中每一阶段、每一步骤的情况和特点，使运动发展的情况具体地明显地表现在版面上，这样把每期报纸连续起来读，就能了解整个运动发展的全面和全区的面貌。

第二，要报导出运动中遇到的困难和解决的办法。一个运动的发展不可能一帆风顺，往往要经过许多曲折而表现出忽起忽落，中途中断或迂回绕道前进，我们要从实际出发，报导出这些迂回曲折的情况，并要报导各地克服这些困难的办法和经验。

第三，注意运动中发生的倾向。在一个运动中倾向是难免的，如不能及时发现纠正它就会引导运动走向错误道路，要及时发现和纠正各种错误的倾向，使运动朝着正确的方向发展，这是我们报导上的一个重大任务。

第四，要报导出运动的创造，即拿典型的事实和经验来推动一般。

第五，在群众中检查我们的决议案是否正确。这样就要深入群众，考虑群众对我们的决定的态度，是积极的拥护、自觉的参加呢，还是表示反对或消极应付呢?都要据实检查反映。就是说我们应在运动中考验我们的指示决定是否正确，即时发现问题，提供材料以便不断修正指示。如果对一个运动能够连续贯穿的作上述报导，就可以克服报导中的孤立片面毛病，加强对工作的指导。

其次还要报导其他工作。中心工作不能是唯一的，只能因轻重缓急而表现出它的分量大小不同，不能只注意中心工作，而对其他一切事物熟视无睹，充耳不闻。要是生产尽是生产，要是土改尽是土改，在生产、土改之外，就是发生了什么大事也看不见，也不反映，这是一个很大缺点，必须克服。所以中心工作之外，对其他工作以及人民生活的许多重大问题，都应该有必须的报导。这些工作和问题过一个时期也可以成为压倒一切的中心工作，故对这些东西（只要有重要意义的）即使还处于萌芽状态，也必须抓紧报导。我们要耳目宽大，嗅觉灵敏，不放过一个关系人民生活的重大问题或社会问题。其次为了克服我们工作中的某些飘忽肤浅、浮光掠影的现象，要进行一些专门问题调查，深入系统的调查一些重大工作问题或社会问题，以达到透过一点、了解一般的目的。

关于收集材料与写作问题，大川同志指出：我们收集材料的面要宽，要从广大群众、各个部门干部各方面中收集。但是要求不能一样，各级党委各部门同志应该供给党报成熟的综合的材料，对一般通讯员则应该是即使只报导出一件事实，提出一个问题，或提出一个要求也是好的。来路要宽，来源越多越好。至于如何分析研究利用这些材料，则应由我们自己负责。材料有了以后就是如何整理写作问题。

写作时第一要注意反映它在一定时间、地点条件下所产生的特点即具体化，要避免将各种不同的东西写成一个模型。比如太阳，早晨的太阳、中午的太阳、傍晚时的太阳是不同的，又如群众的思想顾虑，纠偏前与纠偏后是不同的（开始时很严重，现在是残余），那么我们就应该把这些特点写出，将这些不同之处表达出来。

第二是写作上要力求生动具体，要写出状态、写出过程、写出场面来。事实是生动活泼的，可是经我们一写往往只写了些名词，只写了些概念或只戴了些帽子，只看见抽象看不见具体，看起来像篇论文或像个指示而不像个新闻。应当了解，只有生动具体的事实，才能给人以深刻的印象，才能更好地起启蒙指导教育作用。当然我们不要单纯的罗列现象，但必须从具体到原则，从分析到综合。所以，我们要大力提倡拿出事实，绘出场面写出过程来，要将活生生的事实情况反映到报纸上。

第三，要有显明的立场态度。要将自己赞成什么、反对什么渗透到文字中去。要从字里行间看出作者的感情来。但要做到这样是非分明，就必须有高度的责任感和原则性。

关于批评与教育的问题，大川同志指出：批评与表扬要符合运动发展的实际情况。如果运动正常发展，偏向不大，就应该是表扬成绩，介绍经验。如果偏向很大，就应该着重批评，引导运动走向正确道路。批评的重点必须是放在带原则性的重大问题上，对这些问题应采取严正的态度。第一要从实际出发，要列举具体事实，拿事实来看，只给人家笼统的戴帽子是不好的。第二要分寸恰当，不掩盖，不缩小，不夸大，不烘托。要老老实实，恰如其分。第三批评要富于建设性，主要是讲清道理，指出方向，想出办法，使人看了有所遵循。

关于工作指导问题，大川同志指出：第一要提出问题解决问题，提出问题必须是在实际运动中存在的问题，而不是自己想提什么问题就提什么问题。第二对具体问题要具体解决，不是背决议案。因为每个问题的产生都有具体的原因和条件。因此，必须掌握政策的基本精神，给以具体的解决。不是照抄决议案。第三对别人提出的不同意见，要两面考虑，第一考虑原来自己的意见是否正确，错了就改正，不要把自己意见固定起来。第二考虑别人的意见对的吸收，不对的解释，不要对别人的意见置之不理。但也不要别人说啥就是啥。第四指导工作的重点是出主意，想办法，不应只是消极的指责。批评也是指出道路，以达到解决问题推动工作的目的。

最后，关于全党办报问题，大川同志指出：全党必须很好的利用报纸，宣传党的政策，推动工作，倾听群众呼声。

第一，各个部门各个组织，无论经济部门、生产部门、文教部门及工厂、商店、农村、部队、学校、机关中的党支部成员，都应负责给党报写新闻，将自己在群众或工作中发现的问题、见到的事情，不论大小多少，哪怕一件事情也可以。这样来把群众的意见，工作的优缺点，反映到报纸上来。通讯社及各级党的宣传部门应广泛地在各组织里边组织通讯员与通讯网。在通讯的内容上形式上，力求简单易行，人人能做。

第二，各部门各级党支部成员、各级干部应充分利用报纸解释党的政策，倾听群众对党的各种政策或每一个指示决定或工作上的反映，来检查党的政策和工作的正确性，使我们的工作决定得到改善补充或修正，推动工作前进。

太行区出版的报纸、期刊和出版机构的设置

一、报纸和新闻刊物

《先锋报》

八路军一二九师政治部主办，油印，四开两版。创办于 1937 年冬季，是太行山上出现最早的报纸。内容有揭露日本侵略者烧杀掳掠的报道，有正面战场情况的披露，有一二九师所属各支队战斗活动的新闻，还有少量的国际要闻。1941 年 9 月 13 日，华北《新华日报》曾报道说：”一二九师为了加强对部队工作的领导，交流工作经验与创造新的办法，提高部队军事政治文化科学的水平，开展部队文艺运动起见，特决定‘九一八’出版全师的部队报纸——《先锋报》。报纸定为五日刊，铅印，四开四版，并有副刊《战场文艺》及《教育与学习》等，刊登战士们的习作、文艺等稿件。”

《中国人报》

1938 年 5 月 1 日在屯留县寺底村创刊，由中共晋冀豫区委主办。社长李竹如，编辑主任杜润生，编辑副主任杨蕉圃，总务处长王显周。最初是油印，由王守道、王嗣英二同志刻印，四开两版，两天出一期，每期发行几百份。

中共晋冀豫区委在《对党报的决定》中指出：《中国人报》是区委的机关报，它反映党的政策，各地经验和区委对实际工作的指示。“决定”中要求，每个支部、每个小组至少订阅一份，并把阅读和讨论党报上的重要言论，当作严格的经常的组织生活。

由于报纸的发行量迅速增加，靠油印机印刷已无法完成任务。正在这时，从我军的战利品中，找到一台破旧的印刷机和一副残缺不全的老五号字架，经

过整修后，报纸于当年 11 月 1 日正式改为铅印，版面扩大为四开四版，仍然是逢单日出版，每期印数上升到 12000 多份。

在报纸改铅印的这一天，朱德总司令和北方局领导同志曾亲临祝贺，并在社长李竹如同志的陪同下，参观了印报的全部过程。

报纸在沁县、武乡、榆社、和顺、辽县、临城、涉县、林县等地设有发行网点。

《中国人报》共出了 95 期，于 1938 年 12 月 29 日终刊，工作人员全部合并在华北新华日报社里。从它的创刊到终刊，虽然仅仅有八个月的时间，但它热情地宣传了党的抗日民族统一战线的主张，深刻地揭露了日寇的暴行和汉奸、顽固派的阴谋，热情地歌颂了广大人民群众不屈不挠的斗争意志，在组织和推动抗日救国的斗争中发挥了重要作用。

《胜利报》（后改为《晋冀豫日报》）

1938 年 5 月 1 日创刊于和顺县园街村，最初由中共晋冀特委主办，1939 年 9 月 20 日改为中共晋冀豫区党委机关报。1941 年 7 月 7 日，遵照区党委的决定改名为《晋冀豫日报》。1941 年 12 月 20 日，因和华北《新华日报》合并而终刊。

《胜利报》的报头是朱德总司令题写的。

从《胜利报》创刊到《晋冀豫日报》终刊，历时三年又七个月。报纸基本上都是石印，在反“扫荡”当中也油印过。前期四开两版，单面印刷，两天一期，发行 3000 余份；后期四开四版，双面印刷，刊期不变，发行 4000 余份。由于坚持了面向基层、面向群众的办报方针，报纸办得通俗而活泼。

《胜利报》为晋冀豫区历史较长的报纸，在全区广大乡村中有庞大的通讯网与读者会组织，反应迅速，报道翔实，而对本区各项建设与地方工作之指导，尤称切实深刻，向为广大群众所爱读。

《胜利报》、《晋冀豫日报》在中共晋冀豫区党委的领导下，宣传马列主义和党的路线、方针、政策，宣传广大军民的抗日救国斗争和根据地的各项建设，揭露日寇、汉奸卖国贼和反共顽固派的滔天罪行，及时报道国内外的大事，充分发挥了报纸在抗日战争中的宣传者和组织者的作用。

《胜利报》、《晋冀豫日报》的主要负责人，先后有张五麟、安岗、傅小潭、王雪松、高戈、张鱼等同志。其中安岗同志从始至终一直在报社担任总编辑工作。

《战斗日报》

1938年7月在长治县中山头村创刊，由山西省牺牲救国同盟会长治中心区主办，日刊，石印，四开四版，社长兼总编辑秦春风，后为魏克明。主要工作人员有姚天珍、秦淮、姜时彦、史曼林、王良、康宇、尹伊等同志。

《战斗日报》是太南地区创办最早的报纸之一，以宣传党的抗日主张和抗日民族统一战线政策为己任。1939年3月13日，陆定一同志在《回答一个问题》一文中说："各报要发挥自己的特长，更加地方化，讨论的问题更加具体化，内容更加通俗化。例如《战斗日报》的民革室，讨论的问题非常切实具体，是我们各地报纸应当仿效的。"

《战斗日报》于1939年5月奉命结束，改出《黄河日报》。它从创刊到终刊，历时十一个月。共出270多期报纸，对太南地区的对敌斗争和根据地各项建设作了全面的报道，尤其在民运工作方面报道量更大，充分发挥了报纸宣传群众、组织群众的作用。

《新华日报》华北版

1939年1月1日在太行区的沁县后沟村创刊，中共中央北方局机关报。其《发刊词》说，报道与记载华北抗战中一切可歌可泣之伟大史绩，创造华北抗战中民族英雄之典型，是报纸的宗旨之一。

华北《新华日报》是用麻纸铅印，四开四版，间日刊，每期发行3万余份。它的编辑方针是：宣传马列主义和国际主义；宣传党的路线、方针、政策、任务；宣传广大军民的抗日斗争；宣传根据地的建党、建军、建政的成就；揭露日寇暴行；报道国内外大事。

华北《新华日报》的职工阵营是很强的。社长兼总编辑何云同志，原是汉口《新华日报》的国际版编辑、党支部委员。副社长兼副总编辑陈克寒同志，原为汉口《新华日报》驻华北的特派记者。《中国人报》和《晋冀豫日报》终刊后，绝大多数工作人员都调到华北新华日报社工作，主要工作人员有杜毓沄(副社长)、张磐石、李竹如、韩进、董谦、林火、高戈、左漠野、刘祖春、魏克明、史纪言、安岗、缪乙平、李庄、白浪、袁勃、蒋慕岳、黄中坚、华山、齐语、吴宏毅、李克简、周永生、张向凌、陈浚、王元江、张建功、牟沛霖、王默磬、刘川诗、赵棣生、方德、邵红叶、穆家军、王春、赵树理、冯诗云、杜展潮、袁毓明、浦一之、安文一、张连德、王显周、何畏、郭渭、史育才、王友唐、黄君珏、杜波、魏奉璋、文绶等同志。

华北《新华日报》在出版的四年又九个月中，历尽艰险。职工生活艰苦，印刷物资奇缺，办任何一件事情都会遭到重重困难。特别是由于日寇的侵扰，曾被迫搬迁七次，转战于沁县、武乡、辽县、涉县等地。1942 年 5 月下旬，日寇调集大批人马，疯狂"扫荡"太行北侧地区。当时，报社驻在辽县山庄村，由于情况紧急未能安全转移，被敌人重重包围。报社同志们实行突围，有四十六人壮烈牺牲。社长兼总编辑何云（38 岁）、经理部秘书黄君珏（女）、国际版编辑缪乙平等同志，都是在这一次牺牲的。这是我国新闻事业史上最为悲壮的一页。何云同志牺牲后，陈克寒同志担任社长兼总编辑。

1943 年 10 月 1 日，《新华日报》华北版奉命改为太行版，它从创刊到改版，共出版了 846 期报纸，并为开展华北地区的新闻事业作出了巨大贡献。报纸改版后，一部分同志调往延安、华北新华书店和太岳《新华日报》，大部分同志都留在太行新华日报社工作。

《黄河日报》上党版

1939 年 5 月 1 日在长子县阳鲁村创刊，由山西省牺盟会长治中心区主办，它的前身是《战斗日报》。铅印，对开四版。社长丘吉夫，副社长秦春风，总编辑魏克明。

《黄河日报》上党版名义上是牺盟会主办的，实际上是我党直接领导下的一份统一战线的报纸。它的工作人员，除个别领导干部是非党同志外，其余全是共产党员。编辑有姚天珍、戴夫、梁虹、史曼林、肖里；记者有姜时彦（驻沁县）、尹伊（驻翼城）、康宇（驻晋城）、王涕非（驻长治）、王良；印刷厂指导员师小帆，发行科长是柳群，电务科长是田普惠。报纸的发行范围也很广。除五专区外，在太岳、晋南、豫北各县都设有发行站，每期报纸都由交通员直接发送。

《黄河日报》上党版从创刊开始，即把宣传党的抗日民族统一战线主张，团结一切抗日力量，反对国民党顽固派反共、分裂、妥协、投降的政策，广泛动员和组织群众进入抗战，作为自己的主要任务和办报方针。该报内容丰富，形式活泼，博得了晋东南广大干部和群众的欢迎。

1939 年 7 月，日本侵略军向晋东南发动了第二次"九路围攻"，控制了我白晋路北段，将我晋冀豫根据地分割成太行区和太岳区。反“扫荡”结束后，《黄河日报》上党版随五专署转移到沁水东部山区，报纸曾一度停刊，改出“号外”，反“扫荡”结束后报纸复刊，报社人员也变动较大，高沐鸿同志接任社长兼总编辑。

与此同时，在五专署秘书主任兼路东办事处主任杨献珍领导下，于壶关县芳岱村出刊了《黄河日报》路东版，王春担任社长和总编辑，副刊编辑是赵树理，记者有何微、白浪、李庄、刘弗笳等同志。当时报纸上最受读者欢迎的，是杨献珍、王春同志撰写的评论和赵树理同志编辑的副刊。副刊的名称叫“山地”，每周出一期，始终突出了通俗化、大众化的风格。它发表的诗（快板、鼓词、民谣）能唱，发表的小说（故事）能说；报纸贴到哪里，哪里就挤满了人，有的念，有的听，常常引起哄然大笑。1940 年春，牺盟会宣告结束时，《黄河日报》路东版也随即停刊，工作人员合并入太南日报社。

1939 年“十二月事变”中，《黄河日报》上党版在沁水曾受到顽军“独八旅”的摧残，报社阎弘铬、史曼林、张宗周、杜智愚等同志壮烈牺牲。报纸再次被迫停刊。1940 年 1 月，根据薄一波同志的指示，《黄河日报》上党版在沁源县正沟村复刊。史纪言任社长兼总编辑，石印，四开四版。1940 年 6 月 7 日该报停刊，改出《太岳日报》。

华北《新华日报》太南版

1939 年 7 月，日本侵略军对晋东南发动第二次“九路围攻”后，太行区以邯长公路为界，被分割成为太北、太南两个区。太南，包括邯长路以南、平汉路以西、白晋路以东、黄河以北的广大地区。为了适应形势的需要。华北《新华日报》于 1939 年 7 月 20 日在壶关县回车村创办太南版。北方局委托一二九师三四四旅代旅长黄克诚同志负责报纸的领导工作。报纸的国际版编辑为陈沂，地方版编辑为张磐石等同志。初油印，后石印。同年 11 月报纸出至第 45 期停刊，改为《太南日报》。

《太南日报》

1939 年 11 月 15 日由华北《新华日报》太南版改为本名出刊，中共太南特委机关报。石印，四开两版，逢单日出版。负责人是陈沂、张磐石、王探骊，主要编采人员有马楠、杜波、陆地、柳�武、肖航、张克仁、倪学慧，管理人员有韩非、冯秉清、吴本信。该报于 1940 年 3 月停刊。

太南《人民报》

1940年5月1日在平顺县源头村创刊，中共太南区委机关报，由《太南日报》、《黄河日报》路东版、《晋豫报》（八路军一二九师主办）、太南文化教育出版社合并而成。除出四开石印隔日报纸外，还汇辑出版各种图书。

《人民报》社长是张向一，代总编辑徐一贯（兼编地方新闻和图书）。国际新闻编辑杜波，副刊编辑赵树理，记者有何微、白浪、肖航、肖里、黄中坚、罗林、秦春风等同志，通联科的负责人是倪学慧同志，发行科的负责人是韩非和冯秉清同志。

《人民报》在1941年1月皖南事变后终刊，历时八个多月。它在宣传党的政策、报道根据地建设方面是有很大成绩的，特别是副刊“大家乐”最受读者欢迎，和《黄河日报》路东版的“山地”一样，多采用各种文艺形式，语言通俗生动，很适合广大人民群众的口味。

《中国人》周刊

1940年8月1日在武乡县安乐庄创刊，是华北《新华日报》出版的专门向敌占区发行的报纸。八开四版，先为石印，后为铅印，每周出一期。在一年多的时间里，共出了50多期。该报的负责人是孟剑秋、王春，主要编辑是赵树理同志。

中共中央北方局宣传部在一项通知中指出，《中国人》周刊的政治任务是：1. 向敌占区人民宣传我党的政治主张，进行抗战教育；2. 向敌占区人民揭露敌寇汉奸的一切欺骗宣传；3. 介绍敌后抗日根据地，鼓舞敌占区人民的斗争情绪，动员敌占区人民参加抗战并发动敌占区人民的斗争。

《中国人》周刊是铅印报纸，小五号字，每期约六七千字。第一版登社论，老实话，重要新闻；第二、三版为国内外和根据地新闻，也有评论；第四版是副刊，刊名“大家看”，仍继续了“山地”副刊之风，尽情揭露敌人的残暴和丑恶，发挥了匕首作用。其编者和作者由赵树理同志一包到底。这张报纸内容丰富，形式多样，编排生动活泼，深受读者欢迎。1942年5月反“扫荡”后停刊。

《工商报》

1941年9月18日创刊，晋冀鲁豫边区工商管理总局主办，石印，五日刊。鉴于对敌经济斗争与发展内地工商业的需要，该报的主要任务是：报道经济新闻，组织对敌经济斗争，推销土产，表扬发明，力争在发展和繁荣边区的工商业方面，充分发挥“推广宣传、交流经验”的作用。

《战场周报》

八路军一二九师政治部主办，1942年5月9日创刊，铅印，四开四版。

《新华日报》太行版

1943年10月1日《新华日报》华北版在涉县桃城改为太行版，成为中共太行区党委的机关报。仍为铅印，四开四版，隔日刊。报纸改版启事中说：“今后本报主要任务即在于报道太行抗日根据地一切动态，服务于太行区一切建设事业。”改版以后，由史纪言任社长兼总编辑，安岗、蒋慕岳、周永生任副社长兼副总编辑。

报社设有强有力的通联工作机构，编辑和记者也做群众工作，在全区各条战线、各个角落逐步建立了强有力的通讯组织，直到解放战争的后期，前后大约有上万名通讯员为报纸提供过稿件。

1946年5月，安岗、蒋慕岳调到晋冀鲁豫《人民日报》。1948年秋，史纪言调到中共太原市委。太行《新华日报》总编辑由区党委副书记兼宣传部长赵时真兼任，实际工作由副总编辑毛联珏主持。当时报社分三大部：编辑部部长是刘江，通讯部部长是程光，经理部部长是冯秉清，秘书是王元直。编采人员有：赵正晶、杨尚枫、樊显正、李蔚之、刘平、王广义、武蕴、李纪明、陈远、王克、高一帆、史洪、郝纯一、石峰、李玉秀、霍成勋、郝占敖、任志浩、赵秉英、李文珊、禹明、王瑾、王剑华等。

1949年8月19日太行《新华日报》终刊。从它改为太行版到终刊，历时五年十一个月又十九天，共出版报纸1449期。报纸的终刊社论说：“随着华北全境解放，为适应大规模生产建设的需要，华北人民政府发布了重新调整行政区划的命令，太行行政区则从此结束，本报亦奉命停刊。”

太行《新华日报》停刊后，全体工作人员170多人来到太原，分别被分配在《山西日报》和山西人民广播电台等单位工作。

《工人报》

晋冀鲁豫边区职工总会主办，1945年7月创刊，太行《新华日报》印刷发行。

《人民军队》报

晋冀鲁豫军区政治部机关报，1946年2月24日创刊。刘伯承司令员、邓小平政委、张际春副政委在发刊词和题词中，都强调部队必须加强人民军队本质的教育，并积极参加根据地的生产建设，做好发动群众工作和完成练兵任务。初为油印，后改石印，不定期出刊。1947 年 1 月，刘伯承司令员曾对该报编辑说："希望你们时刻记着，提倡什么，反对什么，大家一看报纸就清楚当前提倡什么，反对什么，报刊的作用就一定是很大的。"

晋冀鲁豫《人民日报》

中共晋冀鲁豫中央局机关报，1946 年 5 月 15 日在邯郸创刊。报社经理部在邯郸，编辑部在武安。铅印，对开四版。社长兼总编辑张磐石，副总编辑袁勃、安岗、吴敏。1948 年 6 月 14 日，该报同《晋察冀日报》合并，改出中共中央华北局机关报《人民日报》。

《太行邮报》

太行邮政管理局和太行邮政工会主办，1946 年 8 月 1 日创刊，初为油印。1947 年 8 月 2 日出至第 52 期时，改为铅印，周刊，八开二版。1949 年 8 月 18 日终刊，共出刊 138 期。该报的负责人和编辑人员，先后有药缄、赵德山、王一、张淑先、孙浩等同志。

《职工报》

太行区职工总会编印，1947 年创刊。

《人民子弟兵》报

晋冀鲁豫军区政治部机关报，1948 年 10 月 3 日由《人民军队》报改名出刊，初油印，后铅印。1950 年 1 月 31 日停刊。

《新大众报》

1948 年 1 月 7 日创刊，前身是《新大众》月刊，华北新华书店编辑部主办，初为周刊，同年 3 月改为五日刊，9 月改为三日刊，铅印，四开四版。王春任社长，冯诗云任总编辑，章容任编辑部主任。

报纸的一版是时事要闻，二版是地方要闻，三版是文艺作品，四版有"读者来信"和"农民大学"等栏目。该报内容丰富多彩，语言生动活泼，深得太行人民的喜爱。特别是赵树理同志编写的十几篇思想评论，在报纸上连续发表以后，有力地配合了当时太行区的土地改革运动。

1948 年 9 月，《新大众报》由武安迁往平山，隶属华北区领导。1949 年 2 月 4 日，该报出至第 94 期终刊，工作人员迁往北平改出《大众日报》。当年

7月，为适应整个工作重心由农村转入城市的需要，《大众日报》又改为《工人日报》，成为中华全国总工会的机关报。

《新大众报》在通俗化、大众化方面具有独特的风格，为根据地人民所喜闻乐见。

《北方记者》

1941年2月9日创刊。创刊号上发表了林火的《关于通讯写作的几点感想》、柏南的《谈采访工作》、肖英的《敌后新闻堡垒〈冀南日报〉》，以及《动员我们的笔》、《研究政策反映政策》等文章。

《通讯工作》

太行新华日报社、太行新华分社合编，1947年1月20日创刊，月刊，32开本。

二、期刊

《战斗》

1937年11月9日创刊，32开油印本，不久改为铅印64开本。最初为中共冀豫晋省委主办，1938年8月19日改为晋冀豫区党委机关刊物，1942年9月1日出至第78期改为中共太行分局机关刊物，1943年10月1日出至第86期改为中共太行区党委机关刊物，直到1949年8月19日太行区党委撤销时停刊，是在太行区出版时间最长的刊物，大约出了120多期。

《抗战生活》

反映根据地军民斗争生活的综合性刊物，1939年4月1日在长治创刊，抗战生活社主办，张磐石主编，太行文化教育出版社发行。辟有时事述评、经验教训、信箱词典、文艺等栏目。

1939年4月9日华北《新华日报》报道说：《抗战生活》特约文化界先进与擅长写作及富有抗战经验的专家数十人为撰稿人，并给读者解答问题。还说该刊物暂为半月刊，石印，改为铅印后将成为旬刊。是通俗读物，是大众良友，是抗战前锋，是知识源泉，有国际国内时事述评，有抗战工作的经验教训，有短小精悍的抗战文艺，有帮助读者的信箱词典。刊物出至第6期，遇日寇“扫荡”，于同年6月15日休刊。

1940年5月1日复刊，特聘何云、磐石、韩进、李伯钊、林火、徐懋庸、孙泱、杨献珍、高沐鸿、王玉堂、陈默君、匡亚明、任白戈诸先生为编委会委员，并请何云、磐石、韩进、李伯钊、林火担任常务编委。在内容方面，有专论、时事展望、学术讲座、文艺作品、通讯、学习经验、书报介绍、信息。每期约6万字，铅印，16开本，半月刊。

1941年3月21日华北《新华日报》刊登消息说：《抗战生活》从三卷四期起，改为月刊。内容有：杂感、短论、随笔、专论、古与今、国际间、通俗读本、苏联故事、人物介绍、生活修养、读书笔记、工作经验、信箱、创作、翻译、通俗文艺等栏目。改为月刊后，每期约4万字，两色套版。

1941年12月，该刊因并入《华北文艺》而停刊。

《胜利周刊》

1941年春创刊，胜利报社主办，32开本，石印，每周出一期。在此之前，《胜利报》还出过几个月的《星期增刊》。

《胜利周刊》每期都有评论，开头叫《老实话》，后来又改为《每周一评》。栏目主要有抗日经济讲座、经济动态、经济常识等。其内容涉及对敌斗争、根据地建设、人民群众的政治文化生活等方面。其中由徐平、肖风撰写的《抗日经济讲座》连载，不仅讲解了新民主主义的经济问题，还阐述了抗日根据地经济发展的方向和任务，很受读者欢迎。

《胜利周刊》办刊历时三个月，大约出了13期。1941年6月，因报社忙于改版《晋冀豫日报》而停刊。

《青年与儿童》

太行抗日根据地以青年和儿童为读者对象的综合性读物。孟奚、郑笃、杨俊等编辑，华北青年社主办，华北新华书店出版，32开本，半月刊，铅印。1940年创刊，1944年停刊。

1941年8月，《青年与儿童》出刊革新版，力求成为青年与儿童纯粹学习性的刊物，专供高小程度的青年学生、小学教师及部队青年阅读，内容着重社会、自然、军事、文艺等方面的知识。蒋弼负责历史、读者习作；张秀中负责社会科学；孙久青与思远负责自然科学；杨角负责美术。

《新时代》

中共太南区委主办，1940年在平顺创刊，张向一主编，石印，32开本，主要在蒋管区发行。

《太南青年》

1940年4月3日创刊，十日刊，青救总会太南分会宣传部编辑。

《太行工人》

1940年5月1日在沁县创刊，晋东南总工会主办，内容侧重工会工作，套色油印。

《新华周刊》

1941年3月25日创刊，华北《新华日报》主办，每月逢1、7、15、23日出刊，随报附送，不另加价。华北《新华日报》在这之前所出《学习》单页也并入《新华周刊》之内。

《辑文》

1941年创刊，太行青年记者服务队编，华北书店、华北新华书店发行，曾出有苏德战争专号。

《新大众》

1945年6月1日创刊，综合性通俗化、大众化读物，华北新华书店编辑部编辑，冯诗云、章容等主编。32开本，月刊，1948年1月7日改为报纸，共出月刊45期。读者对象主要是具有初等文化程度的区村干部、小学教员和农村知识分子。

《太行工业》

1947年3月1日创刊，月刊，长治太行工业协会、太行实业公司合编，32开本，每期200页，太行群众书店出版，着重介绍太行区工业企业单位的经验。

三、图书出版

太行文化教育出版社

1938年8月1日在长治成立，1940年1月同新华日报华北分馆合并，历时一年又六个月。它的任务是：宣传党的统一战线政策；联络和团结文化教育界人士；训练小学教师，开展抗日教育工作；编辑出版小学教材和各种图书。

全社共有工作人员80多人，社长张伯园，副社长杜毓沄，下设三大部：

一、编辑部。负责教材、图书的编辑和出版工作。陈沂、李竹如、张磐石先后担任部长，主要编辑有赵文敏、刘晓晞、郭绍汤、段启潜、高文明、李汉辉、王默罄等。他们克服了重重困难，亲手编写了抗日小学和武装部队通用的教材《战时读本》，木刻印刷，语言生动，受到了根据地军民的欢迎。他们还出版了《论持久战》、《论新阶段》、《怎样办民族革命小学》、《抗日民族统一战线教程》等35种图书。1939年4月1日，他们还创办了反映根据地军民斗争生活的综合性刊物《抗战生活》。

二、文化教育部。负责联系群众团体、文化教育界人士，组织各种群众性的抗日宣传教育活动，开展抗日民族统一战线工作。杜毓沄兼任部长。他们同当地的抗日群众团体、报社、通讯社、学校建立了经常的联系，协助五专署召开各种群众集会，广泛进行了抗日斗争的宣传教育，并培训了太行山上第一批讲授抗战读本的教师。在他们的倡导下，许多城乡办起了俱乐部、图书室、民众学校、读报组，抗日宣传搞得有声有色。

三、发行部。负责图书、教材的发行工作。杨叙九任部长。1939年初，他们在沁县、陵川、武安设立了分社。各分社除团结有志于抗日的文化界人士开展抗日宣传教育工作外，还代为销售图书。出版社的发行工作，不仅依靠分社，还与各界政府、牺盟会以及其他群众团体广泛联系，请他们代销图书。

1939年7月日军占领长治后，出版社工作人员分为两部分：一部分到辽县土棚村，一部分到壶关县回车村。《黄河日报》路东版出刊时，出版社同志曾帮助报社进行编辑和印刷工作。

1940年春天，同华北新华日报社合并，成为报社的丛书编辑部，但仍沿用"太行文化教育出版社"的名称出了大量图书。

胜利书刊编辑部

1938年5月《胜利报》创刊后，同年9月即成立了"胜利书刊编辑部"。这个编辑部没有单独机构，是附设在报社编辑部内的，负责人由报纸总编辑安岗兼任。实际进行这项工作的有冀雨、鲁风、许征等人。当时主要出版物有：《列宁主义概论》、《论持久战》等，全部为蜡纸油印，油光纸印刷。同年11月，报社又接受晋中特委（1939年改晋中地委）交办编印抗日小学课本的任务。此时，报纸已改为石印印刷，编辑的抗日小学课本亦为石印。1939年10月，《胜利报》归由晋冀豫区党委领导后，这个书刊编辑部还继续存在了一段时间，负责人是王雪松和杜润生。直到1939年年底，报社的石印机和印刷工人全部调往冀南银行后，这个编辑部才撤销。

华北《新华日报》丛书编辑部

华北《新华日报》创刊后，便以报纸名义出版图书。1939年一年内，该报出版了毛泽东的《论新阶段》和《论持久战》，王稼祥的《中国共产党与革命战争》，左权、陆定一的《晋察冀边区怎样粉碎了敌人的进攻》等图书共20多种，还逐期翻印发行了延安出版的《解放》杂志。1940年1月，太行文化教育出版社同华北《新华日报》合并后，华北新华日报社即成为华北敌后新闻、出版工作的总机关，肩负着出版报纸、图书的双重任务。报社设立丛书编辑部和丛书编委会，张磐石任部长，韩进兼任副部长，赵文敏、李汉辉、黄啸曾、张德甫、王默罄为编委。丛书编辑部下设教材科、丛书科、通俗科，分别负责编辑各种图书。图书的印刷，由报社的印刷部负责，确定报社驻在辽县三彰村的印刷厂专门印刷图书。图书的发行，由报社的经理部负责，与报纸的发行渠道相同。

在艰苦的战争环境里，这种新闻、出版合一的工作机构，便于集中使用人力、物力、财力，不仅有利于办好报纸，而且也促进了图书出版工作的大发展。1940年，华北《新华日报》出版自编和翻印图书共达45万余册，还复刊了大型杂志《抗战生活》，支持了《青年与儿童》、《华北文化》、《华北文艺》、《敌伪动态》、《文艺增刊》等刊物的出版与发行。1940年12月出版了《毛泽东论文集》，收集了毛泽东的23篇重要著作，这是在华北敌后最早出版的一部毛泽东论文集。

1940年9月至12月，华北新华日报社在黎城县城关、辽县麻田设立新华书店门市部，分别由报社的徐晨钟、赵国良负责，专事图书发行工作。1941年5月，中共中央北方局宣传部发出《关于开办书店的决定》后，报社附属的新华书店扩大为新华书店华北总店，此乃华北新华书店的前身。新华书店华北总店在报社发行部领导之下，先后于漳北、晋中、冀西、太南、晋东等地设立分店零售图书，新华书店华北总店办理批发业务。至此，华北新华日报社形成了一个完整的图书发行系统，为华北新华书店的建立创造了有利条件。

华北新华书店

成立于1942年元旦，地址在辽县岭南村，是晋冀鲁豫边区统一的出版发行机关，直属晋冀鲁豫中央局宣传部领导，对太行、太岳、冀南、冀鲁豫各新华书店负业务指导之责。总经理杜毓沄，副总经理王显周。下设经理部、审计室、发行部、印刷厂等机构，初时仍与华北新华日报社合署办公，在业务上相互配合。

华北新华书店刚成立时没有编辑部，以翻印图书为主。配合当时的整风运动，出版了大量的整风文献和通俗读物。1943 年 4 月，边区文联和新华书店为了出版通俗的大众读物和一般读物，确定了各个编辑组的负责人，出版了一批“大众小丛书”，迈开了书店出版工作面向工农兵的新步子。当年 9 月，出版了赵树理的《小二黑结婚》，彭德怀副总司令亲笔题词：“像这种从群众调查中写出来的通俗故事，还不多见。”

1943 年 10 月 1 日，华北《新华日报》改为太行《新华日报》，华北新华书店才与报社正式分开，由涉县桃城搬到靳家会，组织上仍属北方局宣传部领导。华北新华书店也设立了自己的编辑部，林火任总编辑，王春、赵树理、章容、冯诗云、浦一之、彭庆昭任编辑。从此，华北新华书店除大量出版图书外，还主办了《新大众》和《新大众报》等报刊。

太行群众书店

《新华日报》华北版改为太行版以后，太行《新华日报》即以报社的名义编辑出版图书。1945 年，报社宣布成立太行群众书店，实际上是由报社的发行科兼做有关工作，书店并无单独建制。当时报社发行科长是马腾，副科长是药恒。

1947 年，太行群众书店有了独立的编制，直属区党委宣传部领导，仍和报社合署办公。周永生担任经理，郑雪樵担任编辑，药恒负责美术工作。1948 年太行群众书店改为太行新华书店，下设网点和内部机构日益充实和完善。

太岳区出版的报纸和期刊

一、报纸

《黄河日报》（上党版）

牺盟会长治中心区机关报，1939 年 5 月创刊于长子县阳鲁村。铅印，四开四版。社长邸吉夫，总编辑初为魏克明，后为高沐鸿、史纪言。1939 年“十二月事变”时被晋绥独立第八旅破坏。1940 年 1 月在沁源县正沟村复刊，同年 5 月终刊。

《太岳日报》

中共太岳区党委机关报，1940 年 6 月 7 日在沁源县正沟村创刊。石印。社长魏奉璋，副社长史纪言。1944 年 4 月 1 日易名为《新华日报》（太岳版），社长兼总编辑魏克明。1949 年 4 月 1 日又恢复原名，社长梁涛然，总编辑徐一贯，副总编辑张赛周、苏平。

《人民报》

中共晋豫区党委机关报，1940 年 5 月 1 日创刊。社长张向，代总编辑、党支部书记徐一贯。年底终刊。

《晋豫日报》

中共晋豫区党委机关报，1942 年 3 月 1 日在阳城县李圪塔村创刊。石印，两日刊。社长先后为徐一贯、何微，副社长梁涛然，总编辑徐一贯。1943 年 5 月停刊。

《岳南大众》

中共晋豫区党委机关报，1941 年 11 月 7 日创刊。社长兼总编辑徐一贯。

1942 年春改归岳南地委领导，社长兼总编辑王佩琳。

《大众报》

中共晋豫特委机关报，1938 年创刊。主编赵培心，1940 年 3 月停刊。

《战号报》

中共太岳特委主办，1939 年 7 月创刊。

《岳北人民》报

中共太岳一地委机关报，1945 年 8 月创刊。石印，四开两版。社长李蒙。1948 年 1 月终刊。

《晋南人民》报

中共太岳三地委机关报，1947 年 8 月创刊。社长兼总编辑徐一贯。1948 年初停刊。

《行军日报》

决死第一纵队政治部宣传科主办。主编安庆珠。

《太兵政报》

太岳行署主办，1946 年创刊。

《太岳邮报》

太岳区邮政管理局主办，1946 年创刊。

《新中国报》

1938 年 5 月创刊，阳城县牺盟会机关报。主编赵树理。

《奋斗报》

阳城动委会主办，1938 年 5 月创刊。主编王良。1939 年 7 月停刊。

《新生报》

阳城牺盟会机关报，1939 年 7 月创刊。石印，四开四版。主编王良。1939 年“十二月事变”时被国民党捣毁。

《新阳城》

中共阳城县委主办，1947 年创刊。

《民革导报》

晋城牺盟会主办，1939 年创刊。主编徐一贯，后改名为《洪流》。

《劳动报》

中共晋城县委主办，1946 年创刊。

《抗战导报》

高平县政府主办，1938年创刊。社长由县长薄怀奇兼任，编辑主任靳仙洲。

《河山战报》

中共翼城县委主办，1939年创刊。主编韩军。

《洪流小报》

沁水县牺盟会机关报，1938年7月7日创刊。油印，三日刊。主编夏里、张立云。1939年4月停刊。

《战报》

中共沁源县委机关报，1937年创刊。主编胡奋之。1938年2月易名为《生力报》，主编仍为胡奋之，后为郭共和。

《吼声》

屯留动委会主办，1938年创刊。主编张赛周。后改名《老百姓》，屯留牺盟会主办，主编仍为张赛周，后为段锦。

《乡村文化》

屯留县委主办，1947年创刊。主编李生路。

《大家看》

沁县县政府主办，1938年创刊。

《警钟》

沁县牺盟会主办，1938年创刊。主编张艾如。

《翻身小报》

中共济源县委主办，1946年创刊。

《长子小报》

长子县委主办，1947年创刊。主编陈希平。

《战旗》

灵石县报。

《民革室》

垣曲县报。

《火星报》

安泽县报。

《冲锋报》

中共介休县委主办，1939年年底创刊。

《战斗翻身》

介休县指挥部主办，1946年8月创刊，主编阎书旺。

《新介休报》

中共介休县委主办，1948年创刊。

二、期刊

《火炬》

中共晋城中心县委主办，1938年6月创刊。半年后终刊。编辑王静海。

《光明报》

中共晋豫区党委主办，社长、总编辑先后为刘锋、徐一贯。

《太岳文化》

太岳文联主办，1941年创刊。石印，16开本。主编张赛周。

《沁河文艺》

沁河文艺协会主办。主编江横，副主编张赛周。

《工农兵》

太岳文化委员会主办，1944年5月创刊。先后由何微、高志华、黎锋任主编。1946年9月停刊。

《新文艺》

1946年1月创刊，同年9月停刊。

《太岳文化》

太岳文联机关刊物，1946年10月1日在阳城创刊。铅印，16开本。主编江横。

《新闻通讯》

太岳《新华日报》通采部主办，1946年创刊。

《文娱通讯》

太岳剧协主办。

太行区新闻出版系统牺牲的烈士

何 云

男，原名朱士乔，1904年出生。浙江省上虞县人。幼年颖悟勤学。杭州师范毕业后，入上海复旦大学学习半年。1929年留学日本早稻田大学，学习经济，曾任日本华侨小学校长半年。“九一八”事变后愤然回国，从事抗日救亡活动。1932年加入中国共产党，后又参加“反帝大同盟”，编辑《中国论坛》杂志。1933年6月在上海被捕入狱，同年7月被判无期徒刑，移送南京监狱。狱中四年，受尽酷刑，坚贞不屈，坚持自学德文和世界语。抗日战争爆发后出狱，任南京《金陵日报》编辑。1938年年初赴汉口，参加筹建《新华日报》，并任国际版编辑和党支部委员。同年11月奉命北上晋东南，创办《新华日报》华北版，任社长兼总编辑。随后又兼任中国青年新闻记者学会北方办事处主任、新华社华北总分社社长等职，还当选为晋冀鲁豫边区临时参议会的参议员。1942年5月，日寇对我太行根据地进行“铁壁合围”“梳篦式”大扫荡，何云同志在突围时，于5月28日猝中敌弹，牺牲于辽县（今左权县）大羊角村附近，时年38岁。

李竹如

男，1905年生，山东省利津县人。中共党员。1938年任《中国人报》社社长。1939年任《新华日报》华北版编委、副社长。不久，调山东《大人日报》工作。1943年冬在沂蒙山区牺牲，时年38岁。

王 健

女，原名海蓉，1926年农历正月十九日出生于一个知识分子家庭。河南省修武县孙寨村人。6岁上小学，10岁考入县城女子小学。“七七”事变后，参加学校组织的抗日宣传队。1938年12岁时，参加抗日游击队的宣传队，自改名为王健。1939年年初，在山西长治“鲁艺训练班”学习。同年冬，在设于武乡县的“抗大”六分校学习三个月，后调部队卫生队。1940年冬，调华北《新华日报》电务科做译电员。1942年5月反“扫荡”中被敌杀害，时年16岁。

王佩琳

男，山西省襄垣县人。华北《新华日报》编辑科副科长。1944年农历八月十八日在山西赵城县牺牲。

王剑萍

男，湖北省人。华北《新华日报》排字房领班。1943年在太岳区反“扫荡”中牺牲。

孙宪辰

男，河南省人。华北《新华日报》总务科管理员。1942年5月反“扫荡”中牺牲，时年25岁。

白多才

男，华北《新华日报》印刷厂排字工人，1942年5月反“扫荡”中牺牲。

白冲云

男，山西省武乡县人。华北《新华日报》饲养员。1942年5月反“扫荡”中牺牲。

史曼林

男，江苏省人。中共党员。决死三纵队政治部宣传科干事。1939年“十二月事变”中，奉命到黄河日报社传达转移事宜，在阎顽军袭击报社时被活埋。

牟忠衡

男，河北省武安县人。华北《新华日报》炊事员。1942年5月反“扫荡”中牺牲，时年50岁。

朱省三

男，河南省灵宝县（原阌乡县）人，中共党员。华北《新华日报》管委会系统党总支书记（教导员）。1942年5月反“扫荡”中牺牲。

何宏光

男，广东省人。华北《新华日报》校对。1947 年蒋机轰炸邯郸时牺牲。

李贵成

男，河北省人。《胜利报》通信员。1941 年在送信途中摔下山沟牺牲。

李暵晖

男，河北省安平县人。历任《胜利报》、《晋冀豫日报》、《新华日报》华北版编辑。1942 年 5 月反“扫荡”中被俘后牺牲。

杜智愚

男，山西省稷山县人。中共党员。决死三纵队八团一连政治指导员。1939 年“十二月事变”发生时，奉命到黄河日报社传达命令，在阎顽军袭击报社时被杀害。

孟宪德

男，山西省太谷县人。《胜利报》、《晋冀豫日报》石印工人，1942 年 5 月反“扫荡”中牺牲，时年 24 岁。

胡义晋

男，山西省武乡县人。中共党员。华北《新华日报》铸字工人。1942 年 5 月反“扫荡”中被俘后牺牲。

高　咏

男，国际新闻社特派员，青年诗人。抗战爆发后，先后发表长篇小说《随粮带征》、《春天》，描写抗战中的农村生活和游击队成长的故事。1941 年 5 月从蒋管区到达太行解放区，数度到前线采访。1941 年秋季起，开始创作长篇叙事诗《漳河牧歌传》，长万余行，1942 年 5 月脱稿，反“扫荡”开始，他背着诗稿投入战斗。在敌人包围漳河地区时，身陷重围，惨遭杀害。

夏秋水

男，四川省人。《胜利报》、《晋冀豫日报》资料编辑。1943 年 7 月在河南林县牺牲。

郝清芳

女，河北省沙河县人。华北《新华日报》会计。1942 年 5 月反“扫荡”中牺牲，时年 19 岁。

孙克温

男，河南省武陟县人。华北《新华日报》总务科管理股长。1942 年 5 月反“扫荡”中牺牲。

徐晨钟

男，山西省屯留县人。中共党员。华北《新华日报》秘书科员。1942 年 5 月反“扫荡”中牺牲。

康　吾

男，四川省人。《胜利报》、《晋冀豫日报》、华北《新华日报》记者。1942 年 5 月反“扫荡”中牺牲。

腙　达

男，四川省人。华北《新华日报》记者。1942 年 5 月反“扫荡”中牺牲。

陈宗平

男，江苏省溧阳县人。《胜利报》记者，中国青年新闻记者学会会员。1941 年春，他和《新华日报》华北版的记者及青年记者学会华北战地服务队第一支队派出的记者，一同到冀西游击区采访。3 月 22 日到赞皇七区敌我斗争最残酷的地区——野草湾的集市上进行采访，上午敌伪便衣队突袭野草湾，陈宗平被俘，敌人强逼他到城里去，他临难不苟，坚贞不屈，愤怒回答：“砍头也不去!”敌人把他拖了半里路，最后把他的头垫在石头上，用刀砍死，牺牲时年仅 22 岁。

张　谔

男，山西省沁源县人，中共党员。华北《新华日报》报务员，后调《太岳日报》电务科工作。1943 年冬在太岳区反“扫荡”中牺牲。

张成台

男，河南省光山县人。中共党员。华北《新华日报》工厂厂长。1946 年南下后，在一次突围中被蒋军逮捕活埋，时年 36 岁。

张全义

男，山西省榆次县人。中共党员。华北《新华日报》工厂材料员。1942 年 5 月反“扫荡”中被俘后牺牲，时年 23 岁。

张忠良

男，山西省芮城县人。华北《新华日报》排字工人。1942 年 5 月反“扫荡”中被俘后牺牲，时年 18 岁。

张宗周

男，山西省人。中共党员。《黄河日报》编辑。1939 年“十二月事变”中被阎军杀害。

张芳万

男，山西省昔阳县人。华北《新华日报》发行员。1942 年 5 月反“扫荡”中牺牲，时年 18 岁。

张耀文

男，山西省榆社县人。华北《新华日报》木工。1942 年 5 月反“扫荡”中牺牲，时年 41 岁。

黄中坚

男，广东省广州市人。中共党员。华北《新华日报》编辑。1942 年 5 月反“扫荡”中牺牲。

黄君珏

女，原名黄维祜，湖南省湘潭县人。1912 年生。1927 年 15 岁时参加革命，在长沙做妇女工作。大革命失败后，只身到上海考取复旦大学经济系，在学校参加抗日救国活动，被选为学生会委员。1930 年前后加入中国共产党。1934 年参加苏区红军情报部远东情报组织，由于叛徒出卖被俘，被判七年徒刑。抗日战争爆发后，由八路军武汉办事处保释出狱，在长沙开展抗日工作。1939 年到太行山，先后在太行文化教育出版社、华北《新华日报》社任总会计兼管委会秘书主任。1942 年华北新华书店成立，兼任审计室主任。1942 年 5 月反“扫荡”中，黄君珏同女译电员王健、女医生韩某，一同隐蔽在太行山巅的庄子岭（今河北省涉县境内）的一个山洞里，6 月 2 日被清剿敌人发现，黄突然跃出以手枪连续射击，数敌倒地。敌又自后面登上山顶，以绳系柴下引，焚烧洞口。黄君珏飞步出洞跃身崖下，壮烈牺牲，时年 30 岁。

郭俊卿

女，山西省沁源县人。中共党员。《胜利报》总务。1941 年在山西屯留县牺牲。

郭汉文

男，山西省沁县人。华北《新华日报》木工。1942 年 5 月反“扫荡”中被俘后牺牲。

梁振山

男，河南省人。中共党员。华北《新华日报》印刷厂指导员。1942 年 5 月反“扫荡”中被俘后牺牲，时年 22 岁。

冯秉根

男，广东省人。华北《新华日报》图书员。1942 年 5 月反“扫荡”中牺牲。

乔秋远

男，河南省偃师县人。中共党员。华北《新华日报》记者、国际新闻社特派员。1942 年 5 月反“扫荡”中牺牲。

董自托

男，原名董锡耀。在做党的地下工作时，更名为自托。1910 年生，河北省威县后小辛村人。县师范毕业后，曾任教于小学。1931 年，任河北省邢台县律师事务所书记员。1932 年加入中国共产党。与王亚军、臧克家共创党的秘密刊物。1934 年 12 月在邢台从事地下工作时，被国民党河北保定行营逮捕，判刑五年，关在保定河北第四监狱。狱中坚持斗争，组织越狱暴动，“七七事变”在保定行将沦陷时，越狱逃出，继续做党的地下工作。1941 年年初，转到华北《新华日报》社工作，任二队队长，负责出版印刷工作。1942 年 5 月反“发荡”中，他组织全队人员掩埋机器撤退，至邢台西臭水五道梁山一带，被敌人包围，在突围中不幸牺牲，时年 32 岁。

万兆莲

男，陕西省米脂县人。中共党员。华北《新华日报》报务员。1942 年 5 月反“扫荡”中牺牲。

杨叙九

男，河北省沙河县人。中共党员。华北《新华日报》社管委会秘书长。1942 年 5 月反“扫荡”中被俘后牺牲。

赵在青

男，山西省榆社县阎家沟村人，青年木刻家。抗战前在榆社中学读书。七七事变后参加革命工作，加入中国共产党。先在榆社办小报，以后又在《胜利报》、《晋冀豫日报》、华北《新华日报》搞木刻工作。他创作了很多主题突出、雄劲奔放的木刻画，给人留下很深印象。1942 年 5 月反“扫荡”中牺牲，时年25岁。

裴青云

男，山西省平陆县人。华北《新华日报》审计员。1942年5月反“扫荡”中牺牲。

刘　远

男，山西省左权县人。华北《新华日报》装订工人。1942年5月反“扫荡”中牺牲，时年18岁。

褚朝选

男，河北省人。华北《新华日报》理发员。1942年5月反“扫荡”中牺牲。

阎弘辂

男，山西省朔县人。中共党员。决死三纵队政治部宣传科长。1939年“十二月事变”中，奉命到黄河日报社传达转移事宜，在阎顽军袭击报社时被活埋。

阎兆汶

男，河北省巨鹿县人。中共党员。华北《新华日报》医生。1942年5月反“扫荡”中牺牲。

韩　俨

男，山西省临汾县人。中共党员。华北《新华日报》工厂公务员，1942年5月反“扫荡”中牺牲，时年21岁。

韩邦藩

男，河南省巩县人。华北《新华日报》会计。1942年5月反“扫荡”中牺牲。

韩秩吾

原名韩天叙，又名韩秩五。男，1903年生，河南省修武县磨石坡村人。1925年参加改组后的中国国民党。1929年秋受迫害流亡北平。1931年九一八事变后投入抗日救亡运动。1934年加入中国共产党。1938年正式参加革命，4月任修武抗日民主县政府粮食科科长。1939年元月，任太行文化教育出版社经理。1940年春，调华北《新华日报》社任材料科科长。同年，重新加入中国共产党。1941年夏任报社总务科长。1942年5月在反“扫荡”突围时，牺牲于寺沟村后南凹岩，时年 39 岁。

韩医生

女，姓韩，本名已查记不清。华北《新华日报》医生。1942 年 5 月反“扫荡”中，她同黄君珏、王健在庄子岭山洞中隐蔽，被敌人发现后杀害。

缪乙平

男，江苏省人。华北《新华日报》编辑。1942 年 5 月反“扫荡”中牺牲。

肖炳琨

男，贵州省思南县（原思远县）人，华北《新华日报》社出版科科长。1942 年 5 月反“扫荡”中牺牲。

魏天文

男，山西省武乡县人。华北《新华日报》勤务员，1942 年 5 月反“扫荡”中被俘后牺牲，时年 13 岁。

附

太行新闻烈士纪念碑简介

1986 年 5 月，太行新闻烈士纪念碑在左权县麻田村正式落成。它是由太行新闻史学会、山西省新闻工作者协会共同发起，报请中共山西省委、山西省人民政府同意而修建的。

在抗日战争和解放战争期间，战斗在太行山上的广大新闻工作者，在中国共产党的领导下，历尽艰险，勤奋工作，为党的新闻事业的发展和整个革命战争的胜利作出了巨大贡献，有一批同志献出了自己的宝贵生命。1942 年 5 月，日本侵略军对我太行抗日根据地进行残酷“扫荡”时，华北新华日报社社长兼总编辑何云等 40 多位同志壮烈牺牲，这是我国新闻史上最为悲壮的一页。为了永远纪念太行新闻界的先烈，踏着他们的足迹前进，原太行和我省的新闻工作者，一致要求树立太行新闻烈士纪念碑。

太行新闻烈士纪念碑，坐落在太行老区的左权县麻田村的西山脚下。这里面向当年华北新华日报社的驻地和何云烈士的牺牲地——山庄、岭南、十字岭，是一个景致十分幽美的地方。纪念碑的底座面积为 96.04 平方米，碑的总高为 7.5 米，碑座的四周有刻着精细花纹的石栏石柱，全是用质地优良的青石建造，碑形雄伟壮观。

纪念碑的碑体为四方形。其正面镌刻着杨尚昆同志 1985 年 3 月的亲笔题词："太行新闻烈士永垂不朽"。左侧面镌刻着陆定一同志 1985 年 1 月的亲笔题词："一九四二年五月，华北新华日报社社长何云同志等四十余位同志壮烈牺牲。烈士们永垂不朽"。右侧面镌刻着何云同志简历，记述了烈士一生奋斗不息的事迹。碑体的背面，镌刻着何云、李竹如等 57 位太行新闻烈士的名字。在烈士名字下面的基座上，镌刻着一篇短文，对在革命战争期间积劳病故的同志们，也表示深切的怀念。

在修建太行新闻烈士纪念碑的过程中，得到了有关领导、有关部门和广大新闻工作者的大力支持。陆定一同志特地给太行新闻史学会来信说："非常同意给何云等 40 多位烈士立纪念碑。"中共山西省委前副书记王克文同志对立碑的有关事项作了具体指示，并建议将麻田中学改为何云中学。许多当年的太行新闻工作者，在听到立碑的消息后心情非常激动，主动向太行新闻史学会提供太行新闻烈士的有关情况。为了调查清楚太行新闻烈士的姓名、籍贯、性别、年龄、工作单位、职务、牺牲时间和地点，太行新闻史学会曾反复召开调查会，派人四出访问，做了比较艰苦细致的工作。

5 月 28 日，举行了太行新闻烈士纪念碑揭幕仪式。出席仪式的有：中共山西省委原顾委主任王克文，重庆新华日报史学会代表谢冰岩，太行新闻史学会会长安岗，副会长李庄、高戈、董谦、左漠野、何微、刘祖春、林火，山西省新闻工作者协会会长刘贯文，副会长鲁兮、马明、赵秉英，中共左权县委书记陈厚裕，太行老新闻工作者郭渭、刘川诗、王友唐、史育才、张诚、张连德、李志、赵棣生、张向凌、刘威、罗定枫、温怀仁、陈泽然、赵正晶、史洪、武蕴、吴青，以及省、地、县有关方面的负责同志和当地群众，共 200 多人。太行新闻史学会秘书长刘江主持仪式。王克文、安岗、刘贯文、陈厚裕同志走上前去，将纪念碑的红色帷幕徐徐揭下，全场同志向太行新闻烈士默哀三分钟。王克文、左漠野、陈厚裕、吴青同志先后致词，青少年把一束鲜花敬献在纪念碑前。

太行新闻烈士纪念碑，由山西省博物馆武秋月、帅银川二同志设计，定襄县青石村工程队、左权县西山村民工分别负责主体工程和基础工程。纪念碑上镌刻的文字，除杨尚昆、陆定一同志的亲笔题词外，《太行新闻烈士》由太原市水利局霍德敏同志书写，《何云同志简历》由山西省邮电工会朱志鹏同志书写，碑座前后的两篇短文由太原市北城区人大常委会李静同志书写。纪念碑上的文字镌刻和艺术石刻，是由定襄县青石村石工师傅薄恒虎、帅银海、薄宪良等人完成的。

太岳区新闻出版系统牺牲的烈士

魏奉璋

1918年出生，河南濮阳人。笔名丁柯。少年在河北省立十七中学读书时，九一八事变发生，他怀着满腔爱国热情积极参加抗日宣传与组织工作，被学校当局开除学籍。之后考入北平国立艺术专门学校。此间，他加入了国民革命先锋队，还常到北平大学旁听历史、政治课，知识愈加广泛。1935年一二九运动后，他毅然离开学校，南下从事抗日爱国宣传运动。七七事变后，投入陕北公学。1939年3月，于陕北公学毕业，到华北《新华日报》馆任编委会秘书、西线版编辑。旋即加入中国共产党。

1940年5月，中共中央北方局派他到太岳区创办报纸，任太岳区新闻学会主席、《太岳日报》社长兼总编辑。在抗日战争的艰苦岁月，该报成为华北抗日根据地报纸中发行最广、办得较好的报纸之一，起到中共太岳区党委机关战斗喉舌作用。他为党报建设做出了重大贡献。

奉璋身材魁梧，精明强悍，活泼潇洒，很善于团结同志，有知识，能写诗、写评论，好唱京戏，讲话生动形象，极富感染力。他尊重上级，爱护同志。1943年1月敌人大“扫荡”时，气候寒冷，他虽然也衣着单薄，却把棉背心脱给电台的小战士范浩儒穿；他善于团结同事，与副社长、副总编辑的关系十分融洽。

奉璋十分关心和爱护知识分子。报社知识分子占多数，成分又比较复杂。奉璋从党的事业出发，满腔热忱培养、教育和大胆任用知识分子。从长治师范毕业、担任电台科长的沈红俊和几个报务员都是阎锡山方面派来的人。奉璋对他们多方照顾，沈红俊十分感激。1940年由于报社工作艰苦，报务员都跑了，沈没有跑。在奉璋的帮助下，沈的觉悟慢慢提高了，改掉了抽大烟的恶习。当阎锡山秘派李家瑞欲砸毁电台时，沈发觉后亲手将电台交给了薄一波。沈后来改名沈健，工作得很出色。刘希玲是印度尼西亚华侨，曾留学德国，在报社编国际版，积极肯干，品质很好。在魏奉璋的精心培养下，成为共产党员，还提升为副总编辑。1942 年组织上确定魏奉璋到延安学习，他爱人刘哲和女儿小英已去了延安，但他热爱党报工作，认为在最困难的时候不能离开前线。他的体质不好，但却以坚强的意志和顽强的毅力去战胜疾病，努力工作。

奉璋艰苦自励，吃苦在前。当时他的待遇和一般人员一样，每月仅能得到两元五角，最多时也只四元的津贴。粮食很少吃足定量，还多半是被敌人烧房后熏黑的小米。他穿得朴素破旧，甚至入夏时节，由于衣服换不过季，他还身穿棉袄，头戴毡帽，但很乐观。

奉璋工作严肃认真，以身作则，对革命事业忠心耿耿，为报社人员树立了良好的榜样。当时报社只有三四个编辑，其他同志每人编一版，他则一人负责编两版，经他编辑的版面语言流畅，标题新颖，实事求是，从不马虎从事。1942 年至 1943 年，敌人频繁“扫荡”。他和几个同志组成驮骡出报组，编辑、文印、刻版、马夫各一人，常常是由他带队。情况紧急时将印报机分拆埋藏，待敌人退掉后继续工作，坚持反“扫荡”中不停报。行军转移，他总是走在最前头，遇到敌人追击时，他总是走在最后边掩护大家。1943 年 11 月，敌人对太岳区施行铁磙战术大“扫荡”，奉璋等一行 9 人转移至阳城西南的小圪壤庄，尽管这里比较安全，但他考虑到报纸在反“扫荡”中那不可估量的作用，决定经东冶涉沁河，前往安泽县二道河尽快出报。11 月 5 日中午时分，突然响起了枪声，奉璋等 5 位同志急速向村南圪通桃山转移。敌人发现后，穷追不舍，奉璋临危不惧，呼喊着让周围的同志“赶快散开”，话音未落，罪恶的子弹向他射来，奉璋英勇牺牲了，报务员张谔同志也不幸牺牲。

为纪念党和人民的好干部、新闻战线的优秀战士魏奉璋同志，1949 年 6 月，中共太岳区党委、太岳日报社在阳城太岳烈士陵园为他建立了纪念碑。新中国成立后阳城枪杆村曾命名为奉璋村。

张　谔

山西省沁源县城关人。中共党员。毕业于沁县铜川中学。1939 年在华北新华日报社电务科任报务员。1942 年调太岳日报社电务科任报务员。1943 年

10 月冬季反“扫荡”中，与日军在阳城县枪杆村遭遇，不幸牺牲，年仅 23 岁。

反“扫荡”后，报社的同志将他的遗体掩埋在枪杆村的山坡上。抗战胜利后，才将他的遗体安葬在阳城烈士陵园。

黄维达

江西省萍乡市人。中共党员。抗日战争初期，在太行区从事新闻工作。1942 年春，调太岳新华分社任记者，1943 年以后，任《太岳日报》和后来的《新华日报》（太岳版）编辑和编委会编委。1944 年秋季反“扫荡”中，10 月 4 日与日军在赵城（今洪洞县）广胜寺附近遭遇，不幸牺牲。

王佩琳

山西省襄垣县常隆村人。中共党员。青年时代曾在潞安省立四中读书。1941 年，任华北新华日报社通联科副科长。1942 年调《岳南大众报》任社长、总编辑，同年调太岳日报社工作，历任编辑、采通部主任等职。1944 年 10 月 4 日在赵城（今洪洞县）广胜寺附近与敌人遭遇，不幸牺牲。

朱言晋

原名朱文海，山西省翼城县人。中共党员。1937 年参加牺盟会，后在临汾入民族革命大学学习，毕业后在本县牺盟会工作。“十二月事变”后，赴延安进入鲁艺四届美术系学习，后留校在生产科工作。1946 年春，调新华社太岳分社和太岳新华日报社任记者。1947 年随陈赓兵团挺进豫西。同年 11 月 3 日，在解放登封县战斗中，身临前线采访，不幸牺牲。

张宗周

男，山西省人。中共党员，《黄河日报》编辑。在 1939 年“十二月事变”中，惨遭阎锡山军队独八旅杀害。

阎弘辂

山西省朔县人。1936 年冬，在山西工业学院参加牺牲救国同盟会。1937 年 10 月，参加山西青年抗敌决死第三总队，历任总队政治部干事、科长。总队扩编为第三纵队后，任纵队政治部交通科、宣传科科长。1939 年“十二月事变”发生时，他奉纵队领导指示，赶赴黄河日报社驻地，通知报社人员迅速转移，到达沁水县境内，不幸被阎锡山军队独八旅逮捕杀害。牺牲时年仅 25 岁。

史曼林

江苏省人。中共党员，决死第三纵队政治部宣传科干事。1939年“十二月事变”发生时，奉纵队领导命令，去黄河日报社传达形势，通知报社人员转移，被阎锡山军队独八旅逮捕杀害。

杜智愚

山西省稷山县人。中共党员，决死纵队八总队一中队政治指导员。1939年“十二月事变”发生时，他奉纵队领导命令，到黄河日报社通知报社人员转移，被阎锡山军队独八旅逮捕杀害。

续乃聪

1928年出生，山西省原平县红岩村人，系抗日民族英雄续范亭的孙子。1939年11岁时在沁县参加儿童团，1940年调太岳日报社当公务员。1942年反“扫荡”中，报社有急信要送往军区，乃聪自告奋勇去完成这一任务。在返回途中与日军遭遇，腿部受重伤，被送到决死队留守处抢救，因流血过多而牺牲，年仅14岁。

刘韵波

原为华北《新华日报》美术记者，1943年冬调太岳日报社工作，从太行区过白晋路前往太岳途中，在太岳区反“扫荡”中牺牲。

李　勇

原名永旺，山西省沁源县王庄人。1946年参加太岳新华日报社工作，任文印员。1947年夏晋南解放后，赴虞乡县参加土地改革、反奸清霸工作，深受群众爱戴。因特务告密，被蒋阎军逮捕。虽经百般拷打，但他义正词严，坚贞不屈，终被蒋阎军杀害，年仅20岁。解县、虞乡县合并后，虞乡镇曾一度被命名为李勇镇。

魏汉卿

山西省沁县迎春乡西成村人。曾担任太岳行署太岳文化出版社经理，1942年4月创建太岳书店后，太岳文化出版社并入太岳书店，遂任太岳书店副经理兼印刷一厂厂长。1943年10月，日军对太岳革命根据地进行铁磙“扫荡”时，汉卿同志带领一批工人转移到沁县山庄村。一天上午，他在旗头铺村放哨，被敌军冷枪击中，不幸牺牲。

潘建安

山西省阳城县贾庄村人。晋北县（系当时太岳区的行政区划设置，包括晋城、阳城、沁水三县的各一部分）交通局乡交站交通员。他不怕吃苦，不怕危险，多次携带《太岳日报》及公文、信件，越过敌人封锁线，向河南方面的线路投递。1943年间，一天凌晨5时许，他冒险穿越封锁线时，被日军巡逻队抓住。当他被押着走到沁河岩旁的陡坡时，趁敌人不防，立刻将包内的报纸和文件扔到沁河之中，保护了党报和党的机密。敌人发现后，一面打他，一面捆绑他。潘建安痛斥敌人，并猛踢鬼子。凶残的敌人用刺刀将他杀害。

张魁山

河南省孟县人。晋北县交通局交通员。1943年前后，他在传送《太岳日报》的路上，被小股日本侵略军包围，在向外冲杀时壮烈牺牲。

方振松

曾任石印报时期的印刷厂厂长。1943年反“扫荡”时，在阳城县松树庙尖山渠牺牲。

郭步正

石印缮写员。1943年反“扫荡”时在阳城县松树庙尖山渠牺牲。

太行区出版的部分书目和期刊名录

（一）《新华日报》华北版书目

论新阶段（前线丛刊之一） 书后附录中共扩大的六中全会《告全国同胞、全体将士和国共两党同志书》 32开 82页 1939年2月

晋察冀怎样粉碎了敌人的围攻 34页 左权 陆定一合著 1939年

哲学论文集（一） 五色粉连纸双页装一册 118双页 尤琴著 博古译 1940年12月

毛泽东论文集 1940年12月

鲁迅论文选集 1940年12月

新民主主义论 1941年

中国共产党与革命战争（前线丛刊之一） 王稼祥著

初级小学常识课本（一、二册）

高级语文课本

初级小学算术课本（1—4册） 1941年3月

冀南抗战史料第一集 1939年

冀南抗战史料第二集 1939年

左派幼稚病 1940年

哲学选集

马恩通讯选集

联共党史简明教程 1939年

论共产党			1940年9月
三年抗战与八路军		彭德怀著	1940年9月
马克思主义与民族问题			1940年9月
论民族民主革命	400页	吴黎平著	1940年8月
斯大林选集（一、二、三、四集）			1940年8月
华北详图			1940年
欧洲全图			1939年6月
铁像图（秧歌小调）			1940年
中国青年运动		冯文彬著	1939年5月
斯大林报告全文			1939年6月
抗日民族统一战线指南			1939年6月
防共即是灭亡中国	洛甫	王明等著	1939年6月
莫洛托夫报告			1939年6月
社会主义的苏联			1940年2月
为中共更加布尔什维克化而斗争		陈绍禹著	1941年5月
政治经济学			1940年
中国现代革命运动简史			1940年
世界革命史（上册）			1939年5月
中国近代革命运动简史			1940年
三民主义与共产主义			1940年
中国共产党与革命战争			1940年
三民主义概论			1939年6月
民权读本			1940年
世界地理初级读本			1940年
宪政问题			1940年
唯物论与辩证唯物论			1940年
辩证法唯物论			1940年
马克思主义论民族问题			1940年
理论与策略			1940年
阎锡山先生学说研究			1940年

社会进化史 1940年
中国青年运动新方向 1940年
苏联概况 赵飞克等合译 1939年5月
步兵战斗条例 1940年
辩证法的唯物论与历史的唯物论 1940年
社会科学概论 1940年
烈士传 1940年
电报明码本 1940年
世界简图 1940年
远东新形势图 1940年
名人像 1940年
列宁论农村工作 亚明译 1941年

（二）华北新华书店版书目

新民主主义论 32开 1940年
新民主主义论 折页毛头纸 32开 1940年
陕甘宁边区的共产党员 解放社编 1940年
整顿三风文件二十二种 1942年7月
反对主观主义（上） 1942年4月
鲁迅论文选集（上下册） 1942年
表 〔苏〕台莱耶夫作 鲁迅译 1941年12月
论知识分子——整风材料 胡克峰 1943年4月
整风参考文选 124页 华北新华书店辑 1943年
农村戏曲集（第一集） 李森秀等著 太行区剧协编辑 1943年6月
选举法（农村秧歌剧） 石毅著 1943年
小二黑结婚 赵树理著 1943年
中学师范适用学（上册） 1942年5月
历史 1942年5月
临机应变（列宁故事之一） 1943年
顿河流域形势图 1943年

北非详图　1943 年
太平洋英、美、日军事分布图　1943 年
北大西洋详图　1943 年
谁革命，革谁的命？　1943 年
五大文件合订本
中学算术课本（百分比、比例部分）　彭庆昭编　1943 年 9 月
中学算术课本（面积、体积、乘、除、开方部分）　彭庆昭编　1943 年
论党内斗争　刘少奇著　1942 年 1 月
农村调查　1942 年
宣传指南　1942 年
经济常识　1942 年
列宁选集　二卷　1942 年
小学教育里几个实际问题　1942 年
十万个为什么　1942 年
如何读报　1942 年
整风八个文件　1943 年
整风通俗读本　1943 年
中国史话　1943 年
石圪节煤窑起义　申田著　杨俊插图　1945 年 10 月
中级国文选　第四册　1946 年 4 月
重庆的喜剧　王千秋著　1946 年
介绍窃国大盗袁世凯　陈伯达著　1946 年
绘图老百姓日用杂字　1945 年 4 月
豫北人民的再生（石印画册）
识字课本　1945 年
日用杂字　1945 年
庄稼杂字　1945 年
青年修养　1942 年 5 月
中国地理课读本（1—4 分册）　1942 年 5 月
民族　1942 年 5 月

李有才板话　赵树理著　1943年12月
李有才板话　再版　赵树理著　1946年2月
邵大使归国话苏联　中苏友好协会晋东南分会　1942年
党证　〔苏〕瓦斯列宁夫斯喀亚著　曹靖华译　1945年
毁灭　〔苏〕法捷耶夫作　鲁迅编　1943年
小尾巴的故事　钟纪明编　1943年
抗日民主根据地的土地改革与法令　30页　1943年
理水“故事新编”之一（鲁迅作品选注之二）　1943年
评“中国之命运”　陈伯达著　1943年
共产党宣言　博古译　1943年6月
共产党宣言　校正本　84面　1946年6月
蜜蜂引路（列宁故事之二）　金明著　1943年
马恩列斯思想方法论　上112页　中96页　下82页　1943年
美满家庭（中篇小说）　高沐鸿著　1944年
小二黑结婚（大人文艺小丛书之八）　再版　赵树理著　1944年2月
把眼光放远点（话剧）
冀中火线剧社集体创制　款虹修改　胡丹佛执笔　1944年12月
陕甘宁边区组织劳动互助的经验　1944年10月
两个世界（大人文艺小丛书之六）（三幕话剧）　赵树理著　1944年2月
动员起来（秧歌剧）　枣园文艺工作团集体创作　1944年10月
论秧歌　周扬等著　1944年12月
二流子转变（上党西皮）　石毅　1944年10月
李有才板话　再版　赵树理著　1944年3月
周喜生作风转变（唱剧）　左权剧团皇甫束玉等作　1945年11月
中级国文选（第三册）　1945年3月
中国革命战争战略问题　72页　1945年1月
中国革命战争战略问题　77页　1946年12月
日本人反战同盟在这样斗争着
麻纸　110页　日本人民解放华北地方协议会宣传部组编　1945年1月
李顺达的翻身故事　平顺联合办公室著　1945年7月

越抓越少（独幕剧）彦夫著　1945年12月

互助好　平顺县枣峻剧团等作　1945年5月

国共会谈材料汇集　华北新华书店编著　1945年

论解放区战场　再版　41页　朱德　1945年

边区生产互助一等模范郝二蛮　赵正晶作　1945年1月

阎锡山罪行实录　华北新华书店编著　1945年

高树勋将军邯郸起义特辑　57页　华北新华书店编辑部　1945年12月

赵申年（唱剧）　左权剧团集体创作　1945年11月

孟祥英翻身　赵树理　1945年3月

女状元郭凡子　王溪南　1945年4月

蒋介石的集中营　1945年1月

文艺选集（第一册）　1945年12月

文艺选集（第二册）　1945年12月

文艺选集（第三册）　1945年12月

中国四大家族　158页　陈伯达著　1946年

七七周年时事学习文件　华北新华书店　1946年

社会发展史略　1946年

翻身英雄皇甫其建（通俗鼓诗）　王乃堂编　1946年12月

政治协商会议　新华书店编辑部编　1946年

两种作风，军民团结（歌剧）　晋冀鲁文艺工作团集体创作　1946年12月

中央一九三三年两个文件的决定　中共中央　1946年

抗战八年来的八路军与新四军（上册）

十八集团军政治部宣传部　1946年　又1946年7月

孟祥英和郭凡子（晋冀鲁豫地区文艺创作小丛书）　赵树理著　1946年6月

蒋军必败（时事学习材料之二）　1946年

受苦的日子算完结了（文艺选集第二册）　1946年6月

减租（文艺选集第三册）

争取全面抵抗的胜利（时事学习材料之三）　40页　1946年

怎样爱护区村干部（工作、作风、学习、打算）

49页　华北新华书店编辑部　1946年

中国和平之路 41 页 华北新华书店编辑部 1946 年
蒋介石的经济危机 63 页 1946 年
大后方的民主运动 142 页 华北新华书店编辑部编 1946 年 3 月
论党 刘少奇著 1946 年
王贵与李香香（诗） 李季 1946 年
战斗员阿列克赛·顾里柯夫
李家庄的变迁 赵树理著 1946 年 1 月
毛泽东印象记 34 页 爱泼斯坦著 1946 年
毛泽东的故事
初版 铅印一册 选故事 13 篇 华北新华书店编 1946 年 7 月
春联（续编）革命对联大会 木刻本 叶护等著 1946 年
张风兰劝夫·登封惨案（大鼓词） 张友作 1946 年 12 月
苏沃罗夫元帅（话剧） 〔苏〕巴克梯利著 翟白音译 1946 年 12 月
保卫解放区的英雄们 华北新华书店编辑部 1946 年 12 月
朱德同志的二、三事 109 页 朱德等著 1946 年
论共产党员的修养 83 页 刘少奇著 1946 年 5 月
论共产党员的修养（下册） 46 页 刘少奇著 1947 年
论共产党员的修养（上、下全册） 134 页 刘少奇著 1947 年
兰花离婚（新大众丛刊之二） 华北新华书店编 1946 年
群众改造干部 1946 年
一个女人翻身的故事 1946 年
百名英雄 培时 1946 年 1 月
“九一八”以来 1946 年
左派幼稚病 列宁著 1946 年
共产主义运动中的“左派”幼稚病 104 页 列宁著 1946 年
国家与革命 列宁著 1946 年
在民主革命中社会民主党的两个策略 131 页 列宁著 1946 年
赵有功保田有功 吴林泉等著 1947 年
美国的扩张政策 华北新华书店编辑部编 1947 年
袁家洼打垮假斗争（大众丛刊之八） 宋健勋等著 1947 年

由鬼变人（晋冀鲁豫边区文艺创作丛书之八） 袁敏明著 1947年

李德昌围困沁源 郑东著 1947年

血泪仇 马健勋著 1947年

李家沟反维持记（晋冀鲁豫边区文艺创作小丛书之五） 袁潮著 1947年5月

走向军国主义的美国（国际问题第三集） 美国争取和平委员会 1947年3月

我们的胜利军（剧本）（文艺创作小丛书之二十一）

太行军区警卫团一连作 1947年7月

苗秋年小炮班（晋冀鲁豫边区文艺创作小丛书之十三，歌剧）

曹欣著 石岩插曲 1947年7月

美国的法西斯组织（国际问题参考资料第四辑） 1947年6月

揭石板集（晋冀鲁豫文艺创作小丛书之四，边区农民诗歌50首）

马适安辑 1947年5月

俄罗斯名将

传永兴印刷局印 麻纸双页装 47页 奥西波夫契金娜著 1947年1月

经济问题与财政问题（内收有毛泽东的《论合作社》、《组织起来》、《两三年内完全学会经济工作》三文） 228页 32开 土纸本 1947年4月

弹唱小五五 刘衍著 华北新华书店编 1947年6月

人民大翻身颂 冈夫等著 华北新华书店编辑部编辑 1947年7月

论目前时局 23页 华北新华书店编辑部编辑 1947年6月

两三年内完全学会经济工作 再版 114页 1947年2月

冲破紫荆关——三五九旅长征记（报告文学） 冯牧等著 1947年3月

误会（晋冀鲁豫边区文艺创作小丛书之二十二） 刘宝荣等著 1947年7月

张苦孩挖穷根（晋冀鲁豫边区文艺创作小丛书之九） 革飞著 1947年5月

记刘伯承将军 33页 张香山等著 1947年7月

蒋军必败（晋冀鲁豫边区文艺创作小丛书之二十三 活报剧）

周方等著 1947年7月

大柳庄记事（晋冀鲁豫文艺创作小丛书之十二） 右北等著 1947年7月

解放“5000发电厂”（晋冀鲁豫文艺创作小丛书之十四）

曾克等著 1947年7月

福贵 赵树理著 邹雅插图 1947年7月

福贵	再版	1947年5月
北流寺歼灭战（晋冀鲁豫边区文艺创作小丛书之十六）	朱光著	1947年7月
新战士来时亮	冯牧等著	1947年7月
仇恨（晋冀鲁豫边区文艺创作小丛书之十）	李庄等著	1947年5月
天水岭群众翻身记		1947年5月
蒋记“宪法”的真面目（时事学习文件之五）		1947年4月
农民泪（蒋管区强征公粮的惨剧）		1947年3月

（三）华北《新华日报》、华北新华书店出版的部分期刊

抗战生活

综合性刊物，初为石印本，半月刊，抗战生活社编辑，张磐石主编。山西长治太行文化教育出版社出版发行。1939年4月1日创刊，同年6月15日休刊，出6期。1940年5月1日复刊（第三卷第一期起），改出铅印16开大本（由华北新华日报印刷厂印刷），出至第三卷第三期止，默君、何云、磐石、韩进、李伯钊、林火、杨献珍、孙决、王玉堂等人为编委。1941年3月改刊，出革新号。革新号出至第二卷第三、四期合刊，1941年12月并入《华北文艺》，停刊。

新华文艺

《新华日报》(华北版）增刊之一，由新华文艺社编辑，1939年7月1日创刊，同年9月15日终刊，共出4期。

敌后方木刻

鲁迅艺术学校木刻工作团编辑，《新华日报》(华北版）增刊之一。1939年7月1日创刊，同年9月15日终刊，共出4期。曾发表木刻作品多幅及罗工柳、华山等人的文章。

青年与儿童

青年和儿童的综合性通俗刊物。北方局青委主办。孟奚、郑笃、杨俊等编辑，华北新华书店出版。1940年创刊，深受当时根据地青年与儿童的欢迎。1941年8月刊物革新，专供高小程度的青年和小学教师及部队青年阅读，内容着重于社会、自然、军事、文艺等方面知识。编辑力量又有加强。蒋弼负责历史、读者写作，张秀中负责社会科学，孙久青、思远负责自然科学，杨角负

责美术。出版多期。1944 年终刊。

新华增刊

周刊。《新华日报》(华北版) 副刊之一。林火、石蕾等编辑，每期两版，约 1 万字篇幅。1941 年 3 月 21 日创刊，同年 12 月 23 日停刊，共出版 32 期。

华北文艺

月刊。华北文艺社编辑，蒋弼主编，华北新华书店出版。1941 年 5 月 1 日创刊，同年 10 月终刊，共出 6 期。

华北文化

综合性刊物。华北文化社编，华北文联机关刊物。张秀中等编辑，华北新华书店出版。1942 年 1 月 25 日创刊，出至第二卷第三期改刊，共 9 期。1943 年 4 月改出革新号，32 开小本，内容亦渐趋通俗。自革新一卷三期（1943 年 6 月）起改为半月刊。革新三卷四期题为《拥军特大号》。革新号出至1944 年 2 月 25 日，第三卷第五、六期合刊停刊。共 16 期（内合刊两期）。执笔者有袁勃、陈默君、蒋弼、杨献珍、孙健秋、冈夫、高泳、王春、张秀中等。

新大众

综合性通俗读物。华北新华书店编辑部编辑。冯诗云、章容、苗培时等编辑。1945 年 6 月 1 日创刊，开始是月刊，后改为半月刊。以后又改为《新大众》报。

(四) 华北书店版书目

苏联历史讲话　张仲实译　1941 年
海燕　高尔基著　1941 年
一九四一年月历　1941 年
阿 Q 正传　1941 年
狂人日记　1941 年
不走正路的安德伦　1941 年
死敌　1941 年
朝花夕拾　鲁迅著　1941 年　1942 年 7 月再版
和列宁相处的日子　1941 年
二十六个和一个　1941 年

世界名歌选 1941年
拉丁化检字 1941年
外套 果戈理著 1942年12月
小学训导 吕良编 1942年
说话和作文 魏东明著 1942年
季米特洛夫传 1942年
高级地理课本（第四册） 晋冀鲁豫边区政府审定 1942年
地理课本（高级第一册） 1942年
高级小学地理课本（第二册） 1942年
算术课本（第二册） 1942年
人怎样变成巨人 1942年
小学行政 郭林编 1942年
生活与美学 〔苏〕丹尔尼舍夫斯基著 周扬译 1942年
毁灭 〔苏〕法捷耶夫著 鲁迅译 1943年
卫生课本（第二册） 1943年
自然课本（第二、三册） 1943年
中学算术课本 彭庆昭编 1943年
论持久战 毛泽东著 1943年
论新阶段 毛泽东著 1943年
新民主主义论 毛泽东著 1943年
小二黑结婚 赵树理著 1943年
李有才板话 赵树理著 1943年
农村应用文 1943年
二流子转变（上党西皮） 石毅著 1944年10月
女状元（秧歌剧） 周戈元作 柯蓝等改编 1944年10月
小二黑结婚 赵树理著 山西韬奋书店出版 1944年
兄妹开荒比赛（街头秧歌剧） 山西韬奋书店出版 1945年4月
俄罗斯人 〔苏〕西蒙诺夫著 桴鸣译 山西韬奋书店出版 1945年6月
复仇火焰（小说） 〔苏〕巴夫连科著 山西韬奋书店出版 1945年7月
新年乐（秧歌、小戏、元宵杂耍） 山西韬奋书店出版 1945年7月

穷人乐（歌剧）　山西韬奋书店出版　1945年9月

五好善翻身（剧本、落子腔）

劝满仓劳动剧团等作　山西韬奋书店出版　1945年10月

许付三翻身（通俗小说）　孙月心著　山西韬奋书店出版　1945年10月

长征的故事　萧华等作　山西韬奋书店出版　1945年10月

铁流　周文改编　山西韬奋书店出版　1945年10月

快板集（新编）　山西韬奋书店出版　1945年11月

选英雄（快板剧）　晋西著　山西韬奋书店出版　1945年12月

一把斧头、新吵架、家庭会（话剧）

太行山剧团等作　山西韬奋书店出版　1945年12月

乔老汉唤子回头（落子腔）　山西韬奋书店出版　1945年12月

金戒指（独幕话剧）　胡奇著　山西韬奋书店出版　1945年12月

李来成家庭（歌剧）　山西韬奋书店出版　1945年

笑了的人（歌剧）　山西韬奋书店出版　1945年

好庄稼（快板剧）　丁毅等作　山西韬奋书店出版　1945年

战时新课本（第二、四、六册）　山西韬奋书店出版　1945年

高小地理（第二册）　山西韬奋书店出版　1945年

识字课本　山西韬奋书店出版　1945年

高级自然课本（第一册）

晋冀鲁豫边区政府教育厅审定　山西韬奋书店出版　1946年3月

改变旧作风（秧歌剧）　光明剧团高介云等集体创作　太行文联编

山西韬奋书店出版　1946年5月

高小国语（第一、二册）

晋冀鲁豫边区政府教育厅审定　山西韬奋书店出版　1946年8月

初小国语（第二册）

晋冀鲁豫边区政府教育厅审定　山西韬奋书店出版　1946年10月

白毛女（修正本）　贺敬之等编　马可等作曲　延安文艺工作团集体创作

山西韬奋书店出版　1946年11月

夫妻参战（落子腔）　立云编　山西韬奋书店出版　1946年12月

老雇农杨树山平鹰坟（通俗文艺丛书鼓词）

山西韬奋书店出版　1946年12月

光荣花群英会（小调剧）　二分区先锋剧团　刘富春作　高履祥改编

山西韬奋书店出版　1946年12月

团的儿子（小说）

〔苏〕卡达耶夫著　茅盾译　山西韬奋书店出版　1946年12月

独子　〔苏〕西蒙诺夫著　山西韬奋书店出版　1946年

初级新课本（第一、二册）　山西韬奋书店出版　1946年

初级新课本（第三、四册）　山西韬奋书店出版　1946年

初级新课本（第五、六册）　山西韬奋书店出版　1946年

高小历史（第一册）　山西韬奋书店出版　1946年

高小地理（第三册）　山西韬奋书店出版　1946年

国语课本（第四册）　山西韬奋书店出版　1946年

高小历史课本（第四册）　山西韬奋书店出版　1946年

洋铁桶的故事（通俗小说）　柯蓝著　山西韬奋书店出版　1947年2月

鼓风炉旁四十年（小说）

〔苏〕伊凡·柯鲁波夫著　曼斯译　山西韬奋书店出版　1947年5月

初级国语常识课本　山西韬奋书店出版　1947年9月

小英雄　山西韬奋书店出版　1947年

（五）太行新华书店版书目

共产党宣言　博古译　1945年

关于修改党章的报告　刘少奇著　1945年

蒸干粮（秧歌剧）　1945年

纺织好（唱剧）　1946年

保卫好时光（快板集）　1946年

王大娘拥军（戏剧）　1946年

新人生观　俞路璜著　1947年5月

歌谣快板集　1947年8月

湖南农民运动考察报告　毛泽东著　1947年9月

圈套（农村剧小丛书，秧歌剧） 阮章竞著 张万一编剧 1947年9月
三门婿上寿（秧歌剧） 1947年10月
错打算盘（秧歌剧） 1947年
贺功（秧歌剧） 1947年
纺织运动与纺织英雄 太行二届群英大会编委会编 1947年
目前国际形势与国内形势 1947年
人民的舵手 萧三著 1947年
苏联是怎样成长强大的 胡明著 1947年
中国共产党党章教材 文仪 石润合编 1947年
共产主义运动中的“左派”幼稚病 列宁著 1947年
论农村工作 列宁著 1947年
打到南京去 1947年
血泪的控诉 1947年11月
在北极 〔苏〕巴巴宁著 1947年12月
钢铁是怎样炼成的 〔苏〕奥斯特洛夫斯基著 1947年
在民主革命中社会民主党的两个策略 1947年12月
社会主义从空想到科学的发展 博古译 1947年12月
两条心（小调歌剧） 张万一著 1948年3月
赤叶河（歌剧） 阮章竞著 高介云等改编 1948年
华北解放军的当前任务 1948年
关公整周仓（小喜剧） 太行文艺得奖作品 1948年
中共中央文件集要 太行区党委编 1948年
中国共产党晋冀鲁豫中央局告全体党员书 1948年
土地改革中的几个问题 任弼时著 1948年
怎样给人民当个好“长工” 1948年
中国共产党烈士传 华应申辑 1948年
初小国语课本 1949年1月
论列宁与列宁主义 斯大林著 1949年3月
四大恶霸（歌剧） 张万一改编 1949年4月
列宁主义概论 斯大林著 1949年5月

论共产主义青年团底任务（1920年10月2日在苏联共产主义青年团第三次全国代表大会上的讲话） 列宁著 1949年7月

斯大林传略 1949年

新民主主义论 毛泽东著 1949年

工商业政策与职工政策 中共华北中央局编 1949年

光怨不识字（秧歌剧） 1949年

重要的问题在于学习（经济工作文件选集） 1949年

国家与革命 列宁著 1949年

论联合政府 1949年

社会发展史 解放社编 1949年

高中政治课本——政治经济学 薛暮桥著 1949年

新民主主义青年团文献 1949年

祖国炊烟 1949年

青年修养 1949年

共产党员修养 1949年

赵河山转变（剧本） 太行文艺获奖作品 出版时间不详

还驴（剧本） 太行文艺获奖作品 出版时间不详

互助（剧本） 太行文艺获奖作品 出版时间不详

金不换（剧本） 太行文艺获奖作品 1949年

初级干部国语读本 1949年

六畜防病治法 若望编 1949年

太岳《新华日报》、太岳新华书店出版的部分书目和期刊名录

（1944年4月至1949年8月）

1940年6月《太岳日报》创刊后，发行部门即开始经营图书，并于1942年正式建立了太岳书店。书店初创时期无编辑机构，大部分书籍都从太行书店采购，只是在印刷报纸后有剩余力量时，为配合各个时期中心工作，才编印一些小册子，或翻印一些急用的图书，供干部和群众学习之用。到1944年4月，《太岳日报》由石印改为铅印，报社又增设了丛书编辑部，太岳书店也同时改为太岳新华书店，才开始有计划、有组织地出版一些图书。随着抗日战争的胜利和解放区的扩大，编辑印刷力量的增强和发行网的建立，出版的图书数量不断增大，除大量出版马列著作以满足干部群众学习的需要外，还大量出版了小学、高小、中学课本和一些通俗文艺读物，基本上满足了学校教育和读者的需要，对全区文化出版事业作出了重大的贡献。据统计，从1944年4月开始到1949年8月底太岳解放区奉命撤销为止，5年多时间，共出版图书杂志、课本444种，其中，仅1949年上半年即出版图书696628册，每月平均116100册，比1944年增加7.34倍。以下是所出版的图书及期刊目录。

（一）图书部分

1944年

政治理论

整风文献（订正本）

领导方法与工作作风选集

中国共产党是中华民族的救星

关于学习问题给淮北区委的一封信

毛泽东同志在延安文艺座谈会上的讲话

时事政策

如何解决　周恩来著

国际舆论

大后方的生活

和平建国基本方针

公理公论　徐一贯著

生产参考材料

反对法西斯主义

反对法西斯

从九一八到七七

通讯报告文选　〔苏〕艾伦堡著

阎锡山批判　陈伯达著

苏联西部边疆详图

欧洲形势详图（两色套印）

文化教育

小二黑结婚　赵树理著

高级算术（第二册）

初级算术（第一、二册合订本）

初级算术（第三、四册合订本）

高小国语（第一册）

高小地理（第一、三册）

高小自然（第一册）

初级国语（第一册上）

初级国语（第一册下）

初级国语（第五册上）

初级国浯（第五册下）

初级算术（第五册下）

初级算术（第七册）

1945 年

政治理论

论联合政府　毛泽东著
论解放区战场　朱德著
关于修改党的章程报告　刘少奇著
一九四五年的任务　毛泽东著
共产主义运动中的左派幼稚病　列宁著
在民主革命运动中社会民主党的两个策略　列宁著
毛泽东同志的初期革命活动　萧三著
新民主主义论　毛泽东著
两三年内完全学会经济工作　毛泽东著
国家与革命　列宁著
帝国主义是资本主义的最高阶段　列宁著
共产党宣言　马克思、恩格斯著　博古译
斯大林传　联共（布）中央附属马恩列斯学院编
列宁　高尔基著　曹靖华译

时事政策

评国民党二中全会
政治民主化与军队国家化（增订本）
第六次全国劳动大会的决议及其他　华北工会筹委会编
粉碎敌伪和国民党的特务政策
职工运动与工商政策
十年内战时期的革命反革命（再版书名改为《关于十年内战》）　陈伯达著
边区民主政治的新阶段　林伯渠
通讯报告文选　〔苏〕艾伦堡著　再版
阎锡山批判　陈伯达著　再版

文化教育

论秧歌　周扬等著
文教工作的新方向（延安文教大会特辑）
前线（三幕五场话剧）　〔苏〕高涅楚克著　萧三译

星苑　〔苏〕拉普列涅夫著　曹靖华译
王贵与李香香　李季著
血泪歌声（蒋阎区民歌集）
一等杀敌英雄赵金生　美生著
特等杀敌民兵英雄李德昌　郑东著
劳武双全一等战斗英雄蒲春
生产互助英雄殷望月
特等合作英雄牛德河　金沙著
靳秉乾的互助大队　江横著
合作英雄石振明
民兵英雄吴福有　黎风
一等杀敌英雄胡尚礼　荣辛
夜明珠李银宝　金沙
（乙酉年）新日历
华北明细详图
华中沿海图
华南形势图
太平洋详细图
太平洋形势图
太岳解放区发展形势图
高小国语课本（第二册）
高小国语课本（第四册）
高小历史课本（第二册）
高小历史课本（第四册）
高小地理课本（第二册）
高小地理课本（第四册）
高小自然课本（第二册）
高小自然课本（第四册）
毛泽东的故事
陕甘宁边区教育方针

1946年

政治理论

卡尔·马克思　　列宁著　博古译

列宁论马克思与恩格斯主义

社会发展史略

论新道德

辩证唯物主义与历史唯物主义

组织起来

中国共产党党章

在民主革命运动中社会民主党的两个策略　　列宁著　再版

时事政策

党员课本

中国四大家族　　陈伯达著

美国问题研究（二）

论战局　　新华书店编

我们一定能胜利　　涛然编

余为何参加中共工作　　除瑾昆著

群众运动经验（上集）

同蒲沿线（临汾、浮山解放战绩）　　金沙等著

人民公敌蒋介石

为巩固国内和平实现民主改革而斗争

一致起来反对内战

九一八以来

粉碎蒋介石的进攻

蒋介石言行对照录

全面抵抗

中国法西斯们的特务组织　　薛樵等编

扑灭特务暴行魔爪血影（油印本）

蒋军必败

美国在中国干什么　　钱俊编

美国在中国玩的什么把戏　涛然著
翻身经验汇编
窃国大盗袁世凯
美国问题研究（三）
驳蒋介石
新官场现形记
国民党区的黑暗种种　周而复等编
记蒋记国大及其伪宪法

文化教育

随从列宁六年
中国近代史话
正气图（新编元代历史剧）
毛主席万岁（剧本）　马萍等著
拥军喜报（秧歌剧）　太岳军区政治部宣传队集体创作
兰英回头（秧歌剧）　屯留绛河剧团集体创作
高生妈（歌剧）　晓光剧团集体创作　王丙臣、宋修叶执笔
山沟生活（沁源秧歌）　绿茵剧团胡玉亭等编
时事传（鼓词）　韩起详编
平陆人民斗争歌集　冯彦俊编
受苦人（歌剧）　李廷南著
反攻（农民翻身小说）　姚天纵著
北辛庄上的英雄　张明、王维著
李家庄的变迁　赵树理著
新富贵图（李顺达翻身起家的故事）
新战士时来亮的故事
翻身（通俗小说）　华兴中著
民兵英雄故事　孙谦等著
新时代的曙光　〔苏〕佐琴科著　曹葆华译
患难余生记　邹韬奋著
工农读本（第一册）　木刻版　长子县农会编

水推长城（民间故事集）	张友编
热泪及其他（通讯选集十九篇）	金沙著
中国史话	立群等著
逼上梁山	延安评剧研究会集体编写
河神娶妻（剧本）	
虎孩翻身（剧本）	
妇孺卫生常识	沉手晖著
卫生常识	高一光、项伯仁编
为人民而死	
走向人民文艺	郭沫若著
表现新的群众时代	周扬著
农民翻身诗歌选	
农村应用文	
虹	
狗小翻身（沁源秧歌剧）	
阎排长磁县收干儿	
朱德同志二三事	
受苦的日子算完结了	
文件	〔苏〕J·班召莱耶夫著　夏懿译
笑了的人（剧本）	
斗争恶霸牛万年（高跷剧）	柳乐农民创作
不走正路的安德伦	〔苏〕楚维洛夫著　曹靖华译
铁流（苏联小说）	周文改编
列宁故事	
战斗英雄通讯文选	
苏联纪行	
李有才板话	赵树理著
七勇士（独幕话剧）	刘炳一等集体创作
天水岭群众翻身记	朱襄著
群众歌集	

人民的诗歌
兵（太岳军区民兵事迹） 军区政治部编
腐蚀 茅盾著
恐惧与无畏 〔苏〕别克著 愚卿译
人和铁
音乐初步
被开垦的处女地 〔苏〕肖洛霍夫著 立波译
初小国语常识合编（第六册）
初中算术课本（第三册）
高小地理课本（第一册）
初小算术课本（第五册）
初小国语常识合编（第三册）
初级地理课本（第一册）
初级地理课本（第二册）
初级地理课本（第三册）
反对内战课本
绘图庄稼字
识一千字（年画）
能写会算（年画）
能纺能织（年画）
丰衣足食（年画）
六畜兴旺（年画）

1947 年

政治理论

马恩列斯毛论农民土地问题 土地研究会编
学习文献 毛泽东著
战后国际形势问题 陆定一等著
文艺政策选集
毛泽东生平 斯诺 萧三著
毛泽东选集（精装本） 晋察冀中央局编

毛泽东选集（平装本）六卷集 晋察冀中央局编
列宁主义问题（精装本） 斯大林著
列宁主义问题（平装本） 斯大林著
马克思、恩格斯文选（精装本） 两卷集
马克思、恩格斯文选（平装本） 两卷集
中国共产党党章教材 文仪、石澜合编
论共产党员修养 刘少奇著
新人生观
论党 刘少奇著
毛泽东传 斯诺著　汪衡译
苏联历史讲话
莫洛托夫、日丹诺夫主要演说
甲申三百年祭 郭沫若著
思想漫谈集——青年修养读物（第一辑） 凤岐辑
思想漫谈集——青年修养读物（第二辑） 凤岐辑

时事政策

艰苦奋斗迎接光明
中国土地法大纲
土地改革参考材料
准备大反攻（时事选编）
勇敢前进迎接胜利
下好最后一盘棋
一手拿枪一手分田（边沿区土地改革参考）
生产文献 太岳新华书店编
自卫战争新阶段
蒋府新附庸——政学系、民社党、青年党
论战后国际形势 解放社编
土地改革参考材料（增订本）
耕者有其田（增订本） 涛然著
明确阶级立场　肃清地主思想

延安——学校
蒋介石罪行录
第六次全国劳动大会的决议及其他　华北工会筹委会编　再版

文化教育

人民是不朽的　〔苏〕格罗斯曼著
丹娘　〔苏〕彼·里多夫著
我是劳动人民的儿子　〔苏〕卡达耶夫著　曹靖华译
小二黑结婚　赵树理
福贵　赵树理
毛泽东的故事（选辑故事十三篇）　华北新华书店编
毛泽东印象记　爱泼斯坦著
科学常识　夏川著
闹渭州（京剧）　太中业余剧团编
红娘子（京剧）　太中业余剧团编
官逼民反（新编秦腔）　钟纪明编
杜八连群众除奸（七场曲子剧）　邢行型编
正气图（话剧）　墨遗萍著
白毛女（歌剧）　延安工艺工作团集体创作　贺敬之等编　马可曲
一生一世
肖志修的转变　邢行型著
反攻
保卫翻身（秧歌剧）　杨丽秀著
挖穷根　关守耀等作
农民翻身小调
蒋军必败（活报剧）　边府俱乐部集体创作　周方执笔
一个空白村的变化（通俗小说）　邢沙著
人民的光荣（内辑短篇小说十八篇）
吕梁英雄传　马烽著
洋铁筒的故事　柯蓝著
耕者有其田（内辑八篇短故事）　梁涛然著

石振明 平文编
生命之路（苏） 〔苏〕浮德洛夫著 苍木译
吕梁三捷（十三旅西征吕梁的通讯报导） 四纵队十三旅政治部编
四月的战争（报导） 冯牧等著
出路（秧歌剧） 梁涛然著
生产发家课本
晴天 王力著
夏陶然的道路
解放晋南（陈谢大军指挥下的晋南前线通讯文集）
发土地证
超过计划
怎么写?
赤叶河（歌剧） 阮章竞著
农民生产课本
翻身三字经
农村应用文
工农课本 第一册
高小地理课本 第二册
初小算术 第七册
初小国语 第五册
活捉蒋介石（年画）
妇女互助组（年画）
双喜临门（年画）
领回土地证（年画） 聂云亭作
新光景（年画） 聂云亭作

1948 年

政治理论

无政府主义还是社会主义 斯大林著 曹葆华译
向列宁学习工作方法 〔苏〕克鲁普斯卡娅著
有事和群众商量 陈伯达著

目前形势和我们的任务　毛泽东著
中国革命和中国共产党　毛泽东著
形势任务与政策
国际形势和共产党的任务
论查田运动　毛泽东著
在晋绥干部会议上的讲话　毛泽东著
怎样划分农村阶级　毛泽东著
湖南农民运动考察报告　毛泽东著
农村调查　毛泽东著
论忠诚老实　〔苏〕列斯波夫著　齐生译
中国职工运动简史　邓中夏遗著
中共中央关于1933年两个文件的决定
近代中国地租问题（增订本）　陈伯达著
布尔什维克的原则性　〔苏〕列斯波夫著
马恩列斯论农民问题
中国共产党烈士传　华应申编
辩证法唯物论入门
中国革命战争战略问题
整风文献（增订本）
反对自由主义　毛泽东
大众哲学　艾思奇著
社会科学简明教程（上）
社会科学简明教程（下）
苏联哲学问题
两万五千里社会科学基础教程（下）
共产主义常识（选印国家、青年团任务等）
毛泽东同志在延安文艺座谈会上的讲话　再版
关于修改党的章程报告　刘少奇著　再版
共产党宣言　马克思、恩格斯著　博古译　再版
斯大林传　联共（布）中央附属马恩列斯学院编　再版

时事政策

中共中央关于在老区进行土改和整党工作指示

中共中央关于在老区、半老区进行土改和整党工作指示

中共中央关于1948年土改和整党工作指示

土地改革中的几个问题　任弼时著

职工运动与工商政策

晋冀鲁豫中央局、晋冀鲁豫边区农会告全体党员和农民书

武安九区关于民主补课运动的点滴经验

三个典型经验

二年战绩图　本社编印

评中国之命运

中国土地法大纲　再版

文化教育

我怎样学习　〔苏〕高尔基著

给初学写作者的一封信

文学入门　孙犁著

写话教学法

早晨（独幕话剧）

刘胡兰（歌剧）　战斗剧社集体创作　魏风、朱丹作

还驴（歌剧）　刘清凯著

放下包袱（小歌剧）（通俗戏剧丛刊之三）　人民文艺工作团

八班变了（秧歌剧）　第八纵队工作队集体创作

一封信（秧歌剧）（通俗戏剧丛刊之一）　胡宁亭等著

红鞋女妖精（秧歌剧）　苏一平等编　金紫光等配曲

卜掌村演义（鼓词）　李季著

高干大　欧阳山等

表　〔苏〕L·班占列耶夫著　鲁迅译

钢铁是怎样炼成的　〔苏〕奥斯特洛夫斯基著　梅益译

群众歌声辑

九股山的英雄

全区生产互助一等英雄赵金林
中国近代史讲话
国际常识
没有土地的人们（民间故事画） 蔡若虹作
为亲娘报仇
死去活来
三打祝家庄（京剧）
助产常识
物理学
农家历
从猿到人
俄罗斯问题（世界名剧） 〔苏〕西蒙诺夫著
生平回忆（一个飞机制造家的回忆） 〔苏〕维可福列夫著
鼓风炉旁四十年 〔苏〕伊凡·柯鲁包夫著 曼斯译
蒋党真相
识谱法
苏联文艺问题
发土地证（剧本）
放下包袱（话剧）
人怎样变成巨人
人类征服自然
游美印象
李闯王
太平天国（京剧） 太中业余剧社编
解放了的唐·吉诃德
宝山参军
全家忙
刘伯承将军
闯王进京 马少波著
在北极

写话教学法
刘巧儿告状
新歌选
毛主席像（石印）
朱总司令像（石印）
列宁像（木刻）
斯大林像（木刻）
毛主席像（木刻）
朱总司令像（木刻）
新编中国地理
中国语文教学
初中历史课本
国语常识合编　第一册
国语常识合编　第二册
中等国文　第一册
高小国语课本　第一册
世界近代革命史讲话（中学课本）
化学（中学课本）
中等国文　第二册
中等算术
中国语文法
庆胜利（年画）
参军（年画）
生产互助发家（年画）
学文化（年画）
剪纸窗画
日历（分机关学校用、农村用两种）
妇孺卫生常识　沉手晖著　再版
李有才板话　赵树理著　再版
毛泽东印象记　爱泼斯坦著　再版

科学常识　夏川著　再版

1949年

政治理论

列宁文选（两卷集）

斯大林选集

毛泽东同志的人生观与作风　张如心著

社会发展简介　解放社编

政治经济学　薛暮桥著

社会主义从空想到科学的发展　恩格斯著

论战后国际形势　陆定一（两次再版）

经济建设文选

思想方法论初步

世界新民主主义运动

论解放区战场　朱德著　再版

共产主义运动中的左派幼稚病　列宁著　再版

国家与革命　列宁著　再版

帝国主义是资本主义的最高阶段　列宁著　再版

共产党宣言　马克思、恩格斯著　博古译　再版

中国革命和中国共产党　毛泽东著　再版

论查田运动　毛泽东著　再版

时事政策

什么人应负战争责任　新华社

东北真相　乔木　田家英著

新时代大宪章

中国土地法大纲　再版

文化教育

吴玉章同志革命故事　何其芳著

朱总司令的故事　兰田编

血泪仇（秦腔）　马建翎著

不要杀他（曲子剧）　邢行型著

懒汉回头（小型秧歌剧） 李志民执笔 俞华谱曲
闹不成（秧歌剧） 关守耀著
邪不压正 赵树理著
党员证 革飞著
小英雄（故事）
“夫妻劳军”、“黑版报钉缸”
几位革命烈士的故事 华应申编
怎样写新闻通讯
太平洋详图
两千年间
国语文法
保卫察尔金（苏）
祖国炊烟
家信
工人识字课本
觅汗与少掌柜（民间故事）
巨人的少年时代
初小国语 第一册
初小国语 第二册
初小国语 第三册
初小国语 第四册
初小国语 第五册
初小国语 第六册
初小国语 第七册
初小国语 第八册
高小国语 第一册
高小国语 第二册
高小国语 第三册
高小国语 第四册
高小历史 第三册

高小自然　　第二册

高小自然　　第四册

七勇士（独幕话剧）　　刘炳一等集体创作　再版

（二）期刊部分

《工农兵》杂志

1944 年 5 月 4 日创刊，1947 年 9 月终刊，共出版四卷三十期。

第一卷（1944 年 5 月至 1945 年 9 月）六期。

第二卷（1945 年 10 月至 1946 年 9 月）六期。

第三卷（1946 年 11 月至 1947 年 3 月）六期。

第四卷（1947 年 3 月至 9 月）十二期。

《新天地》杂志

1948 年年初创刊，三个月后终刊，共出版三期。

《新文艺》月刊

1946 年 6 月 1 日创刊，出版三期后与《太岳文化》合并。

《文摘》（不定期）

1946 年 2 月创刊，分 A、B 两种。

《活页文选》（不定期）

分三类：A 为政治类，B 为经济类，C 为文艺类。

《时论文选》（不定期）

从 1945 年至 1949 年 7 月，共出五集。

（以上图书、刊物均以新华书店名义出版）

《通讯报》（不定期）

原由《太岳日报》通讯部编印，系新闻通讯刊物，1944 年创刊，自第五期起（1944 年 6 月 20 日）改由新华社太岳分社通采部编印。

《新闻通讯》（不定期）

新华社太岳分社编印，1946 年 6 月创刊。

《参考消息》

太岳《新华日报》社编辑部编印，1945 年创刊。开始名为《参考资料》，后改名《参考消息》。内部刊物，只供领导参考，开始为油印，后改为铅印。

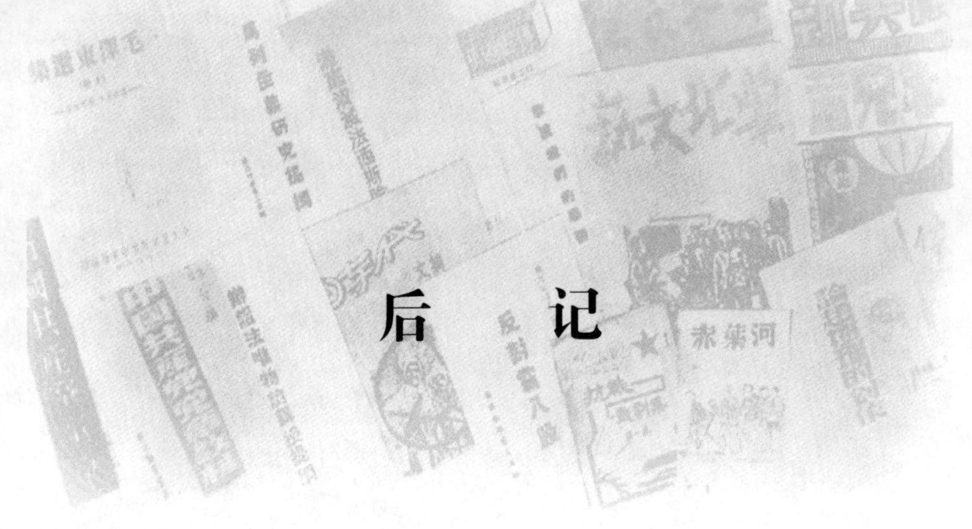

后　　记

《晋冀鲁豫边区出版史》（山西部分）付梓出版了。本书在征集资料和编写过程中，曾得到在太行、太岳革命根据地从事过新闻、出版、印刷、发行诸多老前辈的关怀和帮助。他们从不同的角度提供了翔实的资料。他们这种热情支持、认真负责的精神，充分体现了根据地老新闻出版工作者的优良传统和作风。

在本书的成稿过程中，中央档案馆、北京图书馆、山西省档案馆、山西省图书馆、长治市档案馆、运城市档案馆和左权县、和顺县、榆社县、武乡县、襄垣县、高平县、阳城县、沁源县、沁水县、翼城县的档案馆提供了资料。在征集资料的基础上又参考了《太行新闻史料汇编》、《太岳新闻事业史略》、《山西新华书店志》、《热血铸丰碑》、《太行革命根据地史稿》、《太岳革命根据地简史》、《中国革命老区》等书籍，同时，还参考了一些老同志的回忆文章及其他有关资料。

在这里，谨向所有关心、支持、帮助本书编纂、出版的有关单位、领导和原太行、太岳根据地新闻出版界的老前辈，一并致以诚挚的谢意。

后记